陈 晋 ◎著

毛泽东阅读史

生活·讀書·新知 三联书店

Copyright © 2014 by SDX Joint Publishing Company.
All Rights Reserved.
本作品版权由生活・读书・新知三联书店所有。
未经许可，不得翻印。

图书在版编目（CIP）数据

毛泽东阅读史/陈晋著．—北京：生活・读书・新知三联书店，2014.1（2024.10 重印）
ISBN 978 – 7 – 108 – 04835 – 6

Ⅰ．①毛… Ⅱ．①陈… Ⅲ．①毛泽东（1893～1976）－生平事迹 ②毛泽东（1893～1976）－治学精神 Ⅳ．① A752

中国版本图书馆 CIP 数据核字（2013）第 298870 号

特约编辑	龚黔兰
责任编辑	唐明星
装帧设计	张　婷
责任印制	卢　岳
出版发行	生活・讀書・新知 三联书店
	（北京市东城区美术馆东街 22 号 100010）
网　　址	www.sdxjpc.com
经　　销	新华书店
印　　刷	河北松源印刷有限公司
版　　次	2014 年 1 月北京第 1 版
	2024 年 10 月北京第 12 次印刷
开　　本	635 毫米 × 965 毫米 1/16　印张 20
字　　数	231 千字
印　　数	78,751 – 83,750 册
定　　价	49.00 元

（印装查询：01064002715；邮购查询：01084010542）

目　录

一、书山路上的风景　1

　　毛泽东喜欢读什么书　1

　　毛泽东怎样读书　8

　　毛泽东如何把书读"活"　11

　　阅读和毛泽东的领导力及影响力　17

二、求学时期：阅读与寻求"本源"　24

　　"读书要为天下奇"　24

　　"择书"而读，读出个湖湘学风　28

　　"中国的老法，实在有些不够用"　32

　　《伦理学原理》：读奇书，做奇男子　36

三、五四前后：阅读与选择主义　43

　　阅读为"主义的结合"　43

　　新思潮的"追星族"　48

　　打开"思想房间"之后　51

《天演论》和《物种起源》：唯物史观前奏曲 54
《共产党宣言》：确立信仰及其以后 58

四、风云途中：阅读与实行革命 64
　　编书：从宣传到农运 65
　　山沟沟里的知识饥荒 68
　　三本经典送来一场"及时雨" 71

五、初到陕北：阅读与总结经验 75
　　"人家不是说我狭隘经验论吗" 75
　　"激发我来研究一下军事" 79
　　"不是经验少，是思想方法不对头" 81

六、抗战前期：阅读与创新理论 85
　　解决"本领恐慌" 85
　　《战争论》："务把军事理论问题弄出个头绪来" 89
　　读谈"老中国" 93
　　《水浒传》：古为今用的"工具书" 101
　　研究"新东西"：成为思想领袖 107

七、整风演进：阅读与转变党风 113
　　阅读与延安整风 113
　　"暂时以研究思想方法论为主" 117
　　从《两种策略》和《"左派"幼稚病》取政策 120
　　从《论列宁主义基础》和《联共党史》学经验 123

为破解难题研究经济文化　128
　　认清近代中国　131
　　编"党书",让人"恍然大悟"　135
　　《甲申》和《前线》:"都是反对骄傲的"　140

八、在新中国:一张"精神地图"　145

九、建设年代:阅读承受之重　160
　　为了"善于建设一个新世界"　160
　　过渡时期与两本苏联经济书　163
　　农业合作化运动的"百科全书"　167
　　从良好开端走向曲折的阅读　169
　　用两本苏联经济书阻止"共产风"　173
　　"什么叫建成社会主义,很有文章可做"　177
　　从"必然王国"到"自由王国"的感慨　181

十、政治路上:读书、荐书和编书　185
　　比较中外宪法文本,制定"五四宪法"　185
　　读谈"红学",反对思想文化界的唯心论　188
　　推动报刊争鸣,落实"双百"方针　193
　　评价苏联"哲学辞典",思考人民内部矛盾　197
　　借助人物史传,纠正"大跃进"领导作风　200
　　编选《不怕鬼的故事》,应对多事之秋　203
　　研究西方政要著述,把握国际局势　206
　　推荐三十本马列经典,着眼防修反修　210
　　未竟之志:"不知道还能写出什么东西来"　214

十一、心智交流：书香润物细无声 217

面向统战人士的情感通道 217
调查风物历史的别致途径 221
表达人事期待的良苦用心 224
个性化阅读的人文兴趣 227

十二、晚年岁月：阅读的忧思 231

读书与"文革"的矛盾 231
"联系实际用好马列主义更困难" 235
借三篇古文，道人事心曲 238
面对文史哲研究的无奈和期待 242
在"西学"领域的追问 246
"对法国大革命这段历史看起来有兴趣" 250
读谈拿破仑战略失误的背后 255
"评法批儒"为哪般 258
从笑话到字帖：消遣还是解忧 262
"谁念我，新凉灯火，一编《太史公书》" 265

十三、揽文治史的情怀 271

《楚辞》和《昭明文选》："好文宜读" 272
《红楼梦》：小说怎样成为历史 279
《鲁迅全集》：和鲁迅之心，何以相通 287
《二十四史》：一篇读罢头飞雪 298

后　记 313

一、书山路上的风景

常言道,书山有路。毛泽东一生,登攀书山之路,别具风景。讲他的阅读史,既是看他在书山路上的阅读风景,也是领略他精神个性的风景。

沿途细巡之前,不妨在入门口微缩景观处稍作留步。预先体会一下,走进毛泽东的阅读世界将看到什么。

毛泽东喜欢读什么书

毛泽东一生究竟读了多少书,读过哪些书,无法做完备统计,可从他的藏书、批注、著述和谈话中,知其大概。毛泽东去世后,在中南海住处留存的藏书,即达一万余种,近十万册,一些书中留下了他的批注和圈画。他读而未藏以及读过藏过但后来丢失的书籍,更不知几何。

通过文献和亲闻目睹的情况,叙述毛泽东读书生活的书籍,最早是1986年中央文献研究室龚育之、逄先知、石仲泉编写的《毛泽东的读书生活》。此后，能够提供一些新的资料，在编写上有所原创的著述，也有一些，但并不多见。为全面反映毛泽东一生的读书情况，中央文献研究室组织专家学者，历经七年时间，汇集毛泽东批注评价和引用发挥一千余种著述作品的材料，编纂了一套《毛泽东读书集成》。该书分为马克思主义、哲学、自然科学、社会政治、经济、军事、历史、文学、书法、报纸杂志、丛书工具书，共十一编。这是迄今为止公开出版的规模最大、内容最全，并且是有次序、有重点地反映毛泽东读书生活和读书方法的类书。人们常说，每个人的世界都是一个圆，学习是半径，半径越大，拥有的世界也越大。毛泽东博览群书，所拥有的世界之大，从十一大类的阅读范围，即现出轮廓。

毛泽东博览群书，不只表现为数量大，领域多，他还注重阅读一些在特定环境中流传不广，作为革命家和政治家可以不去关注的书。其阅读视野，常常越出各知识领域"大路货"，喜欢阅读专业性很强的文史和自然科学论著，以及古代笔记和各种笑话作品这类"闲书"。在这个意义上说，他的阅读不仅广博，而且专深。

诸如，长征刚到陕北，1936年7月在保安会见美国记者埃德加·斯诺时，为驳斥所谓"莫斯科控制中国"的传言，毛泽东引用英国科幻作家威尔斯（H. G. Wells）作品的描述说："如果这一切属实，那么造一条铁路通往火星并向威尔斯先生买一张火车票也就全都可能了。"威尔斯的作品，在那个年代知悉和阅读的人本就不多，一路风云征战的毛泽东，却引为政治语言素材，殊为难得。还有一本清朝嘉庆年间出现的很偏的书，叫《何典》，是讲鬼故事的滑稽章回小说，1920年代经鲁迅推荐，方为人知。毛泽东最晚在 1941 年就读到了。这年，他挑选一批书带给远在莫斯科的两个儿子，其中就有《何典》。晚年还把这本书印成大字本供高级领导干部阅读。在中央会议上，他引用书中"药医不死病，死病无药医"这句话，来形容那些头脑如花岗岩的人，实在是不可救药，怎么做思想工作也做不通。

阅读范围虽广博和专深，但也不是漫无目的，没有重点。毛泽东的阅读重点，排在前三位的，是马列、哲学和中国文史。

关于读马列著作。

对于马克思主义政治家来说，把马列著作放在阅读首位，是顺理成章的事。对毛泽东而言，还有一个很现实的因素，他始终感到，全党理论水平落后于实际，与中国革命和建设的丰富内容很不相称。此事常使他苦恼。1940 年，他在延安新哲学年会上讲："中国革命有了许多年，但理论活动仍很落后，这是大缺憾。"在读苏联西洛可夫等人的《辩证法唯物论教程》的批语中，他直率地写下"中国的斗争如此伟大丰富，却不出理论家"这样的话。他希望通过阅读马列著作，精通马克思主义，把马克思主义的基本原理和中国实际结合起来，有理论和实践上的新创造。

随着实践的发展，毛泽东的这个期待越来越强烈。1938 年，他提出党内要"有一百个至二百个系统地而不是零碎地、实际地而不是空洞地学会了马克思列宁主义的同志"；1949 年，他推荐 12 本马列主义著作，提出党内"有三千人读通这十二本书，那就很好"；1963 年，他推荐三十本马列主义著作，提出中级以上干部有几万人学习，"如果有两百个干部真正理解了马列主义就好了"；1970 年，他又指定二百五十多位中央委员和候补中央委员读九本马列著作，并说学好马列主义不容易，联系实际用好马列主义更困难。

比较起来,在马列原著中,毛泽东更喜欢阅读列宁的书。或者说,他主要从马恩著作中汲取马克思主义的基本理念和思想方法,而更多地从列宁和斯大林的著作中,去获取中国革命和建设能够参考和运用的重要战略、政策和策略思想。原因是列宁以及斯大林所看到和经历的,比马克思、恩格斯更进了一层,其理论更扩大和更具体化了,和中国的实际联系更紧密。在1958年中共八大二次会议上,他说得很明确:"列宁说的和做的许多东西都超过了马克思,如《帝国主义论》,还有马克思没有做十月革命,列宁做了。"在延安的时候,他甚至讲到,读列宁、斯大林的著作,看"他们是如何把马克思主义的普遍真理和苏联革命的具体实践互相结合又从而发展马克思主义的,就可以知道我们在中国是应该如何地工作了"。据毛泽东自述,他觉得列宁的论著,还有一个特点:"说理透彻,把心交给人,讲真话,不吞吞吐吐,即使同敌人斗争也是如此。"

关于读哲学。

根据毛泽东的有关论述,他喜欢读哲学,原因有四:第一,他把哲学归结为世界观和方法论,认为是塑造人们灵魂和思想的根本前提。第二,哲学是马克思主义的理论基础,不懂哲学很难弄通马克思主义。第三,哲学是认识和改造世界、总结实践经验、解决一切问题的"思想工具"。中国共产党曾经屡次犯错误,就是思想方法不对头,由此要求"全党都要学习辩证法,提倡照辩证法办事"。第四,毛泽东从青年时代起就喜欢哲学,追求万事万物的"大本大源",这既是个人兴趣,也是进行理论工作的必要前提。他说过:"马克思能够写出《资本论》,列宁能够写出《帝国主义论》,因为他们同时是哲学家,有哲学家的头脑,有辩证法这个武器。"

毛泽东既读马列经典中的哲学书,也读艾思奇、李达、普列汉诺夫、爱森堡、西洛可夫、米丁、尤金、河上肇这些中外学者,用马克思主义观点来论述哲学问题的书;既读柏拉图、康德、黑格尔、杜威、罗素等西方哲学家的书,也读中国古代老子、孔子、墨子、庄子、孟子、荀子、韩非子、王充、朱熹、张载、王阳明诸子的哲学论著,以及中国近代以来,康有为、梁启超、章士钊、胡适、杨昌济、梁漱溟、冯友兰、潘梓年、周谷城、任继愈、杨荣国等人研究哲学和逻辑学的论著。

关于读中国文史。

毛泽东对"二十四史"、《资治通鉴》这类书籍兴趣之浓,用功之深,众所周知。为什么要学习历史?因为今天的中国是历史的中国的发展,不了解、不总结历史,就不可能真正读懂今天的中国,也等于是割舍了应该拥有的经验和智慧。毛泽东的一些名言,直接道出他酷爱读史的缘由:"读历史是智慧的事";"只有讲历史才能说服人";"看历史,就会看到前途";"读历史的人,不等于是守旧的人";"马克思主义者是善于学习历史的"。

读史其实是个大概念。历史是人类过去经历的百科全书,包括政治、军事、经济、哲学、科技、文学、艺术等方面的内容。毛泽东对各方面的内容均不偏废,很注意史书所载的理政之道、军事战例、经济政策、治乱规律等等。他还阅读了不少五四以来的学者们写的中国通史、思想史、哲学史、文学史。传统治学,讲究文史不分家,他对古代文学作品尤其感兴趣,包括诗词曲赋、散文小说、疏策政论、笔记志异,均精读不少。他喜爱曹操及李白、李贺、李商隐的诗作,研读《楚辞》,背诵《昭明文选》的一些散文,反复读谈《红楼梦》等古典小说,使他拥有罕见的古典文学素养。

说毛泽东的阅读重点是马列、哲学和中国文史，人们大体认可，也比较了解。关于西方著述，有人可能认为他读得不多，或者说不大了解。毛泽东读中国古代文史著述，确实比读西方著述要多，而且兴趣更大，但不能说他对西学不了解，或不愿意读。事实上，他读的西方著述并不算少。

青年时代，毛泽东接触西学，那时叫"新学"，思想受到不小影响。1959年5月15日会见外宾时，他还回忆说："我相信亚当·斯密的政治经济学，赫胥黎的天演论，达尔文的进化论，就是资产阶级的那一套哲学、社会学、经济学。"当时，他对西方近代思想家、哲学家，诸如托尔斯泰、克鲁泡特金、柏格森、杜威、罗素等，很感兴趣。1920年经营长沙文化书社，他也主要是向读者推荐译介西学的著述，包括柏拉图的《理想国》，罗素的《政治理想》、《社会改造原理》，杜威的《美国之民治的发展》、《现代教育趋势》等。

从延安开始，大量阅读马克思主义著作，是毛泽东了解西学的一个重要途径。马克思主义本身就是西学之一种，在成为中国共产党的指导思想后，才从西学思想中独立出来。读马列著作，不能不大量涉及西方的哲学、经济、政治、文化、历史；不了解这些领域的西学基本内容，就难以读懂马列，弄不清楚马列主义产生和发展的来龙去脉。列宁有本《黑格尔〈逻辑学〉一书摘要》，是读黑格尔《逻辑学》时所做的笔记，毛泽东很喜欢读，经常引用该书的一些话。他在1970年9月19日提出领导干部要加强学习时，就举例说，要使大家知道马列主义是怎么发展起来的，就应该读《拿破仑第三政变记》和《法兰西内战》。

比较起来，在西学方面，毛泽东读得比较多的是西方哲学、西方近代史、西方自然科学。

关于西方哲学。

毛泽东了解得比较多的是古希腊哲学、德国古典哲学和现代英美哲学。在 1964 年 2 月 9 日同外宾的谈话中,他曾梳理过自己对古希腊哲学到马克思主义这中间的代表人物的认识,然后总结说,黑格尔是"马克思、恩格斯的先生,也是列宁的先生,也是我们的先生"。

关于西方近代史。

毛泽东比较注意资产阶级革命的历史,大概是因为西方近代资产阶级革命和中国新民主主义革命,在一些内容和过程上有相近的地方,前者的经验可做参考。1970 年 5 月 1 日会见西哈努克亲王时,他明确提出:"要搞革命,需要了解几个国家的革命史,美国革命、法国革命、德国革命。"在各国革命史中,他尤其喜欢阅读和谈论法国革命史,这与中国革命和法国革命在复杂、剧烈、彻底的程度等方面比较接近有关。

关于西方自然科学。

毛泽东说,在这方面"东方人要向西方学习"。他比较感兴趣的是天体史、地球史、生物史、人类进化史等方面的代表性论著。关于康德和拉普拉斯的星云学说,关于达尔文的进化论,关于遗传学领域摩尔根学派和米丘林学派的争论,关于土壤学,关于物理学界的基本粒子新概念,关于杨振宁、李政道提出的宇称不守恒理论,毛泽东都曾花工夫去阅读和了解。

毛泽东怎样读书

事业发展没有止境，学习也没有止境。毛泽东在1939年说过一句话："如果再过十年我就死了，那么我就一定要学习九年零三百五十九天。"1959年，他再次讲：很有些时候，我也不喜欢自己。马克思主义各个部门的学问我没有学好。学一种外国文吧，也没有学好。经济工作现在刚刚开始学习。但是，我决心学习，除死方休。讲这些话，是希望领导干部们抓紧时间读书学习，以适应新的形势，学会新的本领，同时也传达出他自己生命不止、探索不止、读书不止的执着信念。

求知的欲望和理论探索的使命感，使毛泽东的阅读似乎一刻也不能停下来。从1960年代起，年龄大了，他不断让人把一些经典书籍印成大字本来读。1972年，会见日本首相田中角荣时，毛泽东指着堆积在书房里的书说："我有读不完的书。每天不读书就无法生活。"1975年，他眼睛不好，还专门请一位大学老师给他念书。逝世前，已经说不出话来，但脑子清醒，仍然坚持看书。可确切知道的是，他当时看的是宋代笔记《容斋随笔》和刚刚编译出版的日本《三木武夫及其政见》。三木武夫当时正在竞选自民党总裁，看来他临终前很关注此事。毛泽东是1976年9月9日零时10分逝世的。根据病历记录，9月8日那天，他全身都插了管子，时而昏迷，时而清醒，清醒过来就看书、看文件，共十一次，用时两小时五十分钟。最后一次看文件是下午4时37分，七个多小时后便辞世了。这样的情形，已经不是活到老，读到老，而是读到死。

毛泽东读书，是发自内心地对知识、对真理追求的一种渴望。有这种渴望，才可能用心用脑去真读、真学、真思考，而非浅尝辄止。用他的话来说，就是"攻书到底"。

把阅读视为"攻书"，是古人的说法。1938年3月15日，毛泽东在"抗大"的演讲中提出："我看这个'攻'字是有大道理的，就是把书当敌人看，一字一句地攻读。"攻读的目的，是对知识精通探底。对此，他于1939年5月20日在中央干部教育部召开的学习运动动员大会上做过解释，他说："学习一定要学到底，学习的最大敌人是不到'底'。自己懂了一点，就以为满足了。"攻书到"底"之法，在挤和钻，一遍一遍地用心去读。1945年5月31日，他在中共七大总结讲话中向大家推荐五本马列著作，又形象地解释了应该如何去挤和钻："我们可以把这五本书装在干粮袋里，打完仗后，就读他一遍或者看他一两句，没有味道就放起来，有味道就多看几句，七看八看就看出味道来了。一年看不通看两年，如果两年看一遍，十年就可以看五遍，每看一遍在后面记上日子，某年某月某日看的。"这是毛泽东的经验之谈，他也是这样做的。在他留存的一些书籍上，便写有某年某月"起读"、"再读"这样的字迹。

毛泽东的攻读之法，具体表现为以下几种。

一是经典的和重要的书反复读。对马列著作，毛泽东是常读常新。在延安，他对曾志说到自己读《共产党宣言》的情况："遇到问题，我就翻阅马克思的《共产党宣言》，有时只阅读一两段，有时全篇都读，每阅读一次，我都有新的启发。"对喜欢的文史哲经典，他同样经常读。1950年代，他对人说已经读了五遍《红楼梦》。此后，他又十五次索要过《红楼梦》，这在工作人员的记录中有明确记载。同一本书，反复读，因每次阅读背景不同、任务不同、心境不同，理解和发现也会有所不同。

二是相同题材内容的书，毛泽东习惯把叙述不同甚至观点相反的著述，对照起来读。例如，他读美国历史，就让人到北京图书馆、北大图书馆去借，专门写条子说，不光是马克思主义学者写的，也要有资产阶级学者写的。他读研究拿破仑的书，就找来苏联、法国和英国学者写的《拿破仑传》和有关著述，对照起来读。关于《楚辞》，1957年12月一次就要了五十余种古今对《楚辞》有价值的注释和研究书籍。关于研究《老子》的著作，在1959年10月23日外出时带走的书籍中，就有"关于《老子》的书十几种"。

与此相关，毛泽东还一直强调，要阅读一些和自己的观点不同、甚至观点相反的书。1957年，他对领导干部讲：要读诸如蒋介石的书这些反面的东西。我们有些共产党员知识分子的缺点，恰恰是对于反面的东西知道得太少。读了几本马克思的书，就那么照着讲，比较单调。讲话、写文章，缺乏说服力。由此，他提出要编辑《蒋介石全集》，此外还要出《孙中山全集》、《康有为全集》，自己还熟读梁启超的《饮冰室文集》。1965年，中宣部根据毛泽东的意见让有关部门编辑了《蒋介石言论集》系列，准备每本印五千册。他批示："五千册太少，应出一万册。"1960年代，他多次讲，不读唯心主义和形而上学的书，就不能真正懂得唯物主义和辩证法，并说"这是我的经验，也是列宁的经验，也是马克思的经验"。

三是读书习惯于"手到"并注重讨论。古人强调读书要"眼到"、"口到"、"手到"、"心到"。"眼到"好理解。毛泽东的"口到"，不光是自己吟诵，还经常在一些场合，给人讲书，直接宣达自己的阅读体会和收获。所谓"手到"，就是动手写笔记，写批注，由此体现"心到"。目前编辑出版的毛泽东读书批注方面的书籍有：《毛泽东哲学批注集》，收了他读十本哲学书的批注和一篇读书摘录；《毛泽东读文史古籍批语集》，收了他读三十九部文史古籍和范仲淹两首词的批语；《毛泽东评点二十四史》（评文全本），共五卷，收了他在"二十四史"中的一些书里做的圈画和批注；《毛泽东手书古诗词选》、《毛泽东手书历代诗词曲赋典藏》，则反映了他读古代文学作品时随手书录的情况；13册《建国以来毛泽东文稿》，收了他读各种书刊文章的批示、批注和批语，数量很多，其中包括读斯大林《社会主义经济问题》的批语。

毛泽东读书，还有一个"耳到"，即组织读书小组由人念，大家听，再一起讨论。比如：青年时代，他组织过读书小组；延安时期，他组织过三种形式的哲学研究小组，甚至为读克劳塞维茨的《战争论》，也专门组织了读书小组；1959年底，又组织读书小组到杭州等地研读苏联的《政治经济学教科书》。晚年眼睛不好，就请人读给他听，边听边议。

毛泽东如何把书读"活"

能否把书读"活"，与阅读目的有关。

关于读书，人们有各种各样的说法和比喻。有人说，读书是一种生活态度、一种工作态度、一种精神追求、一种生活方式。有人说，读书是一种享受，也是一种风度，人适当有些书生气，是可爱的。有人说，读书养心，它改变的是你面对世界的态度。这些，都从一个侧面传达出为什么要读书的意思。人们阅读的目的，虽然各种各样，但从总体上说，无非是为树信仰、求真知、促实践、养心智、达情意。毛泽东酷爱读书，自然也包括这些追求。

毛泽东还留下一句力道甚足、意味甚深的名言：精通书本理论的目的，"全在于应用"。所谓"应用"，就是通过阅读来满足个人或社会实践的需要。

着眼于现实实践，围绕中心工作，配合大事业、大追求，是毛泽东阅读的需求主线。但也不能说，他的阅读，都是为了实用，是实用主义的。他还看"闲书"，也看政治家不必去关注的"杂书"，体现的是个人兴趣和书斋乐趣。比如，他喜欢读《茶花女》，甚至翻小人书，执着地研读书法，等等，就看不出与工作实践有直接关联。这类阅读也不是全然无用，它有消遣养心、增智达情、积累知识、开阔视野之效，只是在事功方面不立竿见影罢了。

毛泽东有如此多的动力酷爱读书，又该怎样理解他于1930年提出的"反对本本主义"口号呢？

解开此疑不难。那时，中国革命正在探索正确道路，遇到百怪千难的事情。毛泽东在"山沟里"急于读到一些能够用作实践指导和参鉴的马列著作，却非常困难；一些在"洋楼里"能够遍读马列著作的教条主义者，因照搬书本上的词句，而一再坏事。有的人读了很多书，但用错了方向；有的人在实践中摸索到正确道路，

1927年至1933年，毛泽东在革命根据地内进行了大量的调查研究和理论创作。这是当时写的农村调查报告和《调查工作》（即《反对本本主义》一文）。

却难以得到理论上的支撑。这就是中国共产党领导层当时面临的奇特矛盾。

于是，毛泽东当时花相当大的精力如饥似渴地去读另一本"无字大书"——中国农村社会，并写了大量调查报告。从1927年上井冈山到离开中央苏区，他做了十多次社会调查。1930年，他写的《寻乌调查》，达八万字左右。他写得非常详细，寻乌县城有多少杂货店，是什么样的人在经营，经营的本钱和货物，都详细列出。全县和有代表性的家族，出过多少秀才、举人和进士，他们在对待革命的态度上的区别，也都写上了。正是通过大量的农村调查，毛泽东对中国革命道路的独特性，有了越来越实际的感受，由此喊出"反对本本主义"这个口号。

"反对本本主义"的实际含义是：没有调查就没有发言权；离开调查研究，就会产生脱离实际的唯心主义领导方法；中国革命斗争的胜利，要靠中国同志了解中国的情况。显然，这些都是针对教条主义的，反映了毛泽东在读书问题上的一个鲜明主张：要把"有字之书"和"无字之书"结合起来读。要善于运用所学，就必须既入"书斋"，又出"书斋"。这就是他后来反复强调的理论联系实际的学风。

很明显，毛泽东并不反对"本本"，而是反对"唯本本是从"的学风。

毛泽东能够把书读"活"，盖源于这种读书理念。

所谓把书读"活"，就是把书本知识转化为认识，把认识转化为智慧，把智慧转化为能力，把能力转化为实践，进而在实践中有所创造。从掌握知识到实践创造，体现了从主观到客观、从认识世界到改造世界的实现逻辑。贯不通这根逻辑链条，很可能就是教条主义。因为书本知识不能代替人们在实践活动中的复杂判断和艰难选择。同一部兵书,马谡的用法是背本本,诸葛亮的用法就不是。王明和毛泽东都读马列著作,王明读得甚至更多,但他是教条主义,毛泽东不是。可见,读书效果的好坏,关键在于读法和用法,在于是不是拥有从书本到实践进出自如、出神入化的本事。

怎样才算是联系实际,把"本本"读"活"呢?毛泽东把自己的方法概括为两条,即读书的时候一当"联系员",二当"评论员"。这是他在1958年11月同陶鲁笳等人谈话中提出来的。

所谓"联系员",有两层含义。一是把书中写到的观点主张、人物事件,同与这些观点主张、人物事件有关的或对立的另一个侧面联系起来思考和理解。例如,毛泽东读《史记·高祖本纪》,不仅关注刘邦的内容,还联系书中有关刘邦的对立面项羽的描写,来做比较,进而加深理解,由此得出"项王非政治家,汉王则为一位高明的政治家"的结论。再如,读日本学者坂田昌一谈基本粒子还可以再往下分的《关于量子力学理论的解释问题》,他就联系《庄子》里说的"一尺之棰,日取其半,万世不竭"的观点来理解,认为坂田昌一说的"是对的"。

"联系员"的第二层含义,就是联系现实来理解和发挥。1958年,毛泽东在读斯大林《苏联社会主义经济问题》的批语中,表达出这种读法的好处。他说,把书中的"'我国'(指苏联——引注)两字改为'中国'来读,就十分有味道"。他针对现实工作中存在分散主义、本位主义和有禁不止的情况,要求党的领导干部读《史记》时,要体会秦始皇在统一六国的战争中,善于调动各方面的力量集中到主攻方向上来的领导方法。读苏联的《简明哲学辞典》,他就抓住其"同一性"条目只强调矛盾的对立、否定矛盾转化这个形而上学的观点，把它同斯大林时期苏联不善于处理人民内部矛盾、不做敌我矛盾转化工作联系起来理解，进而认为，这个条目反映了斯大林晚年政治上所犯错误在思想方法上的根源。

所谓"评论员"，就是对书中内容要有自己的看法，要有所评论，要进行创造性的发挥和运用，而不是跟在书本后面亦步亦趋。毛泽东的读书笔记和谈话，常常体现出政治家的敏锐和见识。例如：他读《徐霞客游记》和郦道元的《水经注》，关注的是两位作者通过大量的调查研究，才能写出有所发现的"科学作品"；读蒲松龄的《聊斋志异》，也说蒲松龄"很注意调查研究"，否则他哪有那么多稀奇古怪的故事。这样的评论，显然已经离开书本的主题，借书论事，强调只有调查研究才能写出有水平的东西。再如，《通鉴纪事本末·石勒寇河朔》叙述石勒拿不定主意是否攻取幽州，问计于谋士张宾，张宾详细分析了王浚、刘琨和乌桓几方面的情况，帮助他下决心攻取幽州，毛泽东从中读到的是"分析方法是极重要的"。此外，他读《汉书·赵充国传》，认为赵充国建议汉宣帝实行屯田的奏折，由于分析得当，才取得了对公卿们"说服力强之效"；读《老子》，说其中的"祸兮福所倚，福兮祸所伏"一句，是告诫人们：分析问题，不但要看到事物的正面，也要看到它的反面；读《不怕鬼的故事》，认为《宋定伯捉鬼》一篇对"新鬼大，旧鬼小"的描述，说明对具体事物要具体分析。这些评论，说明毛泽东很善于从书本中读出认识和改造客观世界的方法论。

当"评论员"的阅读方法，还使毛泽东常常在书中见一般读书人所难见到的精妙，发一般读书人所难发的评论。诸如：他认为过去被看作荒淫无度的商纣王，其实是一个很有本事、能文能武的人；宋玉的《登徒子好色赋》有辩证法，歌颂了一个模范丈夫；枚乘的大赋《七发》，是批判保守主义的；贾谊的《治安策》是最好的政论；《水浒传》里的"三打祝家庄"，反映了搞统一战线的重要性，等等。这些评论，往往成为前人和今人所未曾言及的一家之言。

当"联系员"和"评论员"的攻读之法，彰显了理论联系实际的学风，说明毛泽东的读书活动同客观实践是如何发生关联的。这种关联，激活了书本，让一些"闲"书有用，"死"书变活；也激活了毛泽东的思考，使他常有新的思想收获，进而在实践中有新的运用和发挥。比如，他读苏联威廉斯的《土壤学》，与他提出的"农业八字宪法"（土、肥、水、种、密、保、管、工）不能说没有关联。1964年，毛泽东读了竺可桢的论文《论我国气候的几个特点及其与粮食作物生产的关系》后，又有新的想法，当面对竺可桢说："你的文章写得好，'农业八字宪法'尚有缺点，还应该加上光和气（日光和气候），'农业八字宪法'只管地，你的文章管了天。"

毛泽东的读书理念和把书读"活"的本事，为党内领导层所推崇。1943年10月，朱德在中央政治局扩大会议上的发言中说，毛泽东读的书不少，而且他读得通，能使理论与实际合一。1949年，周恩来在《学习毛泽东》一文中说："读古书使他的知识更广更博，更增加了他的伟大。"1958年3月，刘少奇在成都中央工作会议发言中讲：对主席的思想、观点、方法，认真地切实地学习，是可以学到的；但有些是不可及的，例如看那么多书，记忆力那么强，有那么丰富的理论和经验，这些在我们党内是无人能及的。邓小平在主持第二个《历史决议》起草过程中，专门讲到：现在我们很需要从思想方法、工作方法上提高一步，很需要学习马克思主义哲学,也要学点儿历史。《历史决议》中关于毛泽东同志对马克思主义哲学的贡献,要写得更丰富,更充实,结束语中也要加上提倡学习的意思。这个要求,显然也是从毛泽东的读书理念和方法中受到的启发。

阅读和毛泽东的领导力及影响力

毛泽东于读书世界透露的春光,已成为他的思想智慧和文化个性的组成部分,从一个侧面体现出他的许多思想观点形成和发展的脉络。巡看他在书山路上的阅读风景,可发现他某些思想探索的火花,体会他卓越的领导力和影响力的一个来源。

(一)毛泽东的阅读和他的思想智慧

毛泽东的经验、智慧和才情,来源于对中国历史和现实的调查研究,来源于中国革命和建设的丰富实践,也来源于他对古今中外书籍孜孜不倦的阅读理解和发挥运用。从阅读生活,可看出他对前人和同时代人创造的思想、提供的知识、积累的经验,是如何吸收、扬弃和发展的。他在革命和建设中的实践创造,多多少少可以从其徜徉的书山之路上找到一些伏线。也就是说,毛泽东通过阅读积累和营造的"胸中日月",到他通过实践积累和创造的"人间天地",是有迹可寻的。博览广学,深读细品,赋予他观察和认识主客观世界的科学方法,赋予他领军、理政和治国的思想智慧,赋予他独具魅力的人格内涵和领导能力。

毛泽东最深刻的领导力和影响力,来自他主导创立的毛泽东思想。毛泽东思想的形成,与他的丰富阅读有密切关联。他的理论思想,常常是在读什么书、怎样读,想什么问题、怎样想,做什么事情、怎样做这样一些具体过程中，逐步形成和完善起来的。

毛泽东思想的形成和发展，有三个来源：一是马克思主义的基本理论、原则和方法，这仿佛是一个人的灵魂；二是丰富曲折的中国革命和建设实践，这仿佛是一个人的躯体；三是中国优秀的传统文化，包括五四以来优秀思想文化成果中蕴含的经验、智慧、作风、气派，这仿佛是一个人的血脉。没有科学的灵魂，不可能成为一个马克思主义者；没有坚实的躯体，其灵魂则无所依附；没有畅通的血脉，其躯体则难以得到滋养因而羸弱。三者俱备，便形成鲜活生动的毛泽东思想。

（二）毛泽东的阅读和他的领导风格

驻足毛泽东的书山之路，我们还可以看到他鲜明的政治领导风格。

毛泽东是知识分子出身，他是通过对各种理论思潮的比较选择，才确定未来道路的。他深深懂得，人们接触到的知识、理论、观点，对改造客观世界的实践影响很大。中国的革命和建设，经历了那么复杂曲折的过程，每段行程都面临着如何总结经验、如何解决新的时代课题等这样一些问题，而党员干部队伍的文化知识和理论准备却往往严重不足。如果不通过读书学习，使他们不断地充实新的知识，不断地提升思想理论水平和工作能力，中国共产党要干成那么多惊天动地的事情，是不可想象的。从实际效果看，中国共产党正是通过延安整风学习，才全面地成熟起来，才得以准备了那么多成熟的干部，才能在此后的革命和建设中穿越那么多险隘，取得那么多成就。

在毛泽东看来，读书始终是革命者、建设者的必修功课。用他1939年1月27日在一个会上讲的话来说，"一个人的知识面要宽一些,有了学问,好比站在山上,可以看到很远很多的东西。没有学问,如在暗沟里走路,摸索不着,那会苦煞人"。因此,提倡读书,并亲自编书、荐书和讲书,顺理成章地就成为他习惯运用的领导方法和工作方法。

编书、荐书、讲书,前提都是读书,而且是要精读之后才能去编、去荐、去讲。毛泽东是政治家,又是读书人,两种身份的结合,自然使他把书作为动员和宣传的工具,作为理论创造和思想普及的工具。他很清楚,与其授人以"鱼",不如授人以"渔"。读书学习,就是授人以"渔"。在历史发展关头,在重大问题面前,他总是推荐一些有现实针对性的书目让干部们去读,以便打通思想,或者为了解决当前面临的实际问题,或者为了适应即将到来的新的历史考验。他甚至在一些会议上印发他选编的著作篇章,有时候还亲自在会议上逐一讲解。所谓领导力和影响力,就是通过所思所见,激活他人的希望和梦想,提供共同遵行的价值和战略,拿出解决现实问题的办法和策略。编书、荐书、讲书,属于实现领导的桥和船。

毛泽东的这种政治领导风格和工作方法,促成党内浓郁的读书学习气氛。就领导层来说,刘少奇的理论修养很高,这与他勤奋读书有关。始终在一线日理万机的周恩来,从来不放松读书,这从1973年3月26日他给毛泽东的一个报告中可以看出:"凌晨读《史记·汲郑列传》及太史公曰云云,深有所感,愧未能及。"朱德的名言是:"做到老,学到老,还有三分学不了。"董必武是饱学之士,在自寿诗中常常谈读书学习之事。《七十自寿》讲,"革命重理论,马恩指出早";《八十初度》说,"观书有得觉思清";《八六初度》再道,"马列至言皆妙道,细思越读越分明"。看得出,中国共产党领导层是把读书学习当作一种历史使命和政治责任来看待的。

（三）毛泽东的阅读和他的文化影响力

中外历史上，不是没有粗通文墨、不通文墨乃至轻慢书籍的政治家，他们也可以有所作为，甚至有大作为。不过，这样的政治家大多称雄一时，不少是人亡政息。贯通古今、识见深远、影响广泛的政治家，多半是好读书、好思考，进而在思想理论上有建树和创造的人。

毛泽东酷爱读书，拥有多方面的才华，实践能力又那样突出，从而散发出一种令人折服的文化气息和人格内涵，形成很强的感染力和影响力，同各种人物打交道，都有一股吸引人的"气场"。他同西藏的宗教领袖谈论对佛教经典的理解，同来访的外国政要谈世界历史和现状，用儒雅高古的方式走进清末遗老、民国元勋们的心灵。这些，都使对方油然而生特殊的亲近感。深厚的学养，还使他能够和学界大师们轻松对话，并且以自己的见识来影响他们，进而影响一代学人的学风，以及文史哲领域的一些学术话题。此外，他喜欢读古代诗词曲赋和书法作品，这使他成为杰出诗人和独创一格的书法家，其诗词和书法，至今拥有很强的文化影响力。

即使是外国人，在同毛泽东有过一番接触交谈后，也多折服于他的文化魅力，不知不觉地把一个政党、一个国家的形象，同一个领袖的文化素养和个性风采联系在了一起。

加拿大记者马克·盖恩在延安访问毛泽东后，写了一篇《不会失败的毛泽东》。文章说，毛泽东熟知中国历史上的政治家和哲学家，好像大家都是老朋友一样，同时他又熟知他们的成功和失败。他谈到赤眉、黄巾、义和团，也知道为什么每一个农民起义最后都失败了。毛泽东在侃侃谈论过去的社会革命时，都反复强调他领导的这场革命不会失败,因为这场革命有一个有纪律的党和英明的政策。

美国记者埃德加·斯诺在一篇题为《毛泽东的历史是整整一代人的横断面》的文章中说:"毛泽东熟读世界历史,对于欧洲社会和政治的情形也有实际的了解。他对英国的工党很感兴趣,详尽地问我关于工党目前的政策,很快就使我答不上来了。"

日本共同社驻北京记者福原亨一写的《一颗放射出强烈个性的光芒的巨大红星》一文说,毛泽东的文史素养"大大有助于使他的形象在中国人的心目中反映得更加高大,大大有助于他成为具体实现民族文化的发展和飞跃的英雄形象"。

1973年访问中国,见过毛泽东一面的澳大利亚前总理爱德华·高夫·惠特拉姆回忆:"我们的谈话范围涉及历史、当前问题、亚洲地区情况、文学和当代的一些人物……他的智慧和历史感深邃而又明晰。"

1974年访问中国,同样和毛泽东只见过一面的英国前首相希思也说:"毛泽东对国际事务的深刻理解,以及对历史的知识,使他得以从世界战略角度考虑问题。"

在中国,毛泽东的文化影响力又如何呢?在他去世三十余年后的2008年,学者康晓光在《领导者》第2期发表的《复兴传统文化现象研究》一文中,说他对十个样本城市做了统计调查,涉及一千二百五十四个统计样本,其中一个问题是问受访者谁是最伟大的思想家。结果,毛泽东、孔子、马克思排在前三位,认同毛泽东的有六百五十三个,占受访者的百分之五十二点一。被访者对思想家的定义未必一致,他们大体是根据自己所接受的思想影响来选择答案的。

有意思的是，毛泽东在青年时代曾把古往今来做出重要贡献的人物分成两类，一是"办事之人"，一是"办事而兼传教之人"。他认为后者的道德学问和事功俱全，是理想的人格楷模。对这种理想人格的看重，好像是一条伏线，影响到他后来的一些想法。比如，其诗词代表作《沁园春·雪》直陈，即使是秦皇汉武、唐宗宋祖，不是"略输文采"，就是"稍逊风骚"。再如，1950年代中后期，毛泽东打算退出一线，理由就是腾出更多的时间来读书写文章，考虑理论和战略问题。他晚年讨厌强加给自己的"四个伟大"（伟大领袖、伟大舵手、伟大统帅、伟大导师），却独独认为可以保留"导师"这个说法，理由是在英文中，导师和教师是一个意思。这个保留，很耐人寻味。

毛泽东的读书和倡导读书，奠定了中国共产党的一个优良传统，这就是把读书学习当作思想理论建设、增强工作本领的必需途径。从毛泽东提出"把全党办成一个大学校"，到党的十八大提出建设学习型、服务型、创新型马克思主义执政党的重大任务，一脉相承。正是在这个意义上，习近平同志2013年3月1日在中央党校的讲话中提出："领导干部学习不学习不仅仅是自己的事情，本领大小也不仅仅是自己的事情，而是关乎党和国家事业发展的大事情。""中国共产党人依靠学习走到今天，也必然要依靠学习走向未来。"

依靠学习走向未来，必须树立科学的学习理念和方法。毛泽东在书山之路上的阅读风景，给人们提供的导游标志赫然醒目，即读书学习的世界，必须要有三根柱子来支撑。一根叫"无信不立"，所谓信，就是信念、信仰、信心；一根叫"无学难为"，所谓学，就是学问、认识、本领；一根叫"无实必败"，所谓实，就是实际、实践、实事。

我们今天建设马克思主义学习型政党，最可靠的保证，还是这三根柱子，即读书学习：一是立信，否则，会得精神软骨病，人就站不住；二是问学，否则，就难以提升认识和改造世界的能力；三是求实，否则，所学就不能够运用于实践，很难把事情干成。

二、求学时期：阅读与寻求"本源"

"读书要为天下奇"

　　出身农家的毛泽东，在韶山发蒙之初，和其他农家孩子没有两样，不过是略识之无，为谋生之备。他当时的读物，无非是私塾必教的《三字经》、《幼学琼林》等蒙学读本，《论语》、《孟子》、《诗经》等经学典籍，以及《左传》、《纲鉴易知录》等史传著述。在韶山纪念馆，还陈列着他当时读过的《论语》、《诗经》，封皮上有他小时候的亲笔签名。这是他一生留下的最早阅读痕迹。此外，毛泽东也像其他青少年一样，喜欢读《水浒传》、《精忠传》、《西游记》等传奇小说。这类读物，属于中国传统文化在民间的普及和延伸。

　　关于私塾时期的阅读感受，毛泽东在晚年多次谈起，说是"读过孔夫子，五经四书，读了六年。背得，可是不懂。那时很相信孔夫子"。

父亲毛顺生,是一个典型的走上水的农民,一心想的是把毛泽东培养成种田的好把式,最好像自己一样,兼做一些米谷生意;识些字,有纠纷能讲出道理;会用算盘,做生意时不至于吃亏。这种安排,使毛泽东在读了六年左右的私塾后,不得不延宕学业,把主要精力放在了种田上面。

直到读了郑观应那本他"非常喜欢的"《盛世危言》,知道中国之所以弱,在于缺乏西洋的铁路、电话、电报、轮船,应该把这些东西传入中国。这使毛泽东眼前出现了一片新天地。人生未曾远行,便有了新的遭遇。连铁路、电话都未曾见过的毛泽东,有了新的梦想,开始把读书与立志连在一起了。

1910年秋天,他考入湘乡县东山高等小学堂,离家时抄写了一首日本人写的诗留给父亲:"孩儿立志出乡关,学不成名誓不还。埋骨何须桑梓地,人生无处不青山。"十六岁的毛泽东,此时未必清楚志向究竟是什么,但以"学"立"志",且志在四方之意,表达得很明白。

从1910年秋入东山高等小学堂读书,到1918年6月从湖南第一师范学校毕业,近九年时间,除当兵半年,自学半年,他主要在学校读书。年龄比多数同学要大,社会经历也丰富一些,这使他在读书问题上多有主见。

毛泽东在湖南一师读书时有个外号,叫"毛奇"。这个外号的来历,一是说源于他崇拜当时的德国元帅毛奇,一是说他和同学们谈论"立志",常称"读书要为天下奇",即"读奇书,交奇友,创奇事,做奇男子"。按后一种说法,毛泽东把"读奇书"当作了成为"奇男子"的关键条件。

在他的心目中,所立之志,相当程度上要靠读书才能接近和确定，由此宣称，"学不胜古人，不足以为学"。他当时几乎有一种要读尽世间书的雄心壮志。1915年二十二岁的时候，他对自己的阅读生涯，曾私下做过一番设计。同年6月，他在给朋友的一封信中，表示要效法康有为自称的阅读经历，即"四十岁以前，学遍中国学问；四十岁以后，又吸收西国学问之精华"。由此觉得，目前学校的教育方式，不能满足自己这个要求，很是苦恼。经过反复权衡，他还是认为古代书院那种主要靠自学的方式更好。9月间，他在给朋友的信中表示，自己要退出湖南第一师范学校去自学。所谓自学，就是找一个深山幽静处，"读古籍，以建基础，效康氏、梁任公之所为，然后下山涉其新"。这番表白，透露出他对传统书院闭门求学方式的期期向往之心。后经朋友劝说，他才打消退学念头。毛泽东后来对学校里"填鸭式"的教育方式一直不满，从这里倒也可以看出一些端倪。

真正的阅读，不只是精神消费，也是一种精神生产。有两种阅读情况：一种是像收购废旧物质的商贩，把一些现成的别人用过的二手货拿来即可；一种是深入地下矿井的工人，靠自己去开掘和发现丰富的一手矿藏原料。崇尚自学的毛泽东，显然属于后者。

求学是为了立志。毛泽东求学期间要立的"志"，又是什么呢？

从他留下的文稿来看，最早谈到的是"修学储能"，即为未来干事情储备知识才能。这和今天的青少年学子所追求的没什么两样。但很快，他的读书追求便超越了这个目的。特别是在经历了1915年袁世凯称帝的乱局后，他深感袁氏之流，不能说无才无能，甚至是有大才大能，但"其胸中茫然无有，徒欲学古代奸雄意气之为，以手腕智计为牢笼一世之具，此如秋潦无源，浮萍无根,如何能久"?看来,光有才能智计,终不能做成大事。

1917年8月23日,毛泽东给他的老师黎锦熙写了封长信,对修学到底应该储什么"能",读书到底应该立什么"志",来了一番彻底的反思。他说:今天许多人读书立志,说是将来要当军事家、教育家,等等,是出于对成功前辈的羡慕;模仿别人,不算是真正的志向。只有根据"宇宙之真理"来"定吾人心",才算真有志向。

什么是"宇宙之真理"呢?毛泽东说那个东西叫"大本大源"。

"本源"这个概念,源自朱熹,为近代湘学士风所追慕。说起来很虚玄,其实很有些像黑格尔说的那个"绝对真理"。要找到这个"本源",途径在"倡学"。也就是说,读书的目的,在于寻找和确立心中的"本源",然后"以大本大源为号召,天下之心其有不动者乎?天下之心皆动,天下之事有不能为者乎?"

青年毛泽东很敬佩曾国藩。曾国藩谈论本源,说"得大本大源,则必有定向,而不致摇摇无着";青年毛泽东把没得本源的人,比喻为"秋潦无源,浮萍无根",意思一脉相承。毛泽东甚至说:"愚于近人,独服曾文正。"许多人对此不太理解,或者予以回避。正是在给黎锦熙的这封信中,毛泽东谈到当时敬佩曾国藩,是因为曾国藩能够以一介书生平定洪杨,在于他学有"本源",并且能够用"本源"去"动"湘军之"心","动"天下人之"心"。也就是说,他能够以传统的大道理和信念来治理湘军,感染天下士子。毛泽东所敬者,即在此耳。

在这封信中,毛泽东还说,近人当中,康有为"似略有本源",无非也是看重康有为写出了《孔子改制考》和《大同书》这样的著述,提出了一些改良社会的目标理想。特别是其"大同"理想，很有些"宇宙之真理"的味道，而毛泽东当时的社会理想，恰恰也是让人人"共跻圣域"，"天下皆为圣贤，而无凡愚"，和康有为的想法比较接近。直到1949年写《论人民民主专政》，毛泽东还把康有为作为"中国共产党出世以前向西方寻找真理"的代表人物，说他写了《大同书》，但"没有也不可能找到一条到达大同的路"。

"读书要为天下奇"，所"奇"者，就在这个"本源"。明了这个目的，毛泽东表示："将全副功夫向大本大源处探讨。探讨所得，自然足以解释一切。"

毛泽东当时探讨"本源"的切入点，是人心。为此，他很注重阅读哲学和伦理学方面的著作，希望从中找到真理，"从根本上变换全国之思想"。再沿着这个思路往前走，他在1918年4月组织成立新民学会，提出"革新学术，砥砺品行，改良人心风俗"的宗旨，就把寻求学术真理，以动天下之心的目的具体化了。

从寻找"本源"到"改良学术人心"，是毛泽东早期独具特色的阅读追求，是一条不可小看的伏线。他后来那样强调在改造客观世界的过程中，必须不断地改造主观世界和思想意识，或发端于此。

"择书"而读，读出个湖湘学风

怎样才能找到"本源"，毛泽东的思路是比较清楚的。他在1917年8月23日谈论"本源"的信中讲："所谓本源者，倡学而已矣。为学之道，先博而后约，先中而后西，先普通而后专门。"

1913年在湖南省立第四师范学校求学时的毛泽东

为求"本源",他求学时期下功夫读的书,首推经史子集。

青年毛泽东阅读中国传统文史哲典籍的情况,可从他在湖南第四师范(不久并入第一师范)留下的一册听课笔记《讲堂录》中窥知大概。这册《讲堂录》记于1913年10月至12月,内容是修身课和国文课。讲修身课的杨昌济,深研宋明理学和康德哲学,讲课中很注意从道德伦理和为人处世等方面来教育学生,毛泽东所记,主要是传统经典讲修身方面的内容。讲国文课的袁仲谦,特别喜欢唐代韩愈文章,毛泽东所记,主要是韩愈文章的一些词句解释。从他当时的通信和留下的其他文稿看,他比较喜欢和读得比较深的经史子集,有《老子》、《庄子》、《墨子》、《论语》、《孟子》、《礼记》、《中庸》、《大学》和《朱子语类》、《张子语类》等诸子经典;有《尚书》、《左传》、《汉书》、《史记》、《昭明文选》、《昌黎先生集》(《韩昌黎全集》)、《古文辞类纂》、《读史方舆纪要》等。这番阅读,为他打下终生受用的国学基础。

阅读传统典籍，是那时学子们的普遍现象。毛泽东的特点不是被动接受，更多是带着研究的眼光来读。如果有兴趣翻看中央文献研究室和湖南省委共同编辑的《毛泽东早期文稿》，很容易引发一个猜想：假设他后来没有成为革命家，而是当学者做学问，也一定会成为文史领域很有建树的学问家。

1915年6月和1917年8月，毛泽东在两封给同学的信中，都主张为学之道在"先中而后西"。这个思路，可以解释毛泽东稍后在有条件的情况下，为什么没有选择出国留学。1920年3月14日，他在给同学周世钊的信中表示，自己仍然坚持在国内学习，理由是："吾人似应先研究过吾国古今学说制度的大要，再到西洋留学才有可资比较的东西。"青年时代在中国传统文化方面的浓厚兴趣和深厚积累，使他后来和那些年轻时就到外国留学，习惯"言必称希腊"的知识分子，习惯照搬马列词句的教条主义者相比，思想基点是不一样的。他注重中国作风和中国气派，在推动实现马克思主义中国化的问题上，拥有丰富的思想资源，盖因于此。

渐渐地，毛泽东意识到，要读尽经史子集是不可能的，由此提出了一个变通的法子，叫"择书"。1915年二十二岁那年，作为湖南一师二年级学生，毛泽东在汗牛充栋的国学典籍中，选出七十七种经、史、子、集，开列给朋友萧子升，并在信中说，要有学问，必须读完它们。这封谈论"择书"的信留存了下来，可惜开列的书目却佚失了。不然，我们今天会更确切地知悉青年毛泽东究竟受哪些传统经典的影响多一些。

所幸的是，在这封信中，毛泽东例举了一本他所"择"之书的范本，即曾国藩编辑的《经史百家杂钞》。这是曾国藩选编的一部古文选集，所选文章上自先秦的《尚书》，下迄清代姚鼐的作品,分论著、词赋、序跋、诏令、奏议、书牍、哀祭、传志、叙记、典志、杂记十一类,七百多篇文章,是继姚鼐《古文辞类纂》之后又一部系统的国学经典读本。在编选标准上,除姚鼐强调的义理、词章、考据外,曾氏又增加了一条"经济",即"经邦济世"、"经世济民",目的是使选文与政事结合,通过对文章的学习,以了解历代的治乱兴衰。《经史百家杂钞》是崇尚"修身齐家治国平天下"的曾国藩,为教育子侄后辈成才编选的,本意为自用,后来付梓,清末民初,流行一时。

毛泽东在信中对该书的评价是:尽抡四部精要。意思是该书从义理、辞章、考据、经济四个方面,把经、史、子、集的精要都提炼出来了。他还说,国学的精髓在于"文"与"道"的统合相融,姚鼐的《古文辞类纂》"畸于文",曾国藩的《经史百家杂钞》却"二者兼之","所以可贵也"。

毛泽东的学风渊源,由此奠定。他当时比较多地受到以王夫之、顾炎武为代表的明清实学和晚清以曾国藩为代表的湖湘学风的影响。杨昌济提倡研究船山(王夫之)学问,毛泽东则经常到传承和发扬王夫之学术精神的船山学社听课,他稍后创办的自修大学,也借用船山学社的社址和经费;对顾炎武的《日知录》,他读得很熟,推崇其"经世要务,一一讲求"的学风和作风;岳麓书院在传播湖湘文化上居功至伟,毛泽东耳濡目染书院的文化气氛,刻在院门上的"实事求是",以及山门上的对联"唯楚有材,于斯为盛",对他的影响不可小看;曾国藩的《经史百家杂钞》、《曾文正公家书》、《曾文正公日记》,谭嗣同的《仁学》,以及他的老师杨昌济的《论语类钞》,对他早期思想学风的浸润,更是多多。

青年毛泽东"择书"而读,读出个以曾国藩为代表的湖湘学风，是在情理之中的。

毛泽东出生时，曾国藩刚刚去世二十年。曾国藩是湘乡人，毛泽东的外婆家即在湘乡，离韶山很近。毛氏家族有不少人投入曾国藩创建的湘军，立功受封成为提督、总兵者就有三位。他小时候读过的《曾文正公家书》，保存下来卷五、卷七、卷八和卷十，共四本。封面上写有书名、卷别，右下方竖写有"咏芝珍藏"，均为毛泽东亲笔。从小耳濡目染的"乡贤情结"，还不是主要的，关键在曾国藩治学，讲求"本源"，才做出那样大的事情，成为晚清的"中兴名臣"。

湖湘学风对毛泽东的具体影响，当时主要在修身处世方面。他在当时的书信、笔记或文章中，经常引用《曾文正公家书》、《曾文正公日记》中一些修身立志方面的话来自励。诸如，"精神心思，愈用愈灵，用心则小物能辟大理"，"士要转移世风，当重两义：曰厚曰实。厚者勿忌人；实则不说大话，不好虚名，不行架空之事，不谈过高之理"，等等。不能小看这类像人生格言的东西，湖南近代出那么多杰出人物，不能说和湖湘文化在学子中的普及浸润没有关系。

"中国的老法，实在有些不够用"

毛泽东接触新学和西学，稍晚一些。

他发蒙时，科举废，学堂兴，新学大倡，各种介绍西学的报刊书籍已经比较普及。但在湖南韶山冲这个闭塞山区，新思潮的冲击力似还十分微弱，教育环境依然是旧式的。直到十六岁时，从表兄那里借阅《盛世危言》这本新学著述，他才开始"睁眼看世界"。可以说，是新学把毛泽东引向了新的天地。

从 1910 年下半年赴湘乡东山小学堂读书后，毛泽东孜孜攻读传统典籍的同时，开始关注新学，读了不少介绍西方历史和文明的书。比如，他从同学萧三手里借阅过一本《世界英雄豪杰传》，在书中用墨笔画了不少圈点，圈画最密的是华盛顿、林肯、拿破仑、彼得大帝等人的传记。还书的时候，他对萧三说："中国也需要这样的人物，我们应该讲求富国强兵之道，才不致蹈安南（越南）、朝鲜、印度的覆辙。"

现在韶山毛泽东同志纪念馆里，还保存一本毛泽东当时读过的梁启超主编的《新民丛报》第四号，他在该刊所载的梁启超《新民说·论国家思想》一文处，批了如下文字：

> 正式而成立者，立宪之国家，宪法为人民所制定，君主为人民所拥戴；不以正式而成立者，专制之国家，法令为君主所制定，君主非人民所心悦诚服者。前者，如现今之英、日诸国；后者，如中国数千年来盗窃得国之列朝也。

这段话很珍贵，是目前发现的毛泽东最早的阅读批语，也是他表达政见的最早文字。看来，他思考现实政治的起点，是康梁维新派的主张。1936 年在保安，毛泽东对美国记者埃德加·斯诺坦陈："当时我正在读表兄送给我的两种书刊，讲的是康有为的维新运动。其中一本叫作《新民丛报》，是梁启超主编的。这些书刊我读了又读，直到可以背出来。那时我崇拜康有为和梁启超。"

关于湖南知识界在戊戌变法前后传播新学的情况，毛泽东在 1919 年写的《健学会之成立及进行》一文中有过描述。他说：

"二十年前，谭嗣同等在湖南倡南学会，招集梁启超、麦孟华诸名流，在长沙设时务学堂，发刊《湘报》、《时务报》。一时风起云涌，颇有登高一呼之概。"这种新学气象，实为湖湘学风的发扬。正是在接触这股新学思潮后，毛泽东说自己当时的感受是："中国的老法，实在有些不够用。"

其实，毛泽东在东山小学堂读到维新派康、梁的著述时，他们的主张已经过时。梁启超主办的《新民丛报》已于 1907 年停刊。1911 年毛泽东到长沙，才第一次即时读到反映新学的报刊，思想开始跟上现实时代。当时在知识界和思想界引领潮流的报刊是《甲寅》、《民立报》等，他后来说，自己在《民立报》上看到广州黄花岗起义的报道，看到"同盟会的纲领"，觉得是"激动人心的材料"。从此，他开始远离康、梁的改良主张，转向孙中山、黄兴革命派的立场。辛亥革命期间，他在新军当兵，从鼓吹革命的报刊《湘汉新闻》上，第一次知道"社会主义"这个名词，还读到江亢虎在报上发表的《中国社会党章程》，特别是江亢虎和宋教仁在报刊上关于社会主义的讨论文章。他觉得很新鲜，便四处写信和朋友讨论。

毛泽东比较集中地阅读新学和西学著述，是 1912 年在长沙定王台图书馆自学半年期间。其中，严复翻译的一批名著，给他印象很深，诸如亚当·斯密《原富》、孟德斯鸠《法意》、卢梭《民约论》、约翰·穆勒《穆勒名学》、赫胥黎《天演论》、斯宾塞《群学肄言》，涉及哲学、政治、法律、经济、社会学各个方面。他当时还读了一些俄、美、英、法等国的历史、地理书籍，以及古希腊罗马的文学作品。1936 年同斯诺谈到这半年自学，他说是"极有价值的半年"。1959 年，他还同外宾谈起当时的感受："我崇拜华盛顿、拿破仑、加里波第，看他们的传记。我相信亚当·斯密的政治经济学，赫胥黎的天演论，达尔文的进化论，就是资产阶级的那一套哲学、社会学、经济学。"

进湖南第一师范后，毛泽东读的新学著述就更多了。一师的老师，学贯中西者不少，经常向学生推荐一些西学新学著述来读。从全国思想界的动向看，经过辛亥革命后一段时间的沉闷，新文化运动开始酝酿。毛泽东在校期间，是酝酿新文化运动的《青年杂志》（1917年改为《新青年》）杂志的热心读者，对上面的一些文章，甚至可以背出来。1917年，他还在上面发表了题为《体育之研究》的文章，提出"文明其精神，野蛮其体魄"的口号。这是他平生第一次在报刊上公开发表的能够拿到稿酬的文字。

或许受到伦理学老师杨昌济的影响，更由于中国传统文化向来讲求心性修养，毛泽东当时读新学西学，比较感兴趣的是西方伦理学和哲学方面的内容。他当时手抄过杨昌济翻译的一部《西洋伦理学史》，共七册。

对求学期间阅读新学西学的动力和感受，毛泽东在三十年后写的《论人民民主专政》中有一段概括。他说："那时，求进步的中国人，只要是西方的新道理，什么书也看。……我自己在青年时期，学的也是这些东西。这些是西方资产阶级民主主义的文化，即所谓新学，包括那时的社会学说和自然科学，和中国封建主义的文化即所谓旧学是对立的。学了这些新学的人们，在很长的时期内产生了一种信心，认为这些很可以救中国，除了旧学派，新学派自己表示怀疑的很少。要救国，只有维新，要维新，只有学外国。"

这些话虽事后所说，却也道出毛泽东早年的真实心迹。可证之于他的同学张昆弟1917年9月23日的一段日记。这天的日记说，毛泽东和他谈道："现在国民性惰，虚伪相崇，奴隶性成，思想狭隘，安得国人有大哲学革命家，大伦理革命家，如俄之托尔斯泰其人，以洗涤国民之旧思想，开发其新思想。"

"本源"之光仿佛透露于新学之中。在他看来，能够从根本上"动"天下之心，进而改变中国的"本源"，似乎只能从外国输入，从托尔斯泰这些人宣传的，对中国来说具有"革命"意义的新思想中去寻找。因为中国的老法，实在有些不够用了。"别求新声于异邦"（鲁迅），在那时青年学子中不在少数，因为他们超越了康有为的"托古改制"，也有别于张之洞提出的"中体西用"。

《伦理学原理》：读奇书，做奇男子

毛泽东习惯于用"奇"来称呼他心目中的理想人格。

他在1915年6月给朋友的信中，曾经预言："来日之中国，艰难百倍于昔，非有奇杰不足以言救济。"这里说的"奇杰"，和他当时说的"奇男子"是一个意思。

成为"奇杰"、"奇男子"的条件之一，就是"读奇书"。1917年下半年至1918年上半年，毛泽东读到的蔡元培翻译的德国哲学家泡尔生的《伦理学原理》，可谓他当时心目中的一本"奇书"。在阅读中，他发了不少"奇论"，透露出这个未来"奇男子"的一些人格气象。

杨昌济当时讲授伦理学，以《伦理学原理》为教材。该书约十万字，毛泽东在上面写了一万二千多字的批语。他还根据《伦理学原理》的一些观点，写了篇《心之力》的文章，杨先生给打了一百分。

1919年5月,湖南省立第一师范湘潭学友会合影,二排左三为毛泽东。

泡尔生是柏林大学教授,康德派哲学家,哲学观点属于二元论,伦理思想的特点是调和直觉与经验、动机与效果、义务与欲望。其《伦理学原理》除序论和导言外,共九章:善恶正鹄论与形式论之见解、至善快乐论与势力论之见解、厌世主义、害及恶、义务及良心、利己主义及利他主义、道德及幸福、道德与宗教之关系、意志之自由。

毛泽东读《伦理学原理》的批语,绝大部分是表达他的伦理观、人生观、历史观和宇宙观,以及对原著一些观点的引申和分析;小部分是对原著论述的赞同语和一些章节段落的提要。凡原著中合乎自己观点的地方,他必浓圈密点,眉批则往往有"切论"、"此语甚精"、"此语甚切"、"此说与吾大合"等语。对原著的否定与怀疑之处也很多,常见的批语是"诚不然"、

"此不然"、"此节不甚当"、"此处又使余怀疑"、"吾意不应以此立说"、"此说终觉不完满"等等。批语中还有不少是结合墨子、孔子、孟子、朱熹、王阳明、王夫之、颜习斋、谭嗣同、梁启超等人的思想，联系五四运动前夕的国事政治和文化思潮，对原著观点进行发挥。

毛泽东青年时代拥有一个鲜明主张：要拯救多灾多难的国家，就必须改变人的精神和身体，塑造新的国民。通俗地说，就是要先改造人们的主观世界，才能更好地去改造客观世界。他读书以求"本源"，也是这个意思。这种认识，和湘学士风的影响有关，如曾国藩、谭嗣同、杨昌济，都持这样的观点。19世纪末20世纪初，中国知识界的思想倾向也大体如此，梁启超倡导塑造新民，鲁迅提出改造国民性，代表了当时比较普遍的看法。毛泽东读泡尔生《伦理学原理》的批语，既反映了这股思潮，又有充满个性的理解和发挥。

《伦理学原理》的一个中心思想是，人类先有生活之目的和理想，后有生活之行为和动作，衡量其行为动作的价值高下，是看其是否吻合目的理想。毛泽东的批语，比较多地反映了这个观点，对他后来建构新的伦理观发生了不小影响。诸如，强调事物的运动变化，提倡个性解放，反对消极无为，重视人的行为精神价值，高扬豪杰精神和圣贤精神，追求济世救人，献身崇高理想，等等。这些，都极具理想主义甚至是浪漫主义的个性气质，隐隐然透出其理想人格的影子。他当时发表在《新青年》上的《体育之研究》，和后来著名的"老三篇"——《为人民服务》、《纪念白求恩》和《愚公移山》，也都强调人们的理想、道德、意志之于干事业的极端重要性。

毛泽东的批语中，主张"精神上之个人主义"和"精神上之利己主义",是一个在今天看来颇为奇异的说法。

通常说来,人们的道德评价来源于自身的利益感受,青年毛泽东据此认可《伦理学原理》讲的利己主义和个人主义。不过,他觉得这只是人格道德的表层内容。社会固然需要个人主义,需要冲破一切压抑个性的东西,但由此解放和实现的,应该是"精神上之个人主义"和"精神上之利己主义"。只有彻底、完美地实现自我的冲动和意志,才算是"遂其生活",才会是最高境界的"善"。因此,道德上的"善"和精神利益有关,和肉体利益无关,"肉体无利之之价值"。这样一来,所谓"利己",应该是"高尚之利己",本质上是"精神之利己"。

青年毛泽东说的这种"利己主义",与平常说的损人利己的自私,不仅不可同日而语,甚至比一般的利他主义还要高超——

> 利精神在利情与意,如吾所亲爱之人吾情不能忘之,吾意欲救之则奋吾之力以救之,至剧激之时,宁可使自己死,不可使亲爱之人死。如此,吾情始浃,吾意始畅。古今之孝子、烈妇、忠臣、侠友、殉情者,爱国者,爱世界者,爱主义者,皆所以利自己之精神也。

只有不顾一切追求崇高理想,仅仅在"精神上"利己的人格,才是崇高的人格。这种道德风范,这种献身精神,确实非一般人所能自觉践行。胸中若无"本源",断难养成;如果没有理想主义支撑,也难奉行。但青年毛泽东心目中的"奇男子",却是可以做到的。正因为这种道德理想很"奇",也引起后人的一些误解,甚至曲解。

比如,前些年一个英国籍华裔女作家,写了部《毛泽东:

不为人知的故事》，第二章开头有这样一段："毛泽东对于道德的看法有一个中心思想，就是自我。他认为，'我'高于一切。他回避所有的责任和义务。'像我这样的人只有一项义务，对其他人我没有任何义务。'"作者在注释里说，她引的这句话，出自《毛泽东早期文稿》第235页。

找出《毛泽东早期文稿》一查，第235页是读《伦理学原理》的批语，原话是——

> 吾人惟有对于自己之义务，无对于他人之义务也。凡吾思想所及者，吾皆有实行之义务，即凡吾所知者，吾皆有实行之义务。此义务为吾精神中自然发生者，偿债、践约，及勿偷盗、勿诈伪，虽系与他人关系之事，而亦系吾欲如此者也。所谓对于自己之义务者，不外一语，即充分发达自己身体及精神之能力而已。济人之急，成人之美与夫履危蹈险舍身以拯人，亦并不在义务以上，盖吾欲如此，方足以安吾之心。

稍有中文常识，便不难明白，毛泽东在这里表达的，不仅不是回避对他人的责任义务，而且是更高境界的知行合一的义务观。其核心是把"偿债、践约，及勿偷盗、勿诈伪"、"履危蹈险舍身以拯人"这类事情，当作自己必须去实现的义务。如果不去做，内心就会感到不安；做了，也不是为了别人，更不是要沽名钓誉，完全是出于内心的精神需求，是为了发展自己的精神能力。显然，《毛泽东：不为人知的故事》的作者，把毛泽东的原意弄反了。或许作者没有看到原文，或许看到了原文，为表达自己先入为主的认识，只摘取开头两句，下面的话就不管了。

毛泽东当时的人格追求，确有让人称奇的地方，有人理解不了，也有可能。阅读《伦理学原理》这样的书，不仅激发了毛泽东认识和改造世界的雄心，也促进了心性修养的提升，为他"立奇志、创奇事"，做"奇杰"、"奇男子"，做了人格心性的准备。

1917年阅读批注的这本《伦理学原理》，后来的遭遇也颇为有趣。毛泽东投身革命后，曾将他在长沙求学期间读过的书籍和笔记、日记送回韶山老屋放置，土地革命时期，乡亲们担心它们落入敌手，均烧毁了。这本《伦理学原理》因借给他人，幸免此劫。1950年，一师老同学周世钊应邀到北京参加国庆观礼，另一个叫杨韶华的同学听说后，托他将几十年前借阅的这本《伦理学原理》归还毛泽东。杨韶华在该书扉页上写下缘由："此书系若干年前，毛主席润之兄在小吴门外清水塘住所借阅者，嗣后各自东西，不复谋面，珍藏至今，深恐或失！兹趁周敦元学兄北上之便，托其奉还故主，借镜当时思想之一斑，亦人生趣事也。"

据周世钊记述，当他将此书交给毛泽东时，毛泽东对他说："这本书的道理也不那么正确，它不是纯粹的唯物论，而是心物二元论。只因那时我们学的都是唯心论一派的学说，一旦接触一点唯物论的东西，就觉得很新颖，很有道理，越读越觉得有趣味。它使我对于批判读过的书，分析所接触的问题，得到了启发和帮助。"所谓"启发和帮助"，实际就是思想启蒙，使他能够跳出中国传统典籍来思考一些理论问题，促成他在中西文化思想的比较中，做出求变求新的选择。

1918年4月，即将从湖南第一师范毕业的毛泽东，写了首《送纵宇一郎东行》诗，送给准备赴日本留学的罗章龙。他在诗中很自信地宣称:"沧海横流安足虑,世事纷纭从君理。管却自家身与心,胸中日月常新美。"读书学习,把握本源,管好身心,保持胸中日月常新常美,沧海横流的人间之事,似乎就不难打理了。此番理路,呼应了刚刚成立的新民学会"改造学术与人心"的宗旨,也是毛泽东和他的朋友们在学生时代求学宗旨的一种概括。

书本导引着他的脚尖的方向,而脚尖将决定他未来的人生旅程。

三、五四前后：阅读与选择主义

阅读为"主义的结合"

青年毛泽东从湖南一师毕业后，职业理想有两个：教师和记者。1921年1月初，他在新民学会的新年大会上明确表示："我可愿做的工作，一教书，一新闻记者，将来多半要赖这两项工作的月薪来生活。"这年秋天，在参加中共一大后，他补填《少年中国学会会员终生志业调查表》：在"终身欲研究之学术"栏中，郑重填写"教育学"；在"终身欲从事之事业"栏中，填写的是"教育事业"；在"将来终身维持生活之方法"栏中，填写的依然是"'教育事业之月薪酬报'及'文字稿费'"。

历史没有让毛泽东去当一名教师或记者。他从湖南一师毕业时，新文化运动渐近高潮。随后爆发的五四运动，猛然间把他推入各种各样的社会活动。在北京、上海、长沙等地，毛泽东组织湖南青年赴法勤工俭学，领导湖南学生和教育界爱国运动，为驱逐湖南军阀张敬尧四处奔走，倡导湖南自治，参加建党建团活动，创办自修大学培养进步青年，等等。虽然公开和正式的职业一度是长沙修业小学历史教师和湖南一师附小主事，但他事实上已走上职业革命家之路。

在繁忙的社会活动中，毛泽东依然钟情书本。可以说，恰恰是这个时期结合社会实践和政治活动的阅读，使他的探索异常活跃。逡巡于不同的"思想房间"，他的认识不断提升，思想飞速地奔跑，在三年左右的时间里，从一个无政府主义者转变为一个马克思主义者。

1918年夏天，毛泽东到北京不久，便在新文化运动中心和策源地北京大学，得到图书管理员助理职位。这对他来说，就像是一头牛闯进了菜园，可以放开肚皮啃吃新鲜的"知识青菜"。他在这里认识了李大钊、陈独秀、胡适、邵飘萍、梁漱溟等文化名人，和傅斯年、王光祈、陈公博、张国焘、邓中夏一干进步青年也多有来往，这无疑是难得的幸运，一下子就站到了接触新思潮的高点上面。

1920年夏天，为了在湖南传播新思潮、新文化，毛泽东在长沙创办了文化书社。他在《发起文化书社》中说，"愿以最迅速、最简便的方法，介绍中外各种最新书报杂志，以充青年及全体湖南人新研究的材料"，从而期望"新思想、新文化的产生"。毛泽东很敬业也很职业地经营着这个书社。他以特别交涉员的身份请胡适、陈独秀这些名人给他担保，从各个出版公司选进图书，还列出推荐书目，撰写售书广告，招募读书会友，发布营业报告，很有些像今天的民营书店或个体书商。在此期间，除领导新民学会活动外，毛泽东还先后发起成立和准备组织健学会、问

1920年1月18日,毛泽东(左四)同进步团体辅社成员在北京陶然亭合影。

三、五四前后:阅读与选择主义 45

题研究会、俄罗斯研究会、自修大学等等，大力推荐和阅读各种新书。

当时的阅读，使他先前脑海中那个说不清道不明的"大本大源"，同寻找现实的救国方案和各种"主义"紧紧联系在了一起，实现了阅读目的的一个重大飞跃。

"主义"为什么重要？毛泽东在1920年11月25日的一封信中说得很透彻："主义譬如一面旗子，旗子立起了，大家才有所指望，才知所趋赴。"因此，一班刻苦励志的人，最紧迫的是"要变为主义的结合"。"主义"无疑是他此前追求的"本源"的具体化。

"主义"是五四时期思想界、理论界使用频率最高的几个外来词汇之一。对当时的先进知识青年来说，寻找救国之道与寻找主义，是可以互换的表述。1921年元旦期间，新民学会在长沙开新年大会，毛泽东便主张把原来的宗旨"改造学术与人心"改变为"改造中国与世界"。读书的目的，变为寻找"改造中国与世界"的"主义"了。

当时人们所说的"主义"，大多要从新学、西学中寻找。毛泽东曾说，他的治学之道是先读古籍，"然后下山涉其新"。为寻求主义，他果然"下山涉其新"，把目光投向了国外。1919年7月，他发起成立健学会，目的就是研究新学，特别是新学中的"主义"。他说，中国思想界已经"大势斗转"，蔡元培、江亢虎、陈独秀等人"首倡革新"，"皆有一改旧观之概，甚至国家要不要，家庭要不要，婚姻要不要，财产应私有应公有，都成了亟待研究的问题。更加以欧洲的大战，激起了俄国的革命，潮流侵卷，自西向东"。

研究新思潮中的各种主义和学说，是1918年从湖南一师毕业到1921年这段时间，毛泽东极为迫切的阅读和探索主线。在1919年7月14日《〈湘江评论〉创刊宣言》中，他提出，西方社会的变革运动，就是因为有各种各样的主义为倡导，"见于教育方面，为平民教育主义。见于经济方面，为劳获平均主义。见于思想方面，为实验主义"，这才"成功或将要成功许多方面的改革"。7月21日，他在《湘江评论》上发表《健学会之成立及进行》，明确提出该会的原则是，"研究及传播最新学术"，"研究范围，大体为哲学、教育学、心理学、伦理学、文学、美学、社会学、政治学、经济学，诸问题，会友必分认一门研究"。10月23日，他在《北京大学日刊》上发表《问题研究会章程》，说得更明确，"在各种问题研究之先，须为各种主义之研究。下列各种主义，为特须注重研究之主义"。"下列"者有：哲学、伦理、教育、宗教、文学、美术、政治、经济、法律、科学，一共10个领域的"主义"。

1920年，新民学会不少成员陆续赴法国留学。毛泽东也表示，自己这一生，"要过一回'出洋'的瘾才对"。这话是1920年3月14日给同学周世钊的信中说的。在这封信中，他还表示，自己虽然暂时留在国内，但从新学、西学中寻求主义的心情更加急迫："老实说，现在我于种种主义，种种学说，都还没有得到一个比较明了的概念，想从译本及时贤所作的报章杂志，将中外古今的学说剌取精华，使他们各构成一个明了的概念。"为此，他打算把有关主义学说的文章"编成一本书"。

1921年2月，在新民学会会员的一次聚谈中，有人提出新民学会的宗旨既已确定为"改造中国与世界"，可以不讨论主义的问题了。毛泽东不以为然，明确表示"还有讨论的必要"。理由是，现在国中对于社会问题的解决，"显然有两派主张：一派主张改造，一派则主张改良。前者如陈独秀诸人，后者如梁启超、张东荪诸人"。因此，学会的共同行动还是研究主义，"所谓研究主义是研究哲学上、文学上、政治上、经济上以及各种学术的主义"。和此前不同的是，他这时强调要研究的主义，已经聚焦到了政治层面。他希望会员们在看书的基础上，定期研究共产主义、社会主义、无政府主义、实验主义等"五六个主义"。

新思潮的"追星族"

围绕"主义"问题，毛泽东这一时期阅读的宣传、介绍各种新思潮的书刊，主要有以下三类。

第一类是五四时期各种传播新思想、新文化、新思潮的报刊。

传播新思想、新文化、新思潮的刊物，当时主要有《新青年》、《新潮》、《每周评论》、《改造》、《少年中国》、《劳动界》、《新生活》、《时事新报》、《民铎》等。五四时期兴起的这些刊物，引领思想风尚，塑造着进步青年的思想面貌。毛泽东是这些刊物的热心读者。比如，在1919年9月5日给黎锦熙的信中，他说："《民铎》六号所登大著《国语学之研究》，读之益我不少，与同号《俄罗斯文学思潮之一瞥》同可谓近数年来不多见的大文章。"1920年夏天他在长沙创办的文化书社，主要经营的也是这些刊物。这些刊物在宣传新思潮时，常自觉或不自觉地倾向于某种主张，以作为改造中国的方案。

那个时候，毛泽东对各种主张都感兴趣，真正是新思潮的"追星族"。1919年7月陈独秀被捕，他写文章声援，称"我们对于陈君，认他为思想界的明星"；他和李大钊走得较近，还到天安门广场听李大钊发表《庶民的胜利》的演讲；他组织湖南来京青年同蔡元培、胡适座谈；他参加由邵飘萍组织的新闻研究会，由杨昌济、梁漱溟、胡适等人组织的哲学研究会，由王光祈等人发起的少年中国学会。1920年5月，美国哲学家杜威到上海宣传他的实用主义，毛泽东恰好在上海，也赶到人群中欢迎。1945年在延安还对黄炎培讲：我在二十五年前就有缘见先生啦，欢迎杜威博士，你主持会议，台下一大群听众之中就有一个毛泽东。1920年10月，他自愿为湖南教育会举办的"学术演讲会"做记录，演讲者除了各有主张的蔡元培、章太炎、吴稚晖、张东荪等思想文化界名人外，还有西方哲学家杜威、罗素等，他根据所做记录整理出7篇，供《大公报》迅速刊布。

第二类是直接译介西方近代理论和思潮的出版物。

毛泽东在长沙创办文化书社后，从1920年10月到1921年4月半年时间，先后撰写过三个"书之重要者"书目，或向书社股东报告，或作为广告拿到报上发表。被列入的重点书，都是他亲自选进或率先阅读的。1920年11月，他还为文化书社写了一份传单，四处散发。传单上要求识字的人组织各种"读书会"，每人出点儿钱，买一批书回来，大家互相传看，然后一起讨论。最后说："如你先生觉得还不错，'读书会'这东西，何妨就从你先生组织起来呢？若要备新出版新思想的书、报、杂志，则敝社（作者按：文化书社）应有尽有，倘承采索，不胜欢迎。"

他当时看重并大力推荐的西学书籍，按类归纳，大致有以下这些，从中也可看出毛泽东在五四前后所读西学的情形。

译介西方社会科学方面的论著有：《柏拉图之理想国》、《赫克尔一元哲学》、《欧洲政治思想小史》、《近世经济思想史论》、

《近世社会学》、《西洋伦理学史》、《欧洲文学史》、《现代教育的趋势》等。

译介西方近代政治思潮的有：《现代思潮批评》、《政治理想》、《社会改造原理》、《杜威五大讲演》、《杜威美国民治的发展》、《克鲁泡特金的思想》、《欧美各国改造问题》、《协力主义政治经济学》、《欧洲和议后之经济》、《国际联盟讲评》、《到自由之路》、《工团主义》、《实验主义》等。

译介西方自然科学方面的论著有：《科学与人类进化之关系》、《试验论理学》、《天文学》、《科学通论》、《达尔文物种原始》、《创化论》、《生物之世界》等。

第三类是马克思主义和有关苏俄研究的著述。

通过和李大钊、陈独秀的接触，马克思主义方面的书，越来越引起毛泽东的兴趣。在选择马克思主义的过程中，他后来提到有三本书对他的影响很大，这三本书是：马克思、恩格斯的《共产党宣言》、考茨基的《阶级斗争》和柯卡普的《社会主义史》。这三本书都是他在1920年读到的。在这年创办的文化书社经营书刊中，他认为重要并大力推荐的，有《马克思〈资本论〉入门》、《新俄国研究》、《劳农政府与中国》、《科学的社会主义》。1920年9月，他组织湖南俄罗斯研究会，确定以"研究俄罗斯一切事情为宗旨"。经他推荐，湖南《大公报》连续转载了上海《共产党》月刊上的一批重要文章，如《俄国共产党的历史》、《列宁的历史》、《劳农制度研究》。

对这些反映新思潮的著述和报刊，如果没有"追星族"般的阅读和研究热情，青年毛泽东的探索就不会涌动起那样激荡多彩的思想浪花，他对"主义"的寻求也不会那样深入，他随时代前进的步伐也不会那样迅速。

打开"思想房间"之后

阅读新学和西学，给毛泽东打开了各种各样的"思想房间"。那么，他又是如何在这些"思想房间"里逗留、挑选，进而为寻找主义、确立信仰汲取营养的呢？

毛泽东寻找"主义"，不只是停留在书本上、书斋里和头脑中，而是习惯于把读书所得，拿来四处宣传，甚至拿到行动中来尝试和检验。比如，他读了卢梭的教育小说《爱弥儿》，便在1919年写的《民众的大联合》一文中，呼吁实行卢梭在小说中提出的"回到自然"的"自教育"，以脱离社会压力的"苦海"。胡适提倡多研究些问题，毛泽东就准备组织一个问题研究会，还写了一份《章程》，提出要研究七十一类问题，发表在《北京大学日刊》上面。他看到周作人介绍日本新村主义的文章，随即到周作人家里去请教，回到湖南后，又起草一份《新村建设计划书》，还跑到岳麓山一带去找地方，想邀约一些朋友到那里建个"新村"，做个实验。1920年，他读到拉丁美洲有一种叫工读主义的时潮，就在上海组织几个人半工半读，靠给人洗衣服维持生计。这年在上海见了陈独秀，受托回湖南宣传新思想，组建社会主义青年团，他就办起了文化书社。

在青年毛泽东看来，选择"主义"是件大事，必须经过比较研究和慎重思考。他当时不断地选择，不断地抛弃，恰如住旅馆一样，他在不同房间留住过，随之便匆匆离去。其中，克鲁泡特金的无政府共产主义，武者小路实笃的新村主义，欧文等人的合作主义，托尔斯泰的泛劳动主义，杜威的实用主义，尼采、叔本华的唯意志主义，罗素的社会改良主义，还有社会进化论，等等，都是他或长或短徘徊过的"思想房间"。

毛泽东对马克思主义的信仰，是认为其他主义都行不通，没有更好的办法，才逐渐确立起来的。他在1920年12月1日给蔡和森的信中说，采用"俄国式的革命，是无可奈何的山穷水尽诸路皆走不通了的一个变计，并不是有更好的方法弃而不采"。这个说法，符合那一代共产党人寻找真理的客观实际。毛泽东说他在此前关注过、宣传过甚至尝试过的一些主张，总是"理论上说得好听，事实上是做不到的"。

即使在跨进马克思主义门槛的最后一刻，他也没有放弃对各种"主义"的优劣再做比较，表现得很谨慎。

1921年1月初，在新民学会新年大会上，毛泽东提出了"改造中国与世界"的五种"主义"，供大家讨论，然后进行最终选择。这五种"主义"是：

> 社会政策（社会改良主义）；
> 社会民主主义；
> 激烈方法的共产主义（列宁的主义）；
> 温和方法的共产主义（罗素的主义）；
> 无政府主义。

参加会议的谢觉哉，在1月3日的日记中写道："连日新民学会开会，关于主义争辩甚厉。……同一学会，则以奉同一主义为宜。"从保留下来的会议记录看，毛泽东在会上就他提出的五种"主义"，分别做了一些分析：

> 社会政策，是补苴罅漏的政策，不成办法。社会民主主义，借议会为改造工具，但事实上议会的立法总是保护有产

阶级的。无政府主义否认权力，这种主义恐怕永世都做不到。温和方法的共产主义，如罗素所主张极端的自由，放任资本家，亦是永世做不到的。激烈方法的共产主义，即所谓劳农主义，用阶级专政的方法，是可以预计效果的，故最宜采用。

尽管有这样一番比较和解释，参加会议的新民学会会员还是不得不举手表决。结果是：毛泽东等十二人主张布尔什维主义，二人主张社会民主主义，一人主张温和方法的共产主义，三人弃权。

毛泽东从五四到建党期间的读书经历，不由得使人感慨：那时，为新思潮推波助澜的风云人物，都是一色的知识分子；正是这些原本以读书为业的人，通过阅读和相应的实践，分别选择了自己的人生理想和未来道路，其中不少人后来成为了中国革命的中坚。这种通过阅读和比较最终确立信仰的现象，很值得思考。

在那个年代，阅读确确实实与寻找真理有关。一旦寻找到真理，并真正懂得和理解，就不轻易改变，于是坚定地守望它、维护它、实行它。拿破仑有一句名言：世界上只有两种力量，一种是剑，一种是思想。需要补充的是，剑从来都是由思想来指挥的。因此，思想的力量是最根本的，只有在正确思想指导下的实践，才能科学有效地改造世界。

当然，阅读与信仰的关系也很复杂。读书并不能解决所有问题，或者说，读书不是衡量一个人的精神世界高下的唯一标准，而只是联结实践和信念的一个中间环节。这个环节，可以引向不同的实践和信念。

例如，蒋介石也曾经读过马列主义著述。1923年10月4日，他在日记中写道,"上午复看《马克思学说概要》,习俄语,下午看《概要》";10月18日又写道,"看《马克思传》,下午看《马克思学说》乐而不能悬卷";11月21日还写,"看《列宁丛书》"。看来,蒋介石当时确实用了些心思读马列,也算是国民党进步阵营中的人物,但他的信仰和实践,终究相去甚远,背道而驰。

有文化的政治人物多半喜欢读书,但是,读什么书并不意味着就信仰什么,就能在实践中做什么,关键在基于什么立场来吸收书本内容,并且要看是否有实践书本理论的兴趣、勇气和办法。

《天演论》和《物种起源》:唯物史观前奏曲

在走向马克思主义的唯物史观过程中,有两本进化论著述对毛泽东的影响不能小觑。一本是严复翻译的赫胥黎《天演论》,一本是达尔文的《物种起源》。

达尔文《物种起源》中文全译本,由马君武于1919年译出,商务印书馆和中华书局分别以《物种原始》、《达尔文物种原始》为书名出版。1920年毛泽东创办经营长沙文化书社时,《达尔文物种原始》便是他两次重点推荐的新书,并在报上刊登售书广告,把它列为"书之重要者"。

达尔文《物种起源》提出的进化论学说,基本观点是:栖居在地球上的一切生物都是从一个或少数几个原始类型进化而来,在生存斗争中不具备有利变异的个体趋于灭绝,而具备有利变异的个体则被选择保存下来,通过一代代自然条件的选择,变异逐渐积累，形成新的物种。进化论刚刚创立的时候，受到主流学术界怀疑，甚至被讥讽嘲笑。英国生物学家赫胥黎发表《进化论与伦理学》，为达尔文进化论辩护并有所发挥。该书上卷依据达尔文学说阐述自然界生物竞争、适者生存的进化规律，下卷论述进化论与伦理学的关系，认为人类具有相亲相爱的先天本性，因而高于动物，进化规律不适用于社会发展。

赫胥黎《进化论与伦理学》由严复以《天演论》为题译成中文，于1898年出版。全书糅合了达尔文、赫胥黎、斯宾塞三人的理论，对原著作取舍增删和重新排列组合，近6万字，严复写的"按语"就有一万七千字左右。《天演论》事实上是严复运用进化论学说，来解决中国近代社会实际问题的再创作。他在书中表达的主要观点是：物竞天择、适者生存是自然和人类社会共同的规律，"天不变，道亦不变"的传统是违背进化规律的；优胜劣败、弱肉强食是进化的必然结果，中国人若以千年文明古国自诩，不改弦更张，奋发图强，难逃悲剧结局；"以人持天，与天争胜"，人类与动物的区别在于可以改造自然，制天命而用之。

1912年秋冬，毛泽东在湖南省立图书馆自学期间，第一次读到《天演论》。显然，他对达尔文进化论的了解，是读《天演论》在先，读《物种起源》在后。事实上，《物种起源》是比较忠实地翻译过来的生物学著述，在非专业读者中，影响远不如《天演论》。1941年12月，毛泽东把自己保存的一批图书捐赠给中共中央书记处图书室，其中就有严复翻译的赫胥黎《天演论》，上面还盖有自己的藏书章。由此推断，他自1912年读到《天演论》后，在延安时曾保存此书，或继续读过。

20世纪初的中国知识分子寻找主义，大多把进化论作为最深刻、最有力的理论支撑。马君武在《达尔文物种原始》译者序言中便称：达尔文以天择说解释物种原始，"其在科学界之价值，与哥白尼之行星绕日说，及牛顿之吸引力说相等，而对人类社会国家影响之巨大则远过之"。严复译述《天演论》，用意更为明显，把进化论概括为"物竞天择，适者生存"，目的是警醒国人在竞争中求生存，自立、自强、自主。这本书问世后的短短十多年中，就发行过三十多种不同的版本，这是当时任何其他西学书籍无法比拟的。"天演"、"物竞"、"天择"、"适者生存"等新名词很快充斥报纸刊物，有的学校以《天演论》为教材，有的教师以"物竞"、"天择"为作文题目，有的人干脆以"竞存"、"适之"作为自己或其子女的名字。这本书对中国知识界的思想启蒙作用，对塑造当时中国的核心价值观，实乃功莫大焉。

毛泽东自然也不例外。他当时喜欢这两本书，可视为接受唯物史观的前奏。进化论思想，特别是严复关于"物竞天择"的解释，与历史唯物主义的阶级斗争史观，确有暗合之处。达尔文和赫胥黎，和马克思是同时代人，一个比马克思大九岁，一个比马克思小七岁。马克思夫人燕妮曾听过赫胥黎的演说，称自己听到了"真正充满自由思想的勇敢的演讲"。恩格斯把进化论、细胞学说和能量守恒定律，并称为19世纪中叶自然科学中具有决定意义的三大发现。马克思在1861年1月16日给斐迪南·拉萨尔的信中，便明确说过："达尔文著作非常有意义，这本书我可以用来当作历史上的阶级斗争的自然科学依据。"恩格斯在1888年英文版《共产党宣言》序言中，甚至表示，《共产党宣言》的基本思想，"对历史学必定会起到像达尔文学说对生物学所起的那样的作用"。这些，都反映出唯物史观和达尔文进化论之间的潜在关联。

1912年毛泽东读了《天演论》，1920年读了《达尔文物种原始》，1926年发表的《纪念巴黎公社的重要意义》，可隐约感受到他把阶级斗争史观和进化论学说联系在一起的习惯。他说，"现时国内颇有些人怀疑或反对阶级斗争的，这是不了解人类进化史的缘故"，"人类由原始社会进化为家长社会、封建社会以至于今日之国家，无不是统治阶级与被统治阶级之阶级斗争的演进"。

此外，毛泽东服膺进化论，与他的个性及经历有关。敢于斗争，在矛盾和风浪面前迎难而上，在斗争中求生存、求发展，是他的鲜明个性和政治理念。成为马克思主义者以后，他对社会演变规律的认识，自然远远超越了达尔文的进化论思想，但终其一生，确实也强调一个政党、一个国家、一个民族必须通过奋斗才能立足，进而由弱到强。这是否属于人们一直诟病的社会达尔文主义呢？恐怕不好这样说。完全用生物进化论来解释社会现象，或者把人类社会的追求和发展目标仅仅定位在进化论上面，才叫社会达尔文主义。社会达尔文主义当然是不科学的，但生物进化论作为具有重大影响的自然科学成果，不能不影响人们的世界观和历史观，这也是事实。进化论在20世纪初的中国能够发生那样大的影响，也说明人们把自然科学成果运用到社会发展领域，甚至被当作社会科学成果，是可能和必然的。否则，就不好解释为什么许多并不懂生物进化论的人，那样明显地受到达尔文学说的影响。

新中国成立后，毛泽东对达尔文和进化论依然不能忘怀。1958年5月8日在中共八大二次会议的讲话中，他列举古今中外青年创造发明的事迹，便举达尔文为例，说他是"大发明家，青年时开始信宗教,也被人轻视。他于是研究生物学,到处跑,南北美洲、亚洲都跑到了,只是没有到过上海。创造进化论时也是个年轻人"。1961年,他让身边的工作人员读《社会进化简史》、《物种起源》,并拿着一本《物种起源》对当时在中办机要室工作的一位年轻人说:"这本书,值得一读,可以了解社会发展史。"

从社会发展史角度来阅读进化论,从进化论角度来研究社会发展史,或许就是开通毛泽东和《物种起源》、《天演论》逻辑关联的一把钥匙。

《共产党宣言》:确立信仰及其以后

1936年毛泽东对斯诺说,1920年读到马克思和恩格斯的《共产党宣言》等书后,"在理论上和在某种程度的行动上,成为一个马克思主义者,而且从此我也自认为是一个马克思主义者了"。他初读的本子,有两种说法:一说是1920年春罗章龙等人翻译的油印本;一说是1920年夏天陈望道翻译的正式出版本子。

初读《共产党宣言》,并不一定科学和全面地把握了马克思主义的要义。该书对毛泽东和当时其他先进分子来说,主要是确立信仰的一个"入门"标志,是走向马克思主义的一个起点。全面领会和掌握运用马克思主义,要靠此后的实践。对此,1941年9月毛泽东在《关于农村调查》一文中有过真切回忆:"记得我在一九二〇年,第一次看了考茨基著的《阶级斗争》,陈望道翻译的《共产党宣言》,和一个英国人作的《社会主义史》,我才知道人类自有史以来就有阶级斗争,阶级斗争是社会发展的原动力,初步地得到认识问题的方法论。可是这些书上,并没有中

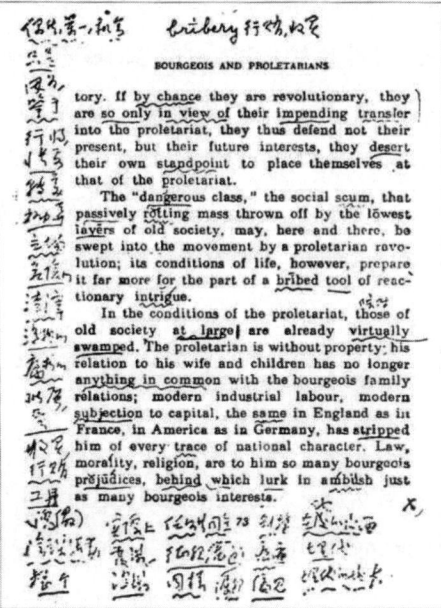

毛泽东学习过的英文版《共产党宣言》中的一页

国的湖南、湖北,也没有中国的蒋介石和陈独秀。我只取了它四个字:'阶级斗争',老老实实地来开始研究实际的阶级斗争。"

这段回忆很实在,也辩证。既表明《共产党宣言》对他初步掌握考察人类社会发展规律的"工具"起到决定性作用,同时也承认这些书并不一定教会他们怎样在中国的具体环境中去进行革命。只有在实践中,才可能巩固信仰,才能真正领会、掌握和运用马克思主义。

《共产党宣言》发表于1848年,译成中文,不过两万多字。但这本小册子比较精练地论述了关于生产力决定生产关系、经济基础决定上层建筑,关于阶级斗争,关于资产阶级和资本主义的历史地位,关于无产阶级革命和无产阶级专政,关于共产主义新社会的建设等马克思主义的基本观点,被视为科学社会主义的

三、五四前后:阅读与选择主义　59

"出生证"。全书挟带飞扬的文采和澎湃的热情，体现了高深与通俗、学者头脑与战士精神的有机结合，感染力很强，被称为马克思主义的"歌中之歌"，很容易成为思想启蒙读物。1930年代翻译过《共产党宣言》的成仿吾，曾说过这样一句话：当时的译本难免不准确，但仅仅是"无产者"、"阶级斗争"，以及"全世界无产者，联合起来"这样的词句，就给了在黑暗中寻找光明的人们难以估计的力量。

在中国，不独是毛泽东，绝大多数早期共产党人，都是通过阅读《共产党宣言》跨进马克思主义大门的。

1919年李大钊在《新青年》上发表的《我的马克思主义观》，摘译了《共产党宣言》中的句子，这是中国人第一次以一个马克思主义信仰者的身份译出的《共产党宣言》内容。罗章龙、刘仁静等人在北京大学组织"亢慕义斋"（意为"共产主义小屋"），1920年春曾翻译油印过《共产党宣言》。

1920年陈独秀离京去上海，便带走一本英文版的《共产党宣言》。1920年8月，陈望道翻译的《共产党宣言》在上海出版，这是中国第一个公开出版的中文全译本。他给北京的鲁迅寄了一本，鲁迅收到书的当天，就翻阅了一遍，对周作人说："望道在杭州大闹了一阵之后，这次埋头苦干，把这本书译出来，对中国做了一件好事。"

1920年夏秋之际，刘少奇、任弼时、罗亦农、萧劲光等人在上海外国语学社学习，每人都发一册《共产党宣言》。刘少奇后来回忆："那时我还没有参加共产党，我在考虑入不入党的问题。当时我把《共产党宣言》看了又看，看了好几遍，……从这本书中，我了解共产党是干什么的，是怎样的一个党，我准不准备献身于这个党所从事的事业，经过一段时间的深思熟虑，最后决定参加共产党，同时也准备献身于党的事业。人的命都不要了，其他就好说了。"

与此同时，在1920年前后的留法勤工俭学青年当中，《共产党宣言》是他们学习和讨论最多的一部马克思主义著作。陈毅、向警予一边学法语一边读《共产党宣言》。蔡和森最早来到法国，为阅读《共产党宣言》补习了四个月的法语，花了五六个月"猛看猛译"，把自己的译稿油印出来给大家看。李维汉回忆，他就是读了蔡和森翻译油印的《共产党宣言》，从此才明白只有走十月革命道路才能达到改造中国和世界的目的。邓小平晚年在南方谈话中曾感慨地说："我的入门老师是《共产党宣言》。"大概也是青年时代在法国勤工俭学时读到的。

1922年周恩来在欧洲介绍朱德入党时，送给朱德的读物，就是一本从国内传到海外的陈望道译的《共产党宣言》。1949年周恩来出席第一次文代会时，特地对陈望道说："我们都是你教育出来的。"1975年见到陈望道，周恩来还问：你译的《共产党宣言》的第一版找到了吗？那真是十分珍贵的呵！朱德在1976年5月收到成仿吾送给他的一本新翻译的《共产党宣言》，认真对照旧译本重新读了一遍，随后不顾九十岁高龄，坐车到中央党校宿舍看望成仿吾，交流读新译本的体会。一个多月以后，他就逝世了。

回到毛泽东。《共产党宣言》既是他接受马克思主义的启蒙读物，也是他终生阅读和运用的"航标性"经典。

从1945年到1970年，毛泽东几次在党内推荐马列经典，或五本，或十二本，或三十本，或九本，每次都有《共产党宣言》。1954年秋天起，毛泽东重新开始学英语，第一个读本就是英文版的《共产党宣言》，从第一页到最后一页，全都密密麻麻地用蝇头小字注得很整齐，很仔细。在这本《共产党宣言》的扉页上,他亲笔写了"Begin at June 18, 1956";在最后一页,又亲笔写了"Ended at 1956.11.19"。就是说,他于1956年6月18日开始读《共产党宣言》英文版,11月19日结束。对这部英文版《共产党宣言》,一直到晚年,毛泽东每重读一遍,就补注一次。他读中文本《共产党宣言》,更为常态,多种版本长期放在床边和会客室的书架上,以备随时翻阅。他曾经把不同中文版《共产党宣言》对照起来读,有两本战争年代出版的字小纸旧的本子,还有1963年印制的大字线装本。如今,毛泽东读过的《共产党宣言》,除英文本外,保存下来的中文版本有四个:1943年延安解放出版社出版的博古译本、1949年解放出版社根据苏联莫斯科外国文书籍出版局中文版的翻印本、1963年印制的大字线装本、1964年人民出版社出版的版本。

1920年读到《共产党宣言》后,毛泽东经常引用、化用和阐发的该书内容,有哪些呢?

在谈到新民主主义革命的未来前途时,他多次引用《共产党宣言》中"共产党人不屑于隐瞒自己的观点和意图"这个提法,以说明社会主义是新民主主义革命的发展前途和方向,称这"是异常清楚、异常确定和毫不含糊的"。为提倡党内讲真话,他又经常引用这句话来要求,"党的高级干部,在政治上都要光明磊落,应该随时公开说出自己的政治见解,对于每一个重大的政治问题表示自己或者赞成或者反对的态度"。

为说明财产、资本决定着并束缚着人们的个性人格,他喜欢引用《共产党宣言》里"在资产阶级社会里,资本具有独立性和个性,而活着的个人却没有独立性和个性"这句话,进而发挥说:"在中国的封建制度下,广大人民也没有独立性和个性,原因是他们没有财产。独立性、个性、人格是一个意义的东西,这是财产所有权的产物。"

为提倡党内民主，澄清党性和个性的关系，他喜欢引用《共产党宣言》中"每个人的自由发展是一切人的自由发展的条件"这句话，进而发挥："不能设想每个人不能发展，而社会有发展，同样不能设想我们党有党性，而每个党员没有个性，都是木头，一百二十万党员就是一百二十万块木头。"

《共产党宣言》有一个著名论断：资产阶级"按照自己的面貌为自己创造出一个世界"。毛泽东经常引用这个论断来说明帝国主义影响和改造殖民地国家的方式，本质上是侵略，随着也就产生了中国这类国家的民族资产阶级和无产阶级，并且使农民破产，造成了广大的半无产阶级。"所有这些，都是帝国主义替自己造成的掘墓人，革命就是从这些人发生的。"

1965年，毛泽东曾经打算亲自为《共产党宣言》写个中文版序言。这个设想没有实现。否则，他可能会把自己一生阅读和运用这本书的经验体会，做一番和盘托出的总结。

四、风云途中：阅读与实行革命

读书与革命，毕竟是两件事。读书取代不了革命，革命也取代不了读书。1964年8月25日，毛泽东对一个外国青年学生代表团说："只有马克思主义的书教育我们怎样革命，但是也不等于读了书就知道如何革命了，读革命的书是一件事情，实行革命又是一件事情。"这是他的经验之谈。正是在"实行革命"的过程中，他感到，把书本理论运用到革命实践殊为不易，若光有实际经验没有理论认知，也会蹒跚而行。

从1921年到1935年这十四年间，毛泽东先后领导工人罢工、主持国民党中央宣传部工作、主办报纸刊物、从事农民运动、领导红军打仗、创建革命根据地、主持中华苏维埃中央临时政府工作、参加和领导长征。他倚书仗剑，一路风云起伏，干得轰轰烈烈，又惊又险，甚至九死一生。他逐步从一介书生，成长为成熟的革命家、政治家和战略家。这期间毛泽东东奔西跑、南征北战，有计划的书斋式阅读少了，但读书的作用却更加具体和实际了。

编书：从宣传到农运

大革命时期，毛泽东的阅读和他作为革命活动家、宣传家的关联很大。他担任国民党中央宣传部代理部长时，主编宣传部刊物《政治周报》，阅读和指导一些地区和部门办的报刊。此后专注于农民运动，主要途径也是宣讲教育，还是离不开和书刊打交道。

确切记载毛泽东这期间阅读活动的材料不多，但他下功夫编纂的两套丛书，可反映他当时阅读和思考的重点所在。

据毛泽东1926年5月20日在国民党第二届中央执行委员会第二次全体会议上作的《宣传工作报告》，他主持国民党中央宣传部工作期间，实施了一套五辑六十本的《国民运动丛书》编纂计划。这个计划制定得很详细，具体编纂书目为毛泽东开列，主要有国际政治经济、世界革命运动、国民党思想及其策略、苏俄研究、国内政治经济五个方面的内容。为使这套丛书能够切实发挥宣传普及作用，他要求每册字数至多一万二千字，不能在这个规模内编纂成书的，如《中国近百年史略》、《帝国主义侵略中国史》等，可以分册出版。

对一些小册子，应该怎么编纂，毛泽东也做了具体说明。例如，关于《中国近百年史略》，他要求"此书应注意外交之失败及民族思想之发展，不宜纯记政治成为一姓家传"。关于《从原始共产社会到封建社会》，他注明："有一书可以依据，原书为俄人某所著，纯以唯物史观为根据解释过去历史。原为三本世界史略，今拟分为三册分题三名，则分合皆便，或可加小题曰'世界史略之一'。"这里说的苏俄人写的"世界史略"，尚不知原著书名，但为他读过无疑。关于《将来之国际大战》，他注明："此为各帝国主义国家武力与苏俄武力之比较及新式战备之研究，取材于俄国军事委员长福龙斯（伏龙芝）之论文。"关于《中国国民党史概论》和《孙文主义》两本书，他提出"由中央委员担任编辑，不另征稿"。

为完成这个编纂计划，毛泽东还聘请当时在商务印书馆工作的中共早期党员沈雁冰（茅盾），担任驻沪编纂干事。茅盾晚年在回忆录里说，这套《国民运动丛书》，"对当时的国民党人和共产党人都有重大教育意义。这套丛书究竟出了几种，现在记不清了"。

1926年5月底，毛泽东被迫辞去国民党中央宣传部代理部长之职，专任广州农民运动第六届讲习所所长。这届讲习所招收了来自二十个省区的三百多名学员。除了亲自给学员讲授中国农民问题等课程外，他推动工作的重要办法，主要是通过调查研究和编书读书来宣传理论政策，进行思想教育。他曾带学员到韶州和海丰农村调查实习，还把学员按省组成十三个农民问题研究会，主持拟定租赋、田赋、地主来源、主佃关系、抗租减租、农村组织状况、农民观念、民歌等三十六个调查项目，要求学员根据家乡情况如实填写，由此形成各省农村的调查材料。在这个基础上，毛泽东把当时搜集到的国内外有关农民运动、农民政策的文献和农讲所教员对农民问题的专题研究，以及学员们的调查材料等，汇集起来，编纂了一套《农民问题丛刊》。

丛刊第一集出版时，毛泽东专门写了一篇题为《国民革命与农民运动》的序言，开篇即称："农民问题乃国民革命的中心问题，农民不起来参加并拥护国民革命，国民革命不会成功；农民运动不赶速地做起来，农民问题不会解决；农民问题不在现在的革命运动中得到相当的解决，农民不会拥护这个革命。——这些道理，一直到现在，即使在革命党里面，还有许多人不明白。"鲜明道出编这套丛刊的现实针对性。

这套丛刊计划出版五十二种，实际出版了二十六种。其中有代表性的是：《列宁与农民》、《俄国农民与革命》、《中国农民问题研究》、《土地与农民》、《社会革命与农民运动》、《日德意三国之农民运动》、《孙中山先生对农民的训话》、《中国国民党之农民政策》、《革命政府对于农民运动宣言》、《广东农民运动概述》、《湖南农民运动目前的策略》等。这些小册子的印发，为大革命时期各地从事农运的骨干提供了系统学习和研究的材料，在宣传革命思想、提供政策指导、推广农运经验、传播知识信息等方面起到很实的作用。

用编书的方式，来推进国民革命和农民运动的宣传教育，表明毛泽东当时的阅读，主要是围绕自己的工作内容展开，这就使他在理论上的思考，比此前鲜明和具体许多，一些主张在当时也走在了国民革命的前列。

在阅读了解马克思主义方面，毛泽东围绕国民革命和农民运动实践需要，也有所拓展。在《国民运动丛书》中，他计划编译一本《马克思的历史方法》，一本《马克思论东方民族革命》。关于后一本，他注明"此共荐论文三篇，极关重要"。还有一本《妇女运动解放小史》，他注明，这本书应以德国共产党人培培尔（贝贝尔）的《妇女与社会主义》为蓝本。在1926年3月写的《纪念巴黎公社应注意的几点》一文中，他还介绍了苏联郭范仑科《新社会观》中关于巴黎公社的论述。在广东农讲所为学员讲授《中国农民问题》课程时，他直接引用刚刚出版的列宁《国家与革命》的论述，来解释国家的性质和制度，并说，"国家于革命后，一切制度都要改变的"。收入《农民问题丛刊》的《列宁与农民》，是一个叫谢文锦的共产党人撰写的，1925年4月发表在《新青年》上面，是当时系统介绍列宁论述农民问题的重要文献。

山沟沟里的知识饥荒

1927年夏天大革命失败后,中国共产党转入土地革命,由此也改变了毛泽东的读书生活。

从1927年领导秋收起义开始,他主要在偏远山区活动。环境变了,读书条件顿失,常常是无书可读。这与青年时代的读书,建党时期的卖书,大革命时期的编书,形成强烈反差。在井冈山时,有次打下一个土圩子,他到地主家里想找本《三国演义》来读,得到的回答是"没有了,没有了,被共产了",很是失望。毛泽东后来几次提到此事。

那时,他最渴望读到的,还不是《三国演义》这类中国传统书籍,而是马列著作。原因很明显,马列理论对教育成分复杂的红军官兵,对解释土地革命时遇到的问题,更直接有用。井冈山时期,他把《共产党宣言》、《共产主义ABC》这类启蒙读物油印出来,发到各个连队学习。

1929年1月下井冈山后,转战赣南闽西,阅读条件又差了一些。少书读,给毛泽东带来难以忍受的精神饥渴。为聊作"充饥",他在福建上杭甚至找来两本当时中学生使用的《模范英文读本》,津津有味地念将起来。这年11月,他在福建长汀分别给上海中央和主持中央工作的李立三写信,提出的要求就是寄些书刊来。给李立三的信中说:"我知识饥荒到十分,请你时常寄书报给我。"在给中央的信中,则明确希望将党内出版的斯大林《列宁主义概论》(即斯大林《论列宁主义基础》)和瞿秋白《俄国革命运动史》寄来。还说,"另请购书一批(价约百元,书名另寄来),请垫付","我们望得书报如饥如渴,务请勿以事小弃置"。可惜,毛泽东"另请购书"的书单,没有保存下来,他当时想读哪些书不得而知。

也有幸运的时候。1932年4月，红军打下福建第二大城市漳州，毛泽东到漳州龙溪中学图书馆里，翻阅了整整一上午。参与此事的漳州中心县委秘书长曾志回忆："我同他一同去龙溪中学翻书，在图书馆里他一边翻一边说，这个好，那个好，找了好多书，恐怕有好几担书，是用汽车运回中央苏区的。"挑的这些书中，可能就有《资本论》、《社会民主党在民主革命中的两种策略》（简称《两种策略》）、《共产主义运动中的"左派"幼稚病》（简称《"左派"幼稚病》）、《反杜林论》等。1957年毛泽东在北京见到曾志，还对她讲：从1932年开始，我从漳州及其他一些地方搜集来的书籍中，把马列著作找出来，读了这本，就看那本，有时还交替着看，硬是读了两年书。

毛泽东当时如此迫切地研读马列理论，还有更深一层的缘由。

毛泽东领导红军长期战斗在落后的边远山区，革命队伍的结构发生重大变化，农民党员比重占绝对优势。党的政策和工作方式怎样适应这种现实，如何解释在农村建立根据地这种自创的新的革命路径，迫切需要理论工具。

此外，一批缺少中国革命实际经验的知识分子型的青年革命家，先后从苏联回国，在党内的地位扶摇直上，俨然以马列主义理论和苏俄革命经验的"护法师"自居。中央领导层形成的这种精神气氛，逐步蔓延到各个根据地，把毛泽东等人根据中国革命实际做出的实践创新视为"旁门左道"。毛泽东本人从1931年秋天开始，越来越严重地受到中央领导层"左"倾教条主义者的排挤和打击，逐步失去对中央红军和中央苏区的实际领导权。受排挤和打击的理由，除了具体政策上的分歧，主要是被戴

四、风云途中：阅读与实行革命

上了几顶帽子:"右倾"、"富农路线"、"狭隘经验主义"、"山沟里没有马列主义"。

客观地讲,毛泽东当时读马列经典确实不算多,与从莫斯科回来的那批年轻革命家的差距是明显的。在争论中,年轻的革命家们搬出的一套套理论,也确实唬住了不少人。比如,在第五次反"围剿"的广昌战役失利后,张闻天和博古之间发生了争论。据李德(布劳恩)回忆,他们争论的用语是:"洛甫(张闻天)说,在地形条件和兵力对比不利的情况下,根本就不应该作战。博古反唇相讥,说洛甫采取了1905年莫斯科起义以后普列汉诺夫对列宁采取的态度,当时普列汉诺夫有一句典型的孟什维克名言,'人们根本就不应该拿起武器'"。这简直是不挨边的事情,但却是当时中央领导层非常习惯的主流话语。没有留过学的,不熟悉这些,自然被排斥在这样的氛围之外。

在这批教条主义者眼里,毛泽东又是一种什么样的形象呢?

李德在回忆录里的说法,很有意思。他说,毛泽东喜欢引用民间的形象比喻,引用中国历史上哲学家、军事家和政治家的格言。有人告诉他,毛泽东的一些政治主张和策略原则,是从太平天国起义的口号中吸收过来的。毛泽东根据《孙子兵法》提出了"不打无把握之仗"的原则,但又说要"置之死地而后生","这暴露了毛的功利主义和实用主义的思维方法"。

毛泽东是不是一点儿不懂和不运用马克思主义理论呢?李德承认:"毛也用一些他所熟悉的马克思主义术语,但他的马克思主义的知识是很肤浅的。这是我对他的印象,博古也同意这种看法,他还说了几条理由:毛从来没有在国外生活过,不懂外语;中国又非常缺少马克思主义著作,有限的几本至多也是第二手的,原著更是屈指可数。糟糕的是,毛用折衷主义的方法,曲解马克思主义的概念,并加进其他的内容。例如他常常讲无产阶级,但是他所理解的无产阶级不仅仅是产业工人,而且包括所有最贫穷的阶层——雇农、半佃户、手工业者、小商贩、苦力,甚至乞丐。他的阶级划分,不是从'社会生产的一定历史地位'及其同生产资料一定的关系出发,而是从收入和生活水准出发。这种对马克思主义阶级概念的庸俗歪曲,在实践中影响很深。"

中国的产业工人实在量少,毛泽东扩大对无产阶级这个概念的运用范围,是根据中国实际的必要创新,却被视为"对马克思主义阶级概念的庸俗歪曲"。身处这样的思想气氛,他不能不感到尴尬,内心也实在不服。唯其如此,他迫切渴望从马列经典著作中寻求理论指导,寻求解释诸如在农民党员占绝大多数的队伍中,无产阶级是否只指产业工人这类中国革命的现实问题。一旦得到马列书籍,研阅之工,不难想见。

三本经典送来一场"及时雨"

逆境中读书,是可贵的机遇。因为外界的压力,也因为内心的苦闷,常常会获得比顺境中的阅读更深刻、更具体的感受和启发。

打下漳州所得的马列著作,就像一场及时雨,使毛泽东初步获得经典理论武器。在这些书中,当时对他影响最大的有三本:恩格斯的《反杜林论》、列宁的《社会民主党在民主革命中的两种策略》和《共产主义运动中的"左派"幼稚病》。

据《反杜林论》的译者吴亮平回忆,1932 年 11 月他在中央苏区第一次见到毛泽东时,"毛泽东一看见我就说:'你是吴亮平,《反杜林论》不就是你翻译的吗?'我说,是。他说:'这本书我看过好几遍了。今天碰到你,很高兴。'然后,他又讲了《反杜林论》是怎么样怎么样的一本书"。此后,他多次同吴亮平探讨《反杜林论》中的理论问题,不仅注重书的内容,而且说吴的译文"还比较像中国语言",对译得较好处做了肯定。例如该书"哲学编"第十一节末,吴亮平用了"太过沉溺于杯中",毛泽东说:"这样好,有味。"长征到达陕北后,他还对吴亮平讲:"你看,我把这本书(指《反杜林论》)带过来了。"

的确,在马恩著作中,毛泽东读得比较频繁的厚本书,当数恩格斯的《反杜林论》。他不光在战争年代阅读,新中国成立后,还多次阅读《反杜林论》,外出视察也带上它。在1964年和1970年,他两次批示印发大字本马列经典著作时,都特意叮嘱,要把《反杜林论》多分装几册来印,以方便老同志阅读。他读过的《反杜林论》,有精装本、平装本,还有大字本。所读次数,不好统计。

《反杜林论》为什么重要?因为它分别从哲学、政治经济学、社会主义三个方面,系统论述了马克思主义基本观点。"哲学编"第一次连贯地阐明了辩证法对立统一、质量互变和否定之否定这三大规律。"政治经济学编"对生产、交换和分配的相互关系做了分析,提出生产和分配是统一的,分配从属于生产。"社会主义编"论述了科学社会主义的核心内容,提出一切社会变革和政治变革的终极原因,只有到社会的经济结构中去寻找,无产阶级将取得国家政权,并把生产资料变为国家财产,并对整个社会生产进行有计划的控制。

毛泽东当时读《反杜林论》,比较重视有关唯物辩证法的论述,这正是他当时比较缺乏的理论工具。否则,就不会被别人贬为"实用主义"和"折衷主义"了。

初读《反杜林论》的收获，比较多地反映在他到陕北后的一些论述当中。比如，1937年他在"抗大"讲授《辩证法唯物论》时，基本概念和观点也主要依据《反杜林论》，并大量引用了该书的论述句子。诸如关于辩证法是自然、社会、人类思维运动和发展的普遍规律的科学，关于思想逻辑与历史进程的一致性，关于运动是物质存在的形式，关于运动是绝对的、静止是相对的，等等。他写的《矛盾论》，为说明矛盾的普遍性，也大段引用了《反杜林论》"哲学编"第十二节"辩证法·量与质"中的论述。

读列宁的《两种策略》和《"左派"幼稚病》，情况又有不同。这两本书对毛泽东当时认识中国革命实践的是是非非，直接、有用，读起来特别"解渴"。

1905年，俄国爆发第一次资产阶级民主革命，社会各阶级都在考虑如何推翻沙皇专制制度的问题，不同政党和派别也都在考虑自己的策略。列宁这年写的《两种策略》，完整阐述了资产阶级民主革命的特点，认为资产阶级革命对无产阶级是极其有利的，无产阶级在资产阶级民主革命中要和农民联盟，争取领导权。书中还阐述了资产阶级民主革命同社会主义革命的关系等问题。

1919年，共产国际成立之初，认为世界革命很快就会到来，主张实行进攻的战略，号召各国无产阶级及其政党为实现无产阶级革命和无产阶级专政，为建立苏维埃政权而斗争。与此同时，欧美许多国家的共产党搬用俄国十月革命经验，实行关门主义，不利用资产阶级的内部矛盾去争取大多数，拒绝去做艰苦的群众工作，反对任何妥协，否定党的组织纪律，等等。1920年列宁发表《"左派"幼稚病》，批评了这股"左"倾思潮。

1933年，毛泽东把《两种策略》送给彭德怀读，附信说："此书要在大革命时读着，就不会犯错误。"他为什么这样讲？因为《两种策略》主要论述无产阶级政党怎样看待和怎样参与资产阶级民主革命，书中提出的争取领导权、同农民组成联盟等策略，恰恰是此前国共合作推进大革命的过程中，中国共产党没有处理好的问题，由此犯了右倾错误，导致大革命失败。

不久，毛泽东又将《"左派"幼稚病》送给彭德怀，又附信说："你看了以前送的那一本书（《两种策略》），叫作知其一而不知其二；你看了《"左派"幼稚病》才会知道，'左'与右同样有危害性。"他为什么这样讲？因为《"左派"幼稚病》所反对的如关门主义这样一些"左"倾思潮，在1933年的中国共产党领导层颇为泛滥，"左"倾教条主义在中央的统治正走向高潮。初读列宁这两本书所得的启发，表明毛泽东是联系中国当时的革命实际来领会其要义的。

不少人回忆，在千难万险的长征途中，毛泽东在担架上或宿营时，仍时常阅读恩格斯和列宁的这三本经典。即使如此，在遵义会议上，有人对他的理论水平还是不以为然。中央政治局候补委员凯丰就说他照着《三国演义》和《孙子兵法》来指挥打仗"并不高明"。言下之意，你虽然能打仗，但在军事上依然没有马列主义的"味道"，其他方面，就更不用说了。此事对毛泽东刺激不小，成为他到陕北后那样发愤"研究一点学问"的重要动力。

五、初到陕北：阅读与总结经验

"人家不是说我狭隘经验论吗"

1936年9月，三支红军主力到达陕北，环境刚刚好一点儿，毛泽东和周恩来、博古就致电前方的彭德怀、刘晓和李富春等，表示："（一）同意富春办法，组织流动图书馆。（二）明日即开始寄第一次书十本，先交富春，停三天转寄彭刘，停一星期。（三）各同志务须按时寄回，以免散失。（四）以后将一星期或十天寄一次。"10月22日，毛泽东又写信给在西安做统战工作的叶剑英和刘鼎，让他们"买一批通俗的社会科学、自然科学及哲学书"，"例如艾思奇的《大众哲学》、柳湜的《街头讲话》之类"，"作为学校与部队提高干部政治文化水平之用"。

据莫文骅回忆，1936年他在红军大学学习期间，有一天林彪回来说，毛泽东那里有一本《大众哲学》，很好，我们大家都应该读一读。莫文骅随即到毛泽东住处借阅《大众哲学》，一看上面有许多圈画，毛泽东一再叮嘱早些送还。他立即找人刻蜡版，因为缺纸，就用废旧文件的背面油印了该书，每个学习组发了一本。

大概就在这段时间，毛泽东通过其他渠道收到两批书，恰如雪中得炭。一批来自上海，是鲁迅在病中托冯雪峰转送的。其中有鲁迅自己的作品和瞿秋白文学译文集《海上述林》（上卷），以及《隋唐演义》、《世界知识》、《论语》、《大众生活》等。一批是委托从天津中央北方局调到陕北苏区工作的王林，通过在北平的关系购买的。其中有列宁《国家与革命》、列昂节夫《政治经济学》等，均由王林送到陕北保安。1956年春毛泽东听取燃料工业部副部长王林等人汇报工作时，还提到买书的事，并说书现在还有，实在感谢。1965年10月又讲：最困难的时候，王林同志给我带来了好些书。记忆如此之深，可见那时渴盼书读，真个是如旱望云。

初到陕北那段时间，除马列著作外，毛泽东重点阅读的书籍有两类：哲学和军事。

1936年7月到达陕北保安的美国记者埃德加·斯诺，对毛泽东做了深入采访。他记述说："毛泽东是个认真研究哲学的人。我有一阵子每天晚上都去见他，向他采访共产党的党史，有一次一个客人带了几本哲学新书来给他，于是毛泽东就要求我改期再谈。他花了三四夜的工夫专心读了这几本书，在这期间，他似乎是什么都不管了。"

毛泽东至少在1936年8月以前就读到李达等人翻译的西洛可夫、爱森堡的《辩证法唯物论教程》。他这年8月给易礼容的信中说，"读了李之译著，甚表同情"，希望能够和李达建立通信联系。1937年1月毛泽东和中央机关迁到延安后,从国统区来的文化人逐渐增多。为研讨哲学问题,如果条件允许,他就主动和作者交流自己的阅读体会。1937年9月,艾思奇到延安,毛泽东第一次见他就说,"你的《大众哲学》我读了好几遍了"。随后,又写信给艾思奇:"你的《哲学与生活》是你的著作中最深刻的书,我读了得益很多,抄录了一些,送请一看是否有抄错的。其中有一个问题略有疑点(不是基本的不同),请你再考虑一下,详情当面告诉。今日何时有暇,我来看你。"随信附有用毛笔抄录的《哲学与生活》内容,四千五百字左右。

毛泽东信中所说"略有疑点"的问题,指《哲学与生活》中的这段论述:"差别的东西不是矛盾,例如笔、墨、椅子不是矛盾。但如果懂得推移和变化的原理,就知差别的东西在一定条件下也可以转化为矛盾,倘若某两件差别东西同时同地在一起且发生互相排斥的作用时,就成为矛盾了。"毛泽东抄录这段话后,在后面加写道:"根本道理是对的,但'差别不是矛盾'的说法不对。应说一切差别的东西在一定条件下都是矛盾。一个人坐椅、摇笔、濡墨以从事作文,是因人与作文这两个"一定的条件"把矛盾的东西暂时地统一了,不能说这些差别不是矛盾。……差别是世上一切事物,在一定条件下都是矛盾,故差别就是矛盾;这就是所谓具体的矛盾。艾的说法是不妥的。(毛泽东意见)"

如此细微地辨析一个哲学概念,足见其阅读之细,思考之深。毛泽东这段时期读的哲学书籍,保留下批注的有西洛可夫、爱森堡等著的《辩证法唯物论教程》,米丁主编的《辩证唯物论与历史唯物论》(上册),河上肇的《马克思主义经济学基础理论》,等等。从批注看,他对《辩证法唯物论教程》和《辩证唯物论与历史唯物论》用功最深,在前一本书上写的批注约一万二千字,在后一本书上的批注约二千六百字。批注内容主要有四类:原著内容的提要、对原著内容的评论、结合中国实际情况所发的议论、对原著中一些理论观点的发挥。

毛泽东当时比较集中读哲学,确实是因为觉得自己对马列主义哲学理论不够了解,即使知道些,也不深透。据《中国人民抗日军事政治大学史》记载,1937年5月至8月他讲授《辩证法唯物论》,每周两次,每次四小时。每次备课,都花了很大工夫,但还是觉得讲不出什么东西来。郭化若的一个回忆很有意思。1937年8月,中央在陕北洛川召开政治局扩大会议前夕,郭化若去看望毛泽东,"见主席办公桌上摆满了马列主义书籍,拿起一本《辩证法唯物论教程》翻了翻,见开头和其他空白处都有毛主席的墨笔小字旁批,内容多是谈中国革命中的经验或者教训"。当郭化若说没有赶上到"抗大"听毛泽东讲哲学课时,毛泽东说:"别提讲课了,最近到陕北公学讲了一次,折本了。""我花三天四夜,准备讲课提纲,讲矛盾统一法则,哪知半天就讲完了。这不折本了吗?"

关于在"抗大"讲哲学,进而写《实践论》和《矛盾论》的事情,毛泽东后来多次谈到。1964年6月8日,他在一次会议上说,准备写《矛盾论》时可难了,写了出来,只讲了两个小时。1965年1月9日,会见美国记者斯诺时,他又说:"《矛盾论》是1937年写的,那时抗日军政大学要我去讲一讲哲学,他们强迫我去讲课,我没有办法。这是写的讲义的一部分。花了几个星期,搜集了些材料,主要是总结中国革命的经验,每天晚上写,白天睡觉。讲课只讲了两个钟头。我讲课的时候,不准他们看书,也不准他们做笔记,我把讲义的大意讲了一下。"

毛泽东当时发愤研究哲学，还有一个重要原因，是想回击中央苏区时期教条主义者对他的批判。教条主义曾给他戴了顶"狭隘经验论"帽子，甚至说"山沟沟里出不了马列主义"。不能说毛泽东心里没有憋一口气。只有发愤读书，掌握理论工具，占领哲学思想和方法论的制高点，才能澄清和回击此前对他的批判，才能从根本上驳倒那些以正统马克思主义者自居，实为教条主义的人。对这个阅读初衷，他从不隐晦。据郭化若回忆，1937年8月毛泽东同他谈读书之事，还讲过这样的话："不读书不行呀，人家不是说我狭隘经验论吗？"

"激发我来研究一下军事"

读哲学书籍是为了甩掉"狭隘经验论"的帽子，读军事书籍，也复如此。毛泽东当时阅读军事书籍的急迫之情，可从下面几则电文来感受，从中也看出他研究军事所关注的重点所在。

1936年9月7日，他致电在红军和东北军之间做联络工作的刘鼎："前电请你买军事书，已经去买否？现红校（指红军大学）需用甚急，请你快点写信，经南京、北平两处发行军事书的书店索得书目，择要买来，并把书目附来。"提到"前电"，说明这已不是第一次请刘鼎买军事书；"需用甚急"、"快点写信"，急迫心情溢于言表。

9月26日，他再次致电刘鼎，提出不要买普通战术书，只买战略学书、大兵团作战的战役学书，中国古代兵法书《孙子》等也买一点，张学良处如有借用一点。

10月22日，大概是发现刘鼎寄来的军事书不是他想读的，

五、初到陕北：阅读与总结经验　79

他又给叶剑英和刘鼎写信说:"买来的军事书多不合用,多是战术技术的,我们要的是战役指挥与战略的,请按此标准选买若干。买一部《孙子兵法》来。"

对集中阅读军事书籍这段往事,毛泽东在1960年12月25日同部分亲属和身边工作人员谈话时回忆:"到陕北,我看了八本军事书,看了《孙子兵法》。""还看了苏联人写的论战略、几种兵种配合作战的书等等。"他当时读军事书籍,重点在军事理论和军事战略,而非一般的战术内容。这是他作为战略家的一个显著特点。1965年1月24日,他在中央政治局常委扩大会议上就坦陈:"我从来不研究兵器、战术、筑城、地形四大教程之类的东西。那些让他们去搞。""我只研究战略、战役。"

初到陕北,如此集中阅读军事书籍,还有一个明确的现实动因。1936年初,李德不同意红军当时的战略方针,中央政治局在3月间开会决定,"战略决定由毛泽东写"。这个委托,促使他下决心研究战略问题。重要成果就是1936年12月写的《中国革命战争的战略问题》。

读军事书籍,写《中国革命战争的战略问题》,同读哲学书籍,写《实践论》、《矛盾论》一样,和教条主义对毛泽东的讥讽有关,和下决心总结土地革命战争的经验教训有关。对这两个缘由,他后来曾明确表达过。

针对教条主义讥讽毛泽东只会按《孙子兵法》和《三国演义》来指挥打仗,1958年6月21日,他在中央军委扩大会议上说,"写《中国革命战争的战略问题》,答复那个中央苏区的军事教条主义"。1959年4月5日,他在中共八届七中全会上又说,教条主义的这些话,"倒激发我把《孙子兵法》看了,还看了克劳塞维茨的,还看了日本的《战斗纲要》,看了刘伯承同志译的《联合兵种》,看了'战斗条例',还看了一些资产阶级的。总之,激发我来研究一下军事"。

关于总结经验的问题,毛泽东在 1960 年 12 月 25 日同部分亲属和身边工作人员讲,他"那时看这些(指军事书——引注),是为写论革命战争的战略问题,是为了总结革命战争的经验"。1961 年 3 月,他在广州中央工作会议上又说:"不经过第五次反'围剿'的失败,不经过万里长征,我那个《中国革命战争的战略问题》小册子也不可能写出来。因为要写这本书,倒是逼着我研究了一下资产阶级的军事学。"

很明显,答复教条主义和总结经验,一个是阅读的主观动力,一个是阅读的客观动力,这两个缘由,难以分割开来,都是为总结土地革命时期的经验教训。也只有把经验教训总结清楚了,才能真正答复和克服教条主义及其影响。

"不是经验少,是思想方法不对头"

为总结经验而阅读是一回事,能不能在阅读中总结出正确和有用的经验是另一回事。

毛泽东当时是如何在阅读中总结经验教训的,可举他 1936 年 11 月至 1937 年 4 月期间,读西洛可夫、爱森堡等著的《辩证法唯物论教程》写的两段批语为例。

《辩证法唯物论教程》谈到俄共历史上的"少数派",说他们"不从具体的现实出发,而从空虚的理论的命题出发","把离开具体发展的死的抽象作为对象,造出了产生任意的主观的非唯物论的解释事实的地盘"。读至此,毛泽东批注:"说透了李立三主义与军事冒险主义及保守主义。""不从具体的现实出发，而从空虚的理论命题出发，李立三主义和后来的军事冒险主义与军事保守主义都犯过此错误，不但不是辩证法，而且不是唯物论。"

这个批注有两点值得注意。一是直接点了李立三的名，对博古、李德的批评，则用"后来的军事冒险主义与军事保守主义"指称，原因是中央对第三次"左"倾教条主义错误，当时还没有明确定性。二是对第三次"左"倾路线的批评，集中在军事战略上，这大概与他当时正在撰写《中国革命战争的战略问题》有关。

《辩证法唯物论教程》说到资本主义体系对苏联社会主义发展的影响，总是通过苏联社会主义内部的矛盾曲折反映出来的。读至此，毛泽东想到中央苏区时期红军第五次反"围剿"失败的原因，批注说："'非战之罪，乃天亡我'的说法是错误的。五次反围剿的失败，敌人的强大是原因，但战之罪，干部政策之罪，外交政策之罪，军事冒险之罪，是主要原因。……国民党能够破苏区与红军，但必须苏区与红军存在有不能克服的弱点。若能克服弱点，自己巩固，则谁也不能破坏。"

这段批语所针对的，是遵义会议期间，李德、博古等人为他们指挥的第五次反"围剿"失败辩护时，总是强调敌人强大这一客观原因，而不注意从自身的战略失误和内部政策上找原因。毛泽东读《辩证法唯物论教程》，明显找到了反驳的哲学理由，即外因总是通过内因起作用。

细读《辩证法唯物论教程》和《辩证唯物论和历史唯物论》，为毛泽东1937年七八月间撰写《实践论》和《矛盾论》做了直接准备。批语中表达的认识，有的直接写进了这两本小册子。对此,可再分别举一个例子。

读《辩证法唯物论教程》,写有这样一句批语:"解决不同性质的矛盾,要用不同的方法。"在《矛盾论》中,毛泽东进一步阐发:"不同质的矛盾,只有用不同质的方法才能解决。例如,无产阶级和资产阶级的矛盾,用社会主义革命的方法去解决;人民大众和封建制度的矛盾,用民主革命的方法去解决;殖民地和帝国主义的矛盾,用民族革命战争的方法去解决。"教条主义者"不了解诸种革命情况的区别,因而也不了解应当用不同的方法去解决不同的矛盾,而只是千篇一律地使用一种自以为不可改变的公式到处硬套,这就只能使革命遭受挫折,或者将本来做得好的事情弄得很坏"。

读《辩证唯物论与历史唯物论》,写有这样一句批语:"实践是真理的标准。"在《实践论》中,毛泽东进一步阐发:"只有人们的社会实践,才是人们对于外界认识的真理性的标准。——判定认识或理论之是否真理,不是依主观上觉得如何而定,而是依客观上社会实践的结果如何而定。真理的标准只能是社会的实践。"

通过阅读收获的这些理论认识,在今天看来已是常识,在当时,却是醒世之言。联系土地革命的曲折经历来理解,更显出沉甸甸的历史分量。新中国成立后,毛泽东主持编选《毛泽东选集》,在《实践论》和《矛盾论》的题注中明白表示,写这两本哲学小册子,是为批驳教条主义:"《实践论》,是为着用马克思主义的认识论观点去揭露党内的教条主义和经验主义——特别是教条主义这些主观主义的错误而写的。"《矛盾论》是"为了同一的目的,即为了克服存在于中国共产党内的严重的教条主义思想而写的"。

正是在总结土地革命经验教训的过程中，毛泽东深感分析工具的重要。教条主义者熟悉理论，但不会用于中国实际，说明不是真懂理论。土地革命时期屡犯"左"倾错误，从哲学上讲，就是没有吃透唯物论和辩证法，导致主观主义和形而上学，不能运用正确方法来分析中国革命的复杂性和特殊性，不能自觉地把实践作为证明人们的认识是否反映客观规律的标准。到陕北后，即使已经在实践中开始纠正这些错误了，但多数干部对教条主义者生吞活剥马列词句，导致中国革命出现严重曲折这样的历史教训，依然缺乏认识。

这个背景，使毛泽东当时对土地革命经验教训的总结，着重在思想方法上面。1937 年 11 月，从苏联经新疆回到延安的陈云见到毛泽东，说教条主义统治中央时自己犯过错误，原因是缺少经验。毛泽东不同意这个解释，提出，"不是经验少，是思想方法不对头，是思想方法的问题"，并建议陈云要多读哲学。

俗话说，打蛇要打七寸，牵牛要牵牛鼻子。总结土地革命的经验教训，一定要找准穴位、抓住要害。"思想方法不对头"，就是毛泽东找到的"穴位"和牵出的"牛鼻子"。

稍后读博古翻译的斯大林《辩证唯物论与历史唯物论》小册子，毛泽东在批语中，把他的这个认识成果概括为一句话："一切大的政治错误没有不是离开辩证唯物论的。"

六、抗战前期：阅读与创新理论

解决"本领恐慌"

除青年时代曾写过日记外，毛泽东后来一直没有写日记的习惯，唯独在1938年春，在一个横格本上写了七页的《读书日记》。日记开头即说："二十年没有写过日记了，今天起再来开始，为了督促自己研究一点学问。"

据这个《读书日记》可知：他从1938年2月1日至3月16日，再次读了李达八百五十多页的《社会学大纲》；从18日开始读克劳塞维茨《战争论》；3月25日，"潘梓年同志寄来了他所作的一册《逻辑与逻辑学》，本日看至九十三页，颇为新鲜"。

在全面抗战到来之初的紧迫形势下，为什么要沉下心来"研究一点学问"？1937年8月毛泽东同郭化若谈话时，说得很明白："抗日战争有许多新情况、新问题要研究，没有理论武器不行。"

从全党来看，更是如此。面对抗战到来的新形势，干部们普遍有一种知识恐慌的感觉。1939年5月毛泽东在延安在职干部教育动员大会上，还举了一个例子，说我们的有些政治教员，手里就只有一本《政治常识》，还是中央苏区时期出版的，大概他已经教过七八十遍了，但是其他的东西他就不知道了，真可谓"两眼不看书外事，一心只管政治常"。毛泽东说，这叫"本领恐慌"：

> 我们队伍里边有一种恐慌，不是经济恐慌，也不是政治恐慌，而是本领恐慌。过去学的本领只有一点点，今天用一些，明天用一些，渐渐告罄了。好像一个铺子，本来东西不多，一卖就完，空空如也，再开下去就不成了，再开就一定要进货。

"进货"，就是读书学习。在这个讲话中，毛泽东提出了一个后来十分著名的口号："把全党变成一个大学校！"

当时，中国共产党推动的国共合作和全民族共同抗日的民族统一战线正式形成。怎样看待中国共产党在抗日战争中的地位和作用，中国共产党的抗战方针是什么，怎样认识和实施抗日民族统一战线政策，怎样理解近代以来中国的社会性质和当前中国革命的性质和任务，凡此等等，随着历史新阶段的到来，迫切需要回答。

为适应这个需要，即使已经写出哲学上的"两论"，毛泽东依然觉得自己的分析"工具"不够。1938年1月，在给艾思奇的信中，他说到自己的研究计划："军事问题我在开始研究，但写文章暂时还不可能。哲学书多研究一会再写还更好些，似不急在眼前几天。"1939年1月，他给何干之写信仍然讲："我的工具不够，今年还只能作工具的研究，即研究哲学、经济学、列宁主义，而以哲学为主。"

毛泽东在抗战前期的阅读重点，仍然是军事战略和哲学书籍。与初到陕北有所不同的是，这期间研究哲学，主要是在此前基础上，进一步完善分析新形势的理论思维"工具"；阅读研究军事，主要为解决抗日战争的战略问题。

事实上，在全面抗战到来的历史拐点上，他读《辩证法唯物论教程》，就已自觉地运用哲学工具来分析抗日战争的一些新问题了。例如，《辩证法唯物论教程》批判机会主义，"虽曾努力记述并说明在他们眼前发生着的斗争的过程，却完全不能定出关于这个斗争的正确口号"。毛泽东读至此批注："目前斗争的正确口号是抗日民族统一战线，而首先的问题是国内和平即国共合作。"《辩证法唯物论教程》说："资本主义社会现实地存在着，具有使它和以前的社会形态相区别的许多特殊性。"他在"许多特殊性"旁画了三道横杠，又加一条曲线，批注说："战争首先分析特点，统一战线也是首先分析特点——中日矛盾与国内矛盾。"

为完善认识工具，毛泽东利用延安所能调动的一切资源。随着大批文化人从国统区奔赴延安，他在1938年和1939年，先后组织过三种形式的哲学讨论小组，分别叫新哲学会、哲学研究会、哲学小组，大体上是一周左右讨论一次。

1938年二三月间写的《读书日记》，提到读李达《社会学大纲》的事。该书是李达1930年代任教北平大学商学院时，讲授社会学（实为辩证唯物主义和历史唯物主义）的讲义，达四十余万字。1937年5月出版后，李达给毛泽东寄来一本。据郭化若回忆,在一次小型座谈会上,毛泽东告诉大家:"李达给我寄了一本《社会学大纲》,我已看了十遍,我已写信请他再寄十本来,让你们也可以看看。李达还寄了一本《经济学大纲》,我现在已读了三遍半,也准备读他十遍。"从他读《社会学大纲》留下的三千四百多字的批注看,其中《唯物辩证法》等篇章,至少读了两遍。不仅自己细读,他还把这部书推荐给延安"抗大"做教材,并在1938年10月中共六届六中全会上,号召党的高级干部都来读这部书。

毛泽东为什么看重《社会学大纲》?

李达和毛泽东都是湖南人,都是中共一大代表,李达在中共一大还被选为中央局宣传主任,即中国共产党的首任宣传部长。后来因和陈独秀发生意见分歧退党,但仍一如既往地从事马克思主义理论研究和宣传。毛泽东很敬佩他的理论勇气,向延安"抗大"和延安哲学研究会推荐《社会学大纲》的理由就是:在十年内战时期,能在国统区讲授马列主义哲学,出版这样的书,是非常难得的。毛泽东看重此书,还因为它是中国人自己写的第一部马克思主义哲学教科书。此前读的《辩证法唯物论教程》和《辩证唯物论和历史唯物论》,主要针对的是苏联党史上的情况,《社会学大纲》虽然体例上与这两本书相近,但毕竟有一点中国哲学视野,特别是该书第一节"唯物辩证法的前史",比较集中地介绍了马克思主义诞生以前的哲学思想。这对毛泽东来说,是新的内容,对书中讲哲学起源和古希腊哲学史的批注也最多。新中国成立后,毛泽东在1961年夏天约李达到庐山谈话,还对李达讲:"你的《社会学大纲》就是中国人自己写的第一本马克思主义哲学教科书,起了很大作用,我读了十遍,还做了笔记。"

1939年5月,延安解放社出版艾思奇编辑的约三十七万多字的《哲学选辑》,把当时在延安所能见到的中外新哲学著作的精华内容荟萃一起。毛泽东对这本书很重视,读了三遍,分别用黑铅笔、毛笔和红蓝铅笔作批注和圈画,写有三千二百多字的批语。还值得一提的是,他最初读的西洛可夫、爱森堡等的《辩证法唯物论教程》,是李达和雷仲坚在1935年6月翻译出版的第三版。不久,两位译者又翻译出版了第四版,1940年代初得到这个新版后,毛泽东又是一番细读,并写了不少批语。

由此看出,他读哲学,不只为一时之用,更非急功近利,而是视之为解决"本领恐慌",需长期坚持的悟"道"之功。

《战争论》:"务把军事理论问题弄出个头绪来"

抗战初期,不少人在军事战略上存在轻视游击战争的倾向,重视阵地战,把希望寄托在正规战争和正面战场上。为此,毛泽东请罗瑞卿、萧劲光、刘亚楼、郭化若等人开座谈会,专门研究抗日游击战争的战略问题。

1937年12月28日,毛泽东还给郭化若写信,做了详细布置:

> 你写战略,应找些必要的参考书看看,如黄埔的战略讲义、日本人的论内外线作战(在莫主任处)、德国克劳塞维茨的《战争论》、鲁登道夫的《全体性战争论》、蒋百里的《国防论》、苏联的野战条令等,其他可能找到的战略书,报纸上发表的抗战以来论战争的文章、通讯亦须搜集研究。

先就延安城有的搜集（商借）来看。……务把军事理论问题弄出个头绪来。

这时候，能够接触和阅读的军事战略方面的书籍，虽然比初到陕北时丰富多了，但毛泽东依然觉得不够。1938年1月，他让郭化若以他的名义给林伯渠和叶剑英写信，请他们代买所缺军事书籍。

那时候，立足于全国抗日战争的大局和走势，来分析战略问题，是毛泽东考虑的头等大事。1938年3月30日，他在抗大演讲，明确提出："抗大要上战略课，讲大局、大兵团的战略。"

为理出军事理论和战略问题的头绪，毛泽东当时研读最细的书，是克劳塞维茨的《战争论》。

《战争论》是西方近代军事理论的经典著作。作者克劳塞维茨作为普鲁士高级将领参加过欧洲反法联盟对拿破仑的战争。他研究了1566年至1815年间发生的一百三十多个战例，总结了自己所经历的几次战争的经验，在此基础上写出三卷本《战争论》。除了论述战略战术的一些基本原则外，书中还提出战争是政治的继续，战争的目的是消灭敌人，战略包括精神、物质、数学、地理、统计五大要素，进攻和防御相互联系和转化等重要观点。恩格斯和列宁都细读过这本书，评价甚高。列宁很欣赏该书提出的"战争无非是政治通过另一种手段的继续"这个论断，还进一步发挥说，"战争是这个或那个阶级的政治的继续"。

毛泽东在1938年3月读《战争论》，1938年5月写出把军事理论和战略"弄出个头绪"的《论持久战》。这篇论著，吸收和发挥了《战争论》中的一些观点。诸如把《战争论》说的"战争是政治的继续"，改造为"战争是流血的政治"，同时发挥列宁的说法，认为战争的政治性具有阶级革命和民族解放的特点。此外，《战争论》强调消灭敌人军队是战争的最高目的，没有把保存自己作为战争目的，毛泽东则把战争目的规定为"保存自己"和"消灭敌人"两个方面，进而探讨了保存自己与消灭敌人的辩证关系。这个发挥改造，显然是来源于中国革命战争中，我方始终处于弱势一方的实际经验。

写完《论持久战》，毛泽东继续读《战争论》。1938年9月间，他约了十来个人，在他自己的窑洞里开哲学座谈会，每周一次，参加的有许光达、陈伯钧、莫文骅、郭化若、萧劲光、萧克等将领，文化人有何思敬、艾思奇、任白戈、徐懋庸等。据莫文骅1993年写的《永不磨灭的怀念》回忆：

> 采取的方式是每周讨论一次，晚上七八点钟开始，讨论到深夜十一二点钟。……《战争论》的学习讨论采用边读边议的方法，当时只有一本书，是国民党陆军大学出版的文言文译本，译文又很粗劣，读起来很不好懂。后来由何思敬同志直接从德文原版译出来，译一章介绍研究一章，并发了讲义。记得当时讨论得最多最热烈的是集中兵力问题。毛泽东同志说："克劳塞维茨的作战指挥实践不多，但集中兵力问题讲得好。拿破仑用兵重要的一条也是集中兵力。我们以少胜多也是在战术上集中比敌人多五倍到十倍的兵力。当然，这里也有个政治问题。我们是正义战争，得到人民群众的拥护和支援。凡是非正义战争就不得不分兵把口。"他还用秦始皇先后派李信和王翦领兵灭楚，一败一胜的故事，来说明这个问题。

从这个回忆看，毛泽东组织阅读《战争论》，喜欢联系中国古代历史上和中国战争中的具体战例经验。

毛泽东热衷研究《战争论》，带动一批将领学习这本书。新四军第四师师长彭雪枫就是一个典例。1941年，陈毅送他一本克劳塞维茨的《战争论》，他在书上留下用红、蓝、黑铅笔做的各式各样的标记多达十七种，还写下一百二十九条批语，总计约三千字。1942年7月8日，彭雪枫依据自己读《孙子兵法》和《战争论》的心得，撰写了《〈战争论〉和〈孙子兵法〉之综合研究》，提出从战争实际出发灵活运用战略战术的主张。1943年夏，他把《战争论》和《思想方法论》送给九旅政委韦国清，并附信说："这两本书我已读了两遍，现赠送给你，请你也读它两遍。"1944年8月，淮北军区第三军分区司令员赵汇川奉调到淮南华中局党校学习，彭雪枫又把《战争论》一书送给赵汇川。赵汇川一直珍藏着这本《战争论》，1986年把它交给全军党史资料征集委员会收藏。

新中国成立后，毛泽东还不时提起这本书。比如，1960年会见英国元帅蒙哥马利，1975年会见联邦德国总理施密特，都和他们谈论过克劳塞维茨的《战争论》，认为克劳塞维茨"讲过很有道理的话"。

毛泽东的军事思想主要是从中国革命战争实践和中国历史上的战争经验中总结出来的。从思想资源上讲，则比较明显地受益于中国古代《孙子兵法》和西方近代《战争论》。在许多场合，他常常把这两本书相提并论。有的国外学者由此认为，毛泽东作为"非常谙熟克劳塞维茨的人和其军事哲学的爱好者"，"同样也是继承和发展了克劳塞维茨的战争论"。

胡适曾发表过有趣的看法。他在1951年5月31日写信给蒋介石说:"我这一年来研究近代史实,颇感觉斯大林确实是一个战略大家,而毛泽东确实是斯大林的第一个好学生、好徒弟。他们都得力于克劳司威次(克劳塞维茨)的战略,所以我要我公略知克氏书与列宁斯大林的关系。"

读谈"老中国"

全面抗战爆发后,中国思想文化界出现一个热点现象,即通过对中国历史文化的研究、宣传和利用,来唤起人民群众的民族自信心和自豪感,为抗日战争提供精神力量。这当中、背后,存在一个分寸的拿捏,既要像毛泽东说的那样,"有光复旧物的决心",又不至于否定五四以来新文化建设的成果,走向复古主义。由此,应该用什么样的眼光来看待"老中国",也就成为毛泽东在抗战前期的一个阅读重点。

1938年1月,毛泽东读《乡村建设理论》,同作者梁漱溟的一场学术讨论,拉开了他在这方面阅读思考的序幕。

梁漱溟当时到访延安,把自己的新著《乡村建设理论》送给毛泽东,很厚的两大本。该书主要分析中国社会传统结构,阐述近代以来中西方文化的关系。毛泽东在书上做了一千五百字左右的批注,还摘抄一些内容,同梁漱溟讨论一夜。1月12日给艾思奇的信中又说:"梁漱溟到此,他的《乡村建设理论》有许多怪议论,可去找他谈谈。"

梁漱溟是一个新旧杂糅的"中国文化至上论"者,长期徘徊于学术与政治之间。他主张"认识老中国,建设新中国",具有浓郁的中国文化情结,这使他和毛泽东之间有着共同语言。但梁漱

1938年1月,梁漱溟来到延安访问。毛泽东读了他的《乡村建设理论》,写了不少批注,还花了好几个晚上与他讨论。

溟不赞成中国共产党用阶级斗争的办法改造中国,认为应该走乡村建设的改良道路,进而向毛泽东直言:中国共产党的革命是外来思想引发的,不符合中国社会文化传统这个国情。看来,改造中国的道路是革命还是改良,根子在怎样认识中国社会文化传统。正是在认识"老中国"的问题上,毛泽东和梁漱溟分歧很大。

从毛泽东读《乡村建设理论》写的批语看，分歧主要在三个方面：一是形成中西方社会文化差异的根本基础，是生活方式还是经济关系？二是怎样认识"老中国"的"伦理关系"，中国传统社会中有没有"阶级关系"？三是怎样看待近代以来中西方社会文化的冲突，中国社会摆脱危机的途径是什么？和梁漱溟长谈争论的那天晚上，或许感到梁漱溟研究老中国的思想方法有问题，临别时毛泽东专门叮嘱："恩格斯写了一本书，叫《反杜林论》。你要读读《反杜林论》。"梁漱溟书中的缺憾，看来在于不懂历史唯物主义。而毛泽东恰恰是用历史唯物主义方法来评价《乡村建设理论》，从而在上述三个问题上得出不同于梁漱溟的观点。

作为政治领袖，毛泽东为什么要同学者争论呢？我们当然可以说，这体现了他博古通今的学习习惯。但这还不足以说明这场争论的意义。这场争论的意义在于：要认识今天的中国，指导正在进行的抗日战争和民族解放运动，不仅要研究现实，也要研究历史，了解昨天的中国。因为，今天的中国是昨天的中国发展而来。但了解昨天的中国必须要有正确的观点和方法。

基于这种认识，1938年10月，毛泽东在中共六届六中全会上作的《论新阶段》报告，提出三个重要主张。第一，不应当只是学习马列主义的词句，而应当把它当成革命的科学来学习；不仅要了解马列主义所得出的关于一般规律的结论，还应当学习它观察问题和解决问题的立场方法。第二，要学习中国的历史，从孔夫子到孙中山，都应当给以总结，承继这一份珍贵的遗产。第三，学习的目的，是为"马克思主义在中国的具体化"，使之具有"中国作风和中国气派"。

关于后面两个主张，毛泽东的基本看法是，既要用中国历史文化来丰富、充实和发展马克思主义，也要用马克思主义的立场、观点和方法来分析阐述、继承和发展中国历史文化，这才能使中国共产党的理论在当前的实践中起到正确和实际的指导作用。

中共六届六中全会后，他着手指导延安学术界的历史文化研究。1939年1月17日，他在给陕北公学教授何干之的信中说，"我们同志中有研究中国史的兴趣及决心的还不多"，你"想作民族史，这是很好的"。毛泽东随即提出对民族史研究的要求："如能在你的书中证明民族抵抗与民族投降两条路线的谁对谁错，而把南北朝、南宋、明末、清末一班民族投降主义者痛斥一番，把那些民族抵抗主义者赞扬一番，对于当前抗日战争是有帮助的。只有一点，对于那些'兼弱攻昧''好大喜功'的侵略政策（这在中国历史上是有过的）应采取不赞同态度，不使和积极抵抗政策混同起来。为抵抗而进攻，不在侵略范围之内，如东汉班超的事业等。"这个要求很明确：研究历史，要着眼于并服务于当前抗日战争这个大局。

1939年初，毛泽东还组织了一个中国古代哲学研究会，对古代哲学很上心地研究了一段时间。

1939年2月，他连续读了陈伯达写的《墨子哲学思想》、《孔子的哲学思想》、《老子的哲学思想》三篇长论文，几次写信同陈伯达、张闻天讨论。在通信中，对《墨子哲学思想》提了比较详细的六条修改意见，对《孔子的哲学思想》提了7个方面的具体建议，看完第二稿，又提了3条意见。所提每条意见，毛泽东都展开论述，借此表达自己对中国古代哲学思想的一些基本看法。

在2月20日给张闻天的信中，毛泽东不同意陈伯达在《孔子的哲学思想》一文中"家庭中父与子的关系，反映了社会中君与臣的关系"这个观点，认为应该倒过来说，"社会中（说国家中似较妥当）君与臣的关系，反映了家庭中父与子的关系"。原因有两条：一是"家庭是先发生的，原始共产社会末期氏族社会中的家长制，是后来国家形成的先驱，所以是'移孝作忠'而不是移忠作孝"；二是"一切国家（政治）都是经济之集中的表现，而在封建国家里家庭则正是当时小生产经济之基本单元"。从这个评论，可看出毛泽东是如何自觉地运用历史唯物主义观点来分析中国古代哲学的。

在2月22日给张闻天的信中，毛泽东还提出，对中国近代以来研究历史文化有影响的学术思想，也应该有所分析，而不是简单地吸收他们的观点：

> 伯达此文及老墨哲学诸文引了章（太炎）、梁（启超）、胡（适）、冯（友兰）诸人许多话，我不反对引他们的话，但应在适当地方有一批判的申明，说明他们在中国学术上有其功绩，但他们的思想和我们是有基本上区别的，梁基本上是观念论与形而上学，胡是庸俗唯物论与相对主义，也是形而上学，章、冯……（章、冯二家我无研究），等等。

强调对近代学术思想进行分析批判，表明毛泽东阅读研究"老中国"，很重视与抗战时期整个思想界的实际相结合。1940年9月5日，他读了范文澜《中国经学史演变》的讲演提纲后，觉得"用马克思主义清算经学这是头一次"，随即致信范文澜，进一步提出："目前大地主大资产阶级的复古反动十分猖獗，目前思想斗争的第一任务就是反对这种反动。你的历史学工作继续下去，对这一斗争必有大的影响。第三次讲演因病没有听到，不知对康（有为）、梁（启超）、章（太炎）、胡（适）的错误一面有所批判否？不知涉及廖平、吴虞、叶德辉等人否？越对这些近人有所批判，越能在学术界发生影响。"

梳理近代以来研究"老中国"的学术思想，不能不提到康有为、梁启超、叶德辉、章太炎、胡适、廖平、吴虞、冯友兰诸人。对这些人的观点，毛泽东有的比较熟悉，有的或曾泛泛接触，总体上认为他们的学术思想不无缺陷。他还敏锐地意识到，其中一些人的学术思想，与抗战期间国统区出现的文化复古主义思潮有关，可入"目前大地主大资产阶级的复古反动"行列。比如叶德辉这个人，连康有为托古改制的主张都不能接受，专门编《翼教丛编》，来批判康有为。其保守复古思想，不利于科学民主思想的传播，在抗日战争中确实是一股逆流，用马克思主义来"清算"，似也不只关乎学术，还是"目前思想斗争"的一个任务。

1939年11月初，周扬把自己写的《对旧形式利用在文学上的一个看法》送给毛泽东看。原稿是密密麻麻的十一页油印稿，毛在上面批改和批注了几十处，只有一页没有改动。此文后来发表在延安出版的《中国文化》创刊号上，是按毛泽东修改后的稿子排印的。

毛泽东读此文，很花了些心思思考怎样认识"老中国"的问题。"老中国"的说法，出现于五四时期，人们常说鲁迅描写的大都是"老中国儿女"的思想和生活。周扬文中多次谈论"老中国"，沿用的是五四时期的说法，隐含着对传统中国，特别是农村社会黑暗面和封建主义一面的批判，并认为"老中国"的儿女，"我们在今日依然随时随处可以遇见"。

如此解释"老中国",毛泽东似有不满。他划去原稿中多处"老中国"的提法,改为"自己的中国"、"自己民族自己国家"。原稿中有一句:"旧的人民,他们旧的生活,旧的相互之间的关系,旧的观念见解、风习、语言、趣味、信仰……"毛泽东在旁边批道:"单拿一个旧字来表现一切,不妥,也与你在前面说过的中国已有新的社会因素不合,抗战这事完全是新的。"

大概是意犹未尽,毛泽东改完此稿,11月7日给周扬写信说:"关于'老中国'一点,我觉得有把古代中国与现代中国混同,把现代中国的旧因素与新因素混同之嫌,值得再加考虑一番。现在不宜于一般地说都市是新的而农村是旧的,同一农民亦不宜说只有某一方面。就经济因素说,农村比都市为旧,就政治因素说,就反过来了,就文化说亦然。""现在的反日斗争实质上即是农民斗争。农民,基本上是民主主义的,即是说,革命的,他们的经济形式、生活形式、某些观念形态、风俗习惯之带着浓厚的封建残余,只是农民的一面,所以不必说农村社会都是老中国。"

显然,毛泽东是立足于抗战以来农村社会的新变化,才不赞成把农村社会一概称为"老中国"的。此外,他还有一个考虑,就是不要因为过度批判"老中国",不自觉地把自己归入"欧化派",从而给当时的封建顽固派留下中国共产党人不尊重传统的印象。为此,他把周扬原稿中讲新文化运动以来的"欧化派"和"国粹派",改为"新派"和"旧派",并在旁边批到:"不宜名曰欧化派,免被顽固派骂我们为不爱国,实际正是中国民主派与中国封建之争,新旧两派之争","不要自承为欧化主义"。原稿中说近代中国新的民主主义意识形态"是由接受西洋文化思想而来的"，毛泽东改为"新的意识形态的形成，曾经大大感受西洋文化思想的刺激与帮助，并吸收了适合于中国民主要求的东西"，并在旁边批道："不是完全由接受西洋而来的，而是受着'影响'。"

这些改动，背后的意思是，五四以来兴起的"新的意识形态"，不能称为"欧化派"，只说是"新派"就行了；而且，它的形成也不是单纯接受西方文化，还结合了中国的实际需要和传统中好的东西。这种解释，分寸拿捏得比较到位。

那么，到底应该怎样来论述中国的历史传统呢？1939年底，毛泽东和几位历史学家合作，开始研究中国历史了。为了给延安干部提供基础读本，他组织一些学者写了《中国革命与中国共产党》。其中第一章"中国社会"由他修改定稿，第二章"中国革命"由他亲自撰写，后来收入《毛泽东选集》。这两章内容，从中国原始社会讲起，对中国封建社会和中国殖民地、半殖民地和半封建社会的历史特点，尤其是中国近代革命的特点，做了提纲挈领的概括。

为推动延安干部们了解中国的历史，毛泽东又提议写一部"供干部学习的历史读本"，并把这个任务交给了范文澜。范文澜的《中国通史简编》于1942年出版时，毛泽东对他说："我们党在延安又做了一件大事……我们共产党对于自己国家几千年的历史，不仅有我们的看法，而且写出了一部系统的完整的中国通史。这表明我们中国共产党对于自己国家几千年的历史有了发言权，也写出了科学的著作了。"

阅读和研究"老中国"，似乎还有一层应有之义：取得对中国传统历史文化的发言权。正是从1938年开始，延安逐渐会聚起一批马克思主义史家。其中，吕振羽的《中国政治思想史》，结合社会经济形态和阶级结构来分析中国政治思想的发展变化。吕振羽的《简明中国通史》、范文澜的《中国通史简编》、邓初民的《中国社会史教程》等，构成了马克思主义指导下的中国通史研究体系。在古代哲学方面，陈伯达对老子、孔子、墨子、杨子等古代哲学家思想的整理研究，范文澜的《中国经学史的演变》，尹达的《中华民族及其文化之源》，都主张从历史文化传统中继承有助于抗战的思想武器。史家们还采用民族形式和通俗化语言，以老百姓喜闻乐见的形式发挥史学的现实功能，编写了数十本历史教材及普及读物。这些成果，大抵体现了当时条件下，中国共产党对中国历史文化的"发言权"。

毛泽东对"老中国"历史文化的熟悉，在党内领导层，当时即已无出其右。他注重用历史上的人和事来阐述一些道理，为现实服务；同时，也使他对马克思主义一些基本观点的理解和发挥，拥有了鲜明的中国作风和中国气派。这个特点，连当时在延安采访的外国记者也感受到了。美国记者史沫特莱在她的文章中说："毛泽东以理论家闻名于世，而他的一套思想理论深深扎根于中国历史和军事经验之中。"

《水浒传》：古为今用的"工具书"

史沫特莱在她的文章中，还写下这样的内容："他（毛泽东）在抗大和陕北公学上课，在群众大会上作报告，和他的谈话一样，都以中国社会的日常生活和丰富历史为根据。涌到延安的知识青年，习惯于从苏俄的少数作家的作品中汲取精神养料，毛泽东则对学生讲自己的祖国和人民、民族的历史和大众文艺。"

此为确言。毛泽东在抗战前期频繁到延安"抗大"、陕北公学、延安"鲁艺"、中央党校等学校讲课，作报告。据目前留存下来的报告记录，尤以1938年为多，达到了三十次。考虑到毛泽东当时的活动没有日志记载，实际讲课次数会比三十次要多。

由于干部们的文化水平普遍偏低，他发挥自己的阅读优势，习惯和擅长借用民间家喻户晓的故事，特别是流传甚广的中国古典小说，来宣传解释党的现实政策，谈论对中国革命的一些认识。比如：他用《三国演义》中"斩蔡阳兄弟释疑，会古城主臣聚义"，即俗称的"古城会"，来说明革命队伍里讲严肃性和原则性时，有时出现点误会是难免的；用《红楼梦》中贾宝玉、林黛玉生活的"大观园"，来比喻人生舞台，要求干部们不要满足于狭小的工作和生活圈子，到抗日根据地的"大观园"中锻炼提升自己；用《西游记》唐僧、孙悟空、猪八戒、沙僧不同的性格，来说明党的干部要有信念坚定、机动灵活、踏实肯干的作风；用《封神演义》中姜子牙上昆仑山拜见元始天尊，天尊为助他伐纣兴周，赠杏黄旗、四不像、打神鞭三样法宝，来比喻中国共产党的统一战线、武装斗争、党的建设三大法宝。

这当中，毛泽东对《水浒传》谈得尤其频繁。

他阅读和看重《水浒传》的情况，略列三事，便知大概。一是长征途中打下一座县城，他急于要找一部《水浒》，结果一名小战士给他找来了一把水壶。二是1938年10月在扩大的六届六中全会一次休息时，他同贺龙、徐海东等人聊天，开玩笑地说：不看完《三国演义》、《水浒传》和《红楼梦》这三部小说，不算中国人。三是1970年代，他先后要过十二种版本的《水浒传》阅读。

毛泽东为什么喜欢《水浒传》？回答这个问题并不难。《水浒传》描写的各路好汉被逼上梁山举旗造反的原因、过程和道路，梁山英雄们的精神、品格和能力，梁山干部集团的组织、策略和方法，与中国共产党领导的中国革命过程，或者有近似的同构，或者有直接的启发，或者有深刻的镜鉴。《水浒传》在毛泽东阅读中引发的共鸣，已远远超出文学欣赏。他通过对原著内容的提炼和提升，将其精髓融入时代变革，让这部描写古代农民起义的作品，在中国现代革命中，发挥出罕见的"古为今用"的作用。

伴随革命的风风雨雨，毛泽东同《水浒传》一路同行的情景，颇为精彩。不妨按时间顺序，把他一生的有关论述，择其要者列述如下。

少年时读《水浒传》，他视之为"造反的故事"，唤起他对梁山英雄群体的向往。

1926年，他在广东农讲所给农民运动骨干讲课时，不无深意地说：梁山泊宋江等人英勇精明，终不能得天下者，以其代表无产阶级利益，不容于现时社会，遂至失败。但中国的皇朝崩溃，就是农民起来了，有领袖组织造反。

1927年，国共合作的大革命失败时，瞿秋白请毛泽东到上海中央工作，他说愿意上山"和绿林好汉交朋友"。他领导的秋收起义失败后，为说服部队上山，拿出的理由就是历史上的官军从来剿不灭土匪。在井冈山，他果然同农民自卫军首领袁文才、王佐交了朋友，并把他们融入到自己的队伍，站稳了脚跟。但远在上海的中央负责人，对这种看起来有些像传统的造反方式，并不像毛泽东那样感兴趣，因此在1927年12月21日给朱德的一封信中，批评毛泽东等人所为，"在群众眼内看来是替他们打抱不平"的"梁山泊英雄侠义的行为"。毛泽东没有理这套批评，成功的实践让他依然故我。1936年红军到达陕北，他向陕北的哥老会写了这样一个宣言："你们主张打富济贫，我们主张打土豪分田地。"双方可以"共抱义气"，一同奋斗！

1936年，在《中国革命战争的战略问题》中，谈到"战略退却"的理由，他说：两个拳师放对，聪明的拳师往往退让一步，而蠢人则气势汹汹。"《水浒传》上的洪教头，在柴进家中要打林冲，连唤几个'来''来''来'，结果是退让的林冲看出洪教头的破绽，一脚踢翻了洪教头。"

1937年，他在《矛盾论》里讲起三打祝家庄的故事，认为"《水浒传》上有很多唯物辩证法的事例，这个三打祝家庄，算是最好的一个"。举此例，意在提倡，解决问题必须从分析矛盾的特殊性入手。

1937年和1938年在"抗大"讲课，为了说明土地革命时期中国共产党领导红军"上山"建立根据地的必然性，他最爱说的话是：《水浒传》里的梁山好汉，都是"逼上梁山"的。他们被逼上梁山，就是官逼民反。我们现在也是逼到山上打游击。井冈山、鄂豫皖的山、陕北的山、四川通南巴的山，都来了游击队。新中国成立后，"逼上梁山"更被他经常用来说明"农村包围城市"这条中国革命道路的形成原因。

1938年，针对延安的一些同志愿意上前线，不愿在后方做保卫工作的情况，他是这样做工作的：《水浒传》写的梁山政权，有军队有政府，也有保卫侦察这些工作。一百零八位高级将领中就有做特务工作的。梁山的对面，朱贵开了一个酒店，专门打听消息，然后报告上面，如果有大土豪路过，就派李逵去搞了回来。

1942年，为了强调合法斗争和秘密斗争相结合的策略，他在陕甘宁边区高干会上的讲话中，再次谈三打祝家庄故事，说其中第三打之所以成功，原因是"有一批人假装合作打宋江，祝家庄便欢迎得很，相信他们，这是合法的。但这些人暗中准备非法斗争，等宋江打到面前，内部就起来暴动。我们对敌人如此，敌人对我们也是如此"。

1944年，他看了京剧《逼上梁山》，认为"恢复了历史的面目"，极力推荐，目的是在党员干部中普及人民群众创造历史、压迫引起反抗这样一些历史唯物主义观点。他还从《逼上梁山》的成功中受到启发，提出编演《三打祝家庄》，并对主创人员说：要写好梁山主力军、梁山地下军、祝家庄的群众力量三个方面。这个思路，显然与当时发展敌后抗战的背景有关。

1945年，召开中共七大期间，为了阐述党的一些政策思想，他反复谈及从《水浒传》里获取的启发。为了说明党的统一战线政策和延安整风的重要性，他说：梁山泊就实行了这个政策，内部政治工作相当好，当然也有毛病，他们里面有大地主、大土豪，没有进行整风，那个卢俊义是被逼上梁山的，是用命令主义强迫人家上去的，不是自愿的。为了解除延安整风给知识分子干部带来的压力，他借用《水浒传》里吴用和萧让这类"秀才"的故事，来强调革命队伍不能缺少知识分子，要让他们发挥作用。为了说明抗战胜利后要用很大力量转到城市工作中去，他说：到城市去做秘密工作，不要像《水浒传》里的好汉，行不改名，坐不改姓。梁山泊也做城市工作，神行太保戴宗就是做城市工作的，祝家庄没有秘密工作就打不开。为了让干部们辩证地看待中国共产党在发展中自然形成的"山头"问题，他多次讲，《水浒传》要当作一部政治书看，当时农民聚义，群雄割据，占据了好多山头，如清风山、桃花山、二龙山等，最后会集到梁山泊，建立了一支武装，抵抗官军，这支队伍，来自各个山头，但是统率得好。借"水浒"，讲山头，与中共七大选举来自五湖四海的中央委员直接有关。

1949年，新中国成立前夕，在《论人民民主专政》中为了说明新中国实行人民民主专政的必然性，他说：我们要学景阳冈上的武松。在武松看来，景阳冈上的老虎，刺激它也是那样，不刺激它也是那样，总之是要吃人的。或者把老虎打死，或者被老虎吃掉，二者必居其一。

1955年，他讲到对待犯错误的人，"要准许他继续革命"，不要心地褊狭，搞孤家寡人，并提醒说：不要当《水浒传》上的白衣秀士王伦，他也是不准人家革命。凡是不准人家革命，那是很危险。白衣秀士王伦不准人家革命，结果把自己的命革掉了。

1957年，为了提倡领导干部继续发扬战争年代的革命热情和拼命精神，他说：什么叫拼命？《水浒传》上有那么一位，叫拼命三郎石秀，就是那个"拼命"。

1959年2月，为了克服"大跃进"期间犯的主观主义错误，他在省市自治区党委第一书记会议上再次讲三打祝家庄的故事：一打时石秀探庄解决了道路问题；二打时拆散三庄联盟，结成了统一战线问题；三打时孙立假投降，解决了内部斗争问题。由此引申出来的现实要求是：纠正"大跃进"在工作方法上的失误，要从调查研究入手去解决矛盾，要让主观认识符合客观实际。

1959年7月，在庐山会议上批评人民公社化运动中出现的"共产风"倾向，他想到了梁山英雄的劫富济贫：宋江立忠义堂，劫富济贫，理直气壮，可以拿起就走。晁盖劫的是"生辰纲"，是不义之财，取之无碍，刮自农民归农民。现在刮"共产风",取走生产大队、小队之财,肥猪、大白菜,拿起就走,这样做是错误的。

1964年,为了说明当时日益激化的中苏论战气氛,他在中央政治局常委会上说:《水浒传》第一回叫作"张天师祈禳瘟疫,洪太尉误走妖魔"。现在赫鲁晓夫就是洪太尉,他发动公开论战,就是揭开石板,把下面镇着的一百零八个妖魔放出来,天下大乱了。一百零八将就是梁山好汉,我们就是赫鲁晓夫放出来的妖魔。

1965年,谈到三线建设部署的必要性,他说:如果出了赫鲁晓夫,我们搞的小三线就好造反。我们这些人还不是好造反,跟宋江差不多。

从上面这些罗列,不难看出,毛泽东一生与《水浒传》的关联,何其紧密。概括起来,他在《水浒传》里发掘和重视的观点是:中国共产党领导的革命和梁山英雄一样,都是"逼上梁山";革命的道路都是先建立一块一块的"山头"根据地,然后让星星之火,汇成燎原之势;各个"山头"的革命力量汇到一起,要齐心协力,克服山头主义,形成一支统一的力量;梁山起义军在壮大过程中,展示了许多可以借鉴的策略方法;中国共产党领导的革命队伍同梁山英雄一样,都需要各种各样有特点的人才;梁山英雄敢于斗争、善于斗争值得学习。凡此等等,《水浒传》几乎成为毛泽东在不同时期可以随时翻阅的"工具书"。

研究"新东西":成为思想领袖

毛泽东在抗战前期的阅读研究,在马列著作方面,仍然是一以贯之地投入。比如，他当时对曾志谈到，"遇到问题，我就翻阅马克思的《共产党宣言》"，"写《新民主主义论》时，《共产党宣言》就翻阅过多少次"。这个话也表明一个事实，他的理论阅读是和研究现实进而作理论创新连在一起的。

在 1938 年 10 月扩大的中共六届六中全会上，毛泽东提出："运动在发展中，又有新的东西在前头，新东西是层出不穷的。研究这个运动的全面及其发展，是我们要时刻注意的大课题。如果有人拒绝对于这些作认真的过细的研究，那他就不是一个马克思主义者。"也就是说，真正的马克思主义，研究眼光从来不离开现实运动的"新东西"。

红军长征，无疑是中国革命创造的"新东西"。到陕北不久，毛泽东就发起征稿，要参加长征的官兵，"各人就自己所经历的战斗、行军、地方及部队工作，择其精彩有趣的写上若干片断"，目的是编辑出版一部《长征记》，宣传红军奋斗历程，扩大党的影响。后来由于形势变化，出版事宜拖延下来，到 1942 年 11 月才印制出来，书名为《红军长征记》。谢觉哉在 1945 年 11 月 2 日的日记中说到一个细节："读《红军长征记》完，颇增记忆。没有一篇总的记述。总的记述当然难。毛主席说过，'最好我来执笔！'毛主席没工夫，隔了十年也许不能全记忆，恐终究是缺文。"

或因事过境迁，毛泽东没能写出《红军长征记》的总序，但为总结和宣传抗战以来陕甘宁边区建设的经验，他让身边工作人员李六如、和培元写了本《陕甘宁边区实录》。读了初稿，他觉得需另请人修改，就给周扬写信说，此书"关系边区对外宣传甚大，不应轻率出版，必须内容形式都弄妥当方能出版。现请你全权负责修正此书，如你觉需全般改造，则全般改造之。虽甚劳你，意义是大的"。《陕甘宁边区实录》于1939年12月出版，生动介绍了陕甘宁边区是一个怎样的地方、边区的政制和组织、边区政府做了些什么、边区的统一战线、边区的抗战动员、边区的群众团体这样一些"新东西"。毛泽东不仅题写了书名，还题词说明该书的主题："边区是民主的抗日根据地，是实施三民主义最彻底的地方。"

为研究"新东西"，毛泽东还提议成立了一个时事问题研究会，编辑了一套《时事问题丛刊》。1939年10月，丛刊第二辑《日本帝国主义在中国沦陷区》出版时，他为这本书写了篇序言，里面说："这样系统地研究时事问题，并为一切抗战干部们供给材料，实在是必要与重要的了。'瞎子摸鱼'，闭起眼睛瞎说一顿，这种作风，是应该废弃的了。"这些说法针对的正是党内那种不注重现实调查研究的学风。

学习的目的，既是为了掌握科学的理论，以说明现实运动，也是为了创新理论，以指导现实运动。毛泽东当时研究的最大的"新东西"，是中国革命运动各方面的发展规律。正因为有结合现实运动的深入阅读，才使他的理论思维和理论创造异常活跃。1938年5月他写的《抗日游击战争的战略问题》和《论持久战》，论述了抗日战争中应该坚持的一些基本原则和方针，贯穿了出色的军事辩证法，对敌后根据地和全国的抗战具有很强的战略指导作用。1939年10月他写的《〈共产党人〉发刊词》，回答了在抗日战争的新形势下，"怎样才能建设一个全国范围的、广大群众性的、思想上政治上组织上完全巩固的"中国共产党，这个历史大课题，创造性地提出了获取革命胜利的"三大法宝"：统一战线、武装斗争、党的建设。1939年12月和1940年1月他写的《中国革命和中国共产党》、《新民主主义论》，系统地阐述了新民主主义理论，特别是新民主主义革命在政治、经济和文化上的具体特点。这些论著，加上全面抗战爆发时写的《中国革命战争的战略问题》、《实践论》、《矛盾论》等，都是马克思主义中国化的代表论著。

关于这时期的理论创造，1962年毛泽东在七千人大会上有过客观的说明：在抗日战争前夜和抗日战争时期，我写了一些论文，替中央起草过一些关于政策、策略的文件，都是革命经验的总结。"那些论文和文件，只有在那个时候才能产生，在以前不可能，因为没有经过大风大浪，没有两次胜利和两次失败的比较，还没有充分的经验，还不能充分认识中国革命的规律。"

没有胜利和失败两方面的实践经验，要掌握中国革命运动的规律，几乎是不可能的。在探索中，全党都有认识局限，不是哪几个人的问题。这或许是理论创新的规律所在。接下来的一个问题是，为什么单单是毛泽东，而不是别人，在那个时候有如此的理论创新呢？这不能不说与他的阅读，与他使用的"思想工具"有关系了。

把毛泽东这期间的阅读研究，放到更大的视野里来衡量，其最大收获，是确立了他看待实践、分析问题的两个最根本的"思想工具"：一个是实事求是，一个是对立统一。

关于实事求是。1941年毛泽东在《改造我们的学习》一文中，对这个传统概念做了改造。《汉书·河间献王刘德传》说的"实事求是"，主要是讲读书做学问的态度。毛泽东的新解是："实事"就是客观存在着的一切事物，"是"就是客观事物的内部联系，即规律性，"求"就是我们去研究。经过改造后的"实事求是"，由此进入思想方法的最高层面，成为毛泽东思想的活的灵魂和中国共产党的思想路线。毛泽东本人，是实事求是的典范。1987年陈云在《身负重任和学习哲学》一文中说:"在延安,毛主席起草的文件、电报,我都看过,最后得出一个结论,就是要实事求是。"

关于对立统一。毛泽东读哲学书籍,最感兴趣的是辩证法中的三大规律,他认为三大规律其实就是一大规律,即对立统一规律。他延安时期的理论著述:《实践论》讲主观与客观、认识与实践的关系;《矛盾论》讲矛盾事物的同一性及其转化,讲矛盾事物的普遍性和特殊性;《论持久战》讲中国和日本力量的强弱转化,讲抗日战争的几个阶段的关系;《新民主主义论》讲旧民主主义革命和新民主主义革命的关系,讲民主革命中各阶级的关系。这些著述都鲜明地贯穿着"对立统一"这个分析"工具"。

到陕北以后的阅读和研究,使毛泽东逐渐成为掌握运用历史唯物主义和辩证唯物主义来分析问题的大师,进而使他在陕北黄土高原的窑洞里,走完了成为中国革命领袖的最后一段路程。这里说的"领袖"概念,不仅是政治的和军事的,还是思想的和理论的。

到陕北之初,毛泽东在党内绝不是以理论见长的领袖人物。红四方面军的将领和红一方面军的将领,就争论过到底是张国焘学问大,还是毛泽东学问大的问题。王明从莫斯科回到延安后,被不少人视为党内第一理论家,以至于有"王明的理论,博古的口才,周恩来的风度,毛泽东的实际"这样的说法。在党内领导层,毛泽东当时似乎还是一个偏实干的人才。中国共产党是靠马克思主义理论武装起来的政党,掌握理论水平的程度,对党的领袖人物来说至关重要。这几乎可以说是个传统。

到1940年代初,毛泽东有了一系列理论创造,而其理论既有马列主义依据,又能够说明中国革命的实际,全党上下都佩服。这就使他从 1935 年 10 月长征到达陕北时的军事领袖，到 1938 年 10 月六届六中全会成为政治领袖，再到 1941 年 9 月延安高级干部整风开始后，成为了思想领袖。

对毛泽东完成如此艰巨的身份跨越，党内其他领导成员有着切身的感受和中肯的评价。1941 年 10 月 8 日，陈云在中央书记处工作会议上说：过去我认为毛泽东在军事上很行，因为长征中遵义会议后的行动方针是他出的主意。毛泽东写出《论持久战》后，我了解到他在政治上也是很行的。1943 年 11 月下旬，任弼时在中央高级学习组会上说：1931 年到中央苏区后，认为毛泽东"有独特见解，有才干"，但"在思想上是'存在狭隘经验论，没有马列主义理论'"；"1938 年到莫斯科及回国后，阅读了毛泽东的《论持久战》、《新民主主义论》、《中国革命战争的战略问题》……认识到他一贯正确是由于坚定的立场和正确的思想方法"。

毛泽东被全党选为领袖，阅读和理论创新可以说是最后一道重要门槛。

七、整风演进：阅读与转变党风

阅读与延安整风

成为思想领袖的毛泽东，反观党内干部的学习风气和思想状况，颇为忧虑。

当时党内干部主要由三部分人组成：一部分是年轻时在苏联留学的革命家，读了不少马列主义著作，对苏联革命的历史经验比较熟悉，但容易犯教条主义的毛病；一部分是从国统区初到延安的知识分子，对五四时期传播的西方文化更感兴趣一些，也容易犯教条主义毛病；还有一部分领导干部是在土地革命战争中成长起来的，文化水平普遍偏低，容易犯经验主义的毛病。这些都是滋生党内"主观主义、宗派主义和党八股"的温床。

从1941年开始的延安整风，便是为了克服这些党内不良风气。从内容上讲，是反对主观主义以整顿学风，反对宗派主义以整顿党风，反对党八股以整顿文风，学风、文风，实际上都属于党风；从目的上讲，是肃清"左"倾教条主义的影响，统一全党的思想；从本质上讲，是一次马克思主义教育运动；从实现途径上讲，实际上是一场别开生面的读书学习运动。

1941年5月19日，毛泽东在延安高级干部会议上作《改造我们的学习》的报告，正式提出改造全党学习方法和学习制度的任务。9月26日，中央书记处会议决定成立中央学习组（又称中央研究组），以中央委员为范围，毛泽东任组长，王稼祥任副组长。延安及各地方均设立高级学习组，归中央学习组管理指导。高级领导干部的学习是延安整风学习的重点。

为确保各学习组在学习时有据可依，毛泽东先后为领导干部们开列了三个篇目材料。

第一个篇目材料，是1941年9月提出的《中央研究组及高级研究组研究方针和阅读材料》。关于研究方针，毛泽东说，要"以理论与实际联系为目的。关于实际方面，应看六大以来的文件；关于理论方面，暂时以研究思想方法论为主"。所列书目材料，一共四种：列宁的《"左派"幼稚病》，艾思奇编译的《新哲学大纲》第八章"认识的过程"，苏联西洛可夫、爱森堡等著的《辩证法唯物论教程》第六章"唯物辩证法与形式论理学"，河上肇的《经济学大纲》。

第二个篇目材料，是1941年11月提出的《理论研究阅读材料目录》，一共十种。除9月已经推荐的篇目，主要增加了国际共运史方面的内容。其中包括季米特洛夫在共产国际第七次代表大会上的报告、结论和闭幕词，斯大林审定的《联共（布）党史简明教程》，法、英、美、德、意五国共产党史的传播研究及对马列主义的宣传所做的决议，还有《斯大林与〈联共党史〉》

等。对有的篇目，毛泽东要求精读一至两遍，并由各学习组的组长、副组长对于每件材料提出要点加以讨论。

第三个篇目材料，是1942年4月提出来的，一般称为"整风学习的二十二个文件"。其中包括毛泽东《改造我们的学习》、《整顿党的作风》、《反对党八股》，刘少奇《论共产党员的修养》，陈云《论怎样做一个共产党员》，斯大林《论党的布尔什维克化十二条》，中共中央关于增强党性的决定、关于调查研究的决定、关于在职干部教育的决定，还有摘编的列宁、斯大林等《论党的纪律与党的民主》，斯大林《论领导与检查》和《论平均主义》等。毛泽东说，这"二十二个文件是何等之文件，是世界革命一百多年的经验的总结，是中国共产党诞生以来中国革命二十年经验的总结"，无论什么人，"都要研究二十二个文件，要熟读，要搞通"。

以上三个篇目材料，是围绕整顿学风、文风和党风硬性规定的学习内容，针对性很直接，对转变党风发生的作用也很直接。

实际上，整风前后，党内领导干部的阅读范围，远远超越这些。按毛泽东在《改造我们的学习》中提出的要求，当时的阅读范围，大体有三个方面：第一是研究客观实际现状，调查研究周围环境，这是针对主观主义的；第二是研究中国历史，特别是中国近百年的历史，这是针对言必称希腊，忘记自己祖宗的"洋教条"的；第三是有目的地研究马列理论和国际革命的经验，这是针对所有领导干部的。

为促进干部读书，毛泽东在1941年12月还提议设立中央书记处图书室，任务是"征集时事材料，供政治局委员讨论政治问题的参考"。图书室成立之初，他带头捐赠了不少书籍。这些书现在还保存在中宣部图书馆。其中有：赫胥黎《天演论》、杜威《哲学之改造》、郭沫若《中国古代社会研究》、吕振羽《史前中国社会》、朱生萍《现代中国政治思想史》、陈启夫《中国法家概论》、杨昌济译《西洋伦理学史》等。这些书的封面或扉页上,都盖有蓝色"毛泽东"行草签名章或长方形的"毛氏藏书",或正方形红色楷体的"毛泽东印"。

读书学习热潮,不局限于延安。在各抗日根据地和前线部队,读书学习不仅是整风运动的实现途径,事实上还促成党员干部渴求文化知识、提升理论素养的时代风气。

新四军将领彭雪枫就是一个读书学习的典型。毛泽东曾给彭雪枫写信,叮嘱他"有闲工夫注意看书报,加紧学习"。彭雪枫请人为自己镌刻了两枚藏书章,一枚的铭文是"书有未曾经我读",另一枚是"有书大家看"。从彭雪枫的书信和日记可知:他让妻子林颖读《三国演义》,说这"是一本必读的书","那里有战术,有策略,有统战,有世故人情";他把《斯大林传》作为"别致的礼物"送给林颖;1943年3月10日,彭雪枫开始攻读马克思的《资本论》,到6月21日即读完一遍;他还读过列宁的《国家与革命》、《历史的唯物论与经验批判论》、《"左派"幼稚病》,以及《斯大林演说集》、《联共(布)党史简明教程》、《季米特洛夫报告》、《列宁主义问题》、《什么是列宁主义》、《科学社会主义基础教程》、《社会学大纲》等著作。彭雪枫常说:"一个军事家或者政治家,绝不是仅有一门知识就可以的,一定要有相应的各方面的知识。"彭雪枫在给林颖的信中还说:"1932年以前的鲁迅的文章小说几乎每篇我都读过。"

"暂时以研究思想方法论为主"

1940年毛泽东在延安新哲学年会上曾发出感慨："中国革命有了许多年，但理论活动仍很落后，这是大缺憾。"1941年刘少奇给孙冶方的信中也说："中国党有一极大的弱点，这个弱点，就是党在思想上的准备、理论上的修养是不够的，是比较幼稚的。因此，中国党过去的屡次失败，都是指导上的失败，是在指导上的幼稚与错误而引起全党或重要部分的失败。"

领导层的这种忧虑，反映在整风学习上面，就是强调重点读哲学和马列著作。只有这样，才算是牵住了思想建设的"牛鼻子"，才能使党员干部在思想方法上来一个弃旧图新，在马克思主义理论水平上来一个飞跃。1941年9月29日，毛泽东在《中央研究组及高级研究组研究方针和阅读材料》中提出，高级干部"暂时以研究思想方法论为主"，就是这个意思。1942年9月15日，他还给负责宣传工作的何凯丰写信说："中央须设一个大的编译部，把军委编译局并入，有二三十人工作，大批翻译马、恩、列、斯及苏联书籍，如再有力，则翻译英、法、德古典书籍。我想亮平在翻译方面曾有功绩，最好还是他主持编译部，不知你意如何？"信中说到的亮平，即翻译《反杜林论》的吴亮平。从此信看出，毛泽东那时觉得，党内领导层是多么需要阅读哲学和马列著作。

这期间，毛泽东读哲学书籍，更多的是联系中国革命实际和党的现实政策来理解原著。比如，读博古翻译的斯大林《辩证唯物主义与历史唯物主义》，原文说："正因为无产阶级作为一个阶级正在发展着，所以马克思主义者依据无产阶级。"他的批注是："在中国，资产阶级还有一段前途，但基本的应该依据无产阶级。"原文说：无产阶级政党的实际行动，"应该根据于社会发展的规律上，根据这些规律的研究上"。他的批注是："抗日战争应根据于抗日战争规律性研究。"

当时的高级领导干部，对读哲学，也确实普遍感兴趣。陈云在中央组织部内组织了一个领导干部学习小组，重点就是学哲学。每人先读原著，大家每周讨论一次，同时还请一些懂理论的人来讲课。从保存下来的陈云笔记看，他有一段时间每周都要去听讲。听讲的主要内容有：毛泽东的秘书和培元讲德国古典哲学、辩证法、认识论和逻辑史；艾思奇讲费尔巴哈唯物论和马克思主义哲学的形成，还有文化起源、社会心理、社会意识及宗教、生产力与生产关系、孙中山哲学思想；王学文讲商品生产、抽象劳动与具体劳动、价值和使用价值、价值法则和剩余价值法则。1987年陈云在《身负重任和学习哲学》一文中回忆："在延安，我当中央组织部长的时候，毛主席先后三次当面同我谈过，要学哲学，还派教员来帮助我们学习。……我们从一九三八年开始学习，坚持了五年。先学哲学，再学《共产党宣言》，然后再学哲学和政治经济学等"，"我个人的体会是：学习哲学，可以使人开窍。学好哲学，终身受用"。

为促进高级领导干部阅读马列原著，从1938年到1942年，延安解放社出版了一套主要由马列学院编译部编译的"马克思恩格斯丛书"。其中有《共产党宣言》、《哥达纲领批判》、《社会主义从空想到科学的发展》、《拿破仑第三政变记》、《德国的革命和反革命》、《法兰西内战》、《政治经济学论丛》、《马恩通信选集》、《〈资本论〉提纲》、《思想方法论》等。同时，还编辑出版了列宁、斯大林的一批著作。

当时在延安马列学院编译部工作的同志回忆，上述译稿在送出版社之前，就被毛泽东要去阅读，陈云、李富春等领导人也经常提前借阅。那时马恩著作较少，大家就相互传阅，第一个看完送第二个看，第二个看完又送第三个看。现在保存下来的那时出版的一些马恩著作扉页上，还写有"某某同志送某某同志学习"这类字样。

毛泽东当时很看重斯大林的《论布尔什维克化十二条》（原题为《关于德国共产党的前途和布尔什维克化》），把它作为党性党风教材。这篇文章提出党要实现布尔什维克化，必须具备十二个基本条件。毛泽东在 1942 年 4 月 20 日中央学习组会议上说，"斯大林的十二条，不写一点笔记就研究不清楚"。这年 11 月 12 日，西北局召开高级干部会议，他在会上又逐条讲解，突出谈到：领导革命的政党，特别是党的领导者，不要同实际脱离，要精通同实际联系的马克思主义，党的队伍要有新的革命的作风，做群众工作要反对关门主义和尾巴主义，统一战线要反对冒险主义和迁就主义，等等。记录下来的稿子，有一万多字。

朱德是当时读马列著作的典范。1940 年，他在太行山指挥对日作战，听说政治部的一位同志从延安带来一本新翻译的恩格斯《反杜林论》，就急忙借来阅读。还书的时候，那位同志发现全书每一行字下面都画了整齐的红杠杠，颇为不解，就问：别人都是在重要的句子下面画杠，总司令怎么全给画上了？朱德回答：我眼睛不大顶用，晚上在菜油灯下看书晃眼，字又太小，容易串行，只好找来米尺压着画上杠杠逐句看，就不串行了。这年 6 月，中央宣传教育部表彰干部学习积极分子，朱德被评为"学习的模范"。

1944 年初，毛泽东提出集中阅读五本马列经典：马克思、恩格斯的《共产党宣言》，恩格斯的《社会主义从空想到科学的发展》，列宁的《两种策略》和《"左派"幼稚病》，斯大林主持编写的《联共（布）党史简明教程》。在3月5日政治局会议上，他解释说："指定读五本理论书，是学习世界革命的经验。过去没有做过认真研究理论和研究历史的工作。"

1945年4月24日在党的七大会议上，毛泽东引用列宁的名言，"没有革命的理论，就没有革命的运动"，再次强调，"从前我在六中全会上讲过，我们党的理论水平是很低的，现在比较过去是高了一些，但是还不够。现在我们党当然有些进步，但从中国革命运动的要求来说，我们的理论水平还不够"。为此，他又谈到此前推荐的五本马列著作，说这五本中，马、恩、列、斯的书都有了，都"写得很好"，"既是理论的，又是历史的"。此时推荐这五本马列经典，显然是为了使大家能够适应抗战胜利后的新形势了。

从《两种策略》和《"左派"幼稚病》取政策

延安时期，毛泽东阅读最深、引用最多的经典著作，是他在中央苏区时期读过的《两种策略》和《"左派"幼稚病》。这两本书，称得上是他批驳"左"倾错误和制定政策策略的"理论库"。

据当时为毛泽东管理图书的史敬棠回忆，毛泽东那时经常读这两本书，并且在上面写着某年某月"一读"、"再读"、"三读"的字样。可惜的是，他当时批注的这两本书没有保存下来。这两本书被他列为干部整风学习的必读之作，1945年在中共七大会议上，又再作推荐："列宁这两本书写得很好。"

列宁这两本书好在哪儿？

毛泽东说过，他是先学列宁的东西，后读马克思、恩格斯的书。这是因为中国和俄国在找真理、干革命过程中遭遇的问题，有许多相同或相近之处。《"左派"幼稚病》谈到俄国从1903年到1917年十月革命期间，寻找和实践革命理论的历史，毛泽东对列宁概括的俄共历史很有共鸣，说中国和俄国"寻找革命真理，这是相同的"。具体说来，中国革命和俄国革命发生的背景，都有封建主义的压迫；中国和俄国在进行革命时，经济都落后，中国则更落后；革命起来后，都经历了一个资产阶级性质的民主革命时期，都面临着怎样看待无产阶级政党在民主革命中的地位和作用，怎样处理和农民、民族资产阶级等同盟军的关系；都有一个从民主革命（中国则先后经历旧民主主义革命和新民主主义革命）到社会主义革命的转变过程；都出现过"左"的或右的错误倾向的干扰。这些相似和相近的情况，使列宁著作中的不少论述比较适合中国革命的实际需要。

延安时期，毛泽东推荐阅读《两种策略》和《"左派"幼稚病》时，经常讲的一个重要理由，是"学习世界革命的经验"，"对外国党和共产国际的经验，我们都要吸收"。直到1963年8月3日会见外宾时，他还强调："我们走社会主义道路。你要走这个道路就要研究列宁主义。"

具体说来，《两种策略》和《"左派"幼稚病》，有三个观点，为毛泽东不时引用和发挥。

一是提倡统一战线，反对关门主义。

《"左派"幼稚病》提出，制定策略决不能只根据革命情绪，也不能根据一个集团或政党的愿望和决心，而必须对各阶级的力量及其相互关系做出严格的客观估计。革命政党必须把原则的坚定性和策略的灵活性结合起来，必须利用敌人之间的一切矛盾，在不牺牲原则的前提下找到适当的妥协形式，以争取大量的同盟者。

这个思想，直接成为毛泽东反对党内不时出现的"左"倾错误的理论武器。"左"倾关门主义错误在土地革命时期给革命带来了严重危害，1935年他在《论反对日本帝国主义的策略》一文中，根据列宁的这个思想，明确提出："赞成统一战线，反对关门主义。……马克思列宁主义反对革命队伍中的幼稚病。坚持关门主义策略的人们所主张的，就是一套幼稚病。"新中国成立后，1965年6月25日，在听取河北省委领导林铁工作汇报时，他依然把列宁的这个思想引申为党的基本策略："争取团结多数是列宁的思想，后来我们根据列宁的思想概括了几句话，即利用矛盾，争取多数，反对少数，各个击破。"1966年4月21日，他在杭州召集中共中央中南局委员谈话时又讲："要争取多数、孤立少数，不然就要失败。'利用矛盾，争取多数，孤立少数，各个击破。'这四句话是列宁的意思，我概括的。"

二是强化党内纪律。

《"左派"幼稚病》第二章，着重讲无产阶级在革命中必须实行集中制和极严格的纪律。毛泽东很看重这个思想。1942年4月在《关于整顿三风》一文中，他说："列宁论共产党的纪律说纪律是铁的，比孙行者的金箍还厉害，还硬，这是上了书的，《共产主义运动中的"左派"幼稚病》上就有。"1948年，解放战争开始打得比较顺利时，党内无纪律和无政府倾向有所抬头。4月21日，他重读《"左派"幼稚病》第二章，在该书扉页写了一个批语："请同志们看此书的第二章，使同志们懂得必须消灭现在我们工作中的某些严重的无纪律状态或无政府状态。"中宣部随后发出毛泽东这一指示,要求全党学习《"左派"幼稚病》第二章。

三是怎样看待资本主义的发展。

列宁的这两本书,对毛泽东思考和阐述新民主主义理论,有着直接的启发。对于资本主义的发展,党内在相当长的时期里存在着模糊认识。有些人害怕发展资本主义,主张跳过资本主义,直接进入社会主义。这种倾向在抗日战争胜利前夕更加明显。针对这种情况,1945年他在中共七大发表的《论联合政府》中,专门讲了这样一段话:"有些人不了解共产党人为什么不但不怕资本主义,反而在一定的条件下提倡它的发展。我们的回答是这样简单:拿资本主义的某种发展去代替外国帝国主义和本国封建主义的压迫,不但是一个进步,而且是一个不可避免的过程。它不但有利于资产阶级,同时也有利于无产阶级,或者说更有利于无产阶级。"后面这句话,便出自列宁的《两个策略》。在七大上作的口头政治报告中,解释《论联合政府》上面这段话时,讲得更透彻。他把直接进入社会主义的主张概括为"民粹派的思想",并说,"俄国的民粹派就是这样。当时列宁、斯大林的党是给了他们以批评的","列宁在《两个策略》中讲:'资产阶级民主革命,与其说对资产阶级有利,不如说对无产阶级更有利。'我们不要怕发展资本主义","我们这样肯定要广泛地发展资本主义,是只有好处,没有坏处的"。

从《论列宁主义基础》和《联共党史》学经验

毛泽东曾明确表示,"不太喜欢看"斯大林的著作,因为他总是"站在别人的头上发号施令。他的著作中都有这种气氛"。

但有三本书例外，是他喜欢的，即《论列宁主义基础》、《联共（布）党史简明教程》（以下简称《联共党史》）和《苏联社会主义经济问题》。斯大林与中国革命的关联实在紧密，恩怨复杂，毛泽东实际上读了不少他的著作，但下功夫琢磨的，也确实是这三本。

《论列宁主义基础》是斯大林1924年系统阐述列宁主义基本问题的论著。1925年中共中央机关刊物《新青年》即以《列宁主义概论》为题发表全书译文。该书从理论方法、战略和策略、工作作风等九个方面阐发列宁主义的主要内容，并下了一个经典定义："列宁主义是帝国主义和无产阶级革命时代的马克思主义。确切些说，列宁主义是无产阶级革命的理论和策略，特别是无产阶级专政的理论和策略。"《论列宁主义基础》写于列宁逝世不久，斯大林的地位和权威不像后来那样被神化，论述还比较实在。

《联共党史》由联共（布）中央特设委员会编写，斯大林为该书撰写《辩证唯物主义与历史唯物主义》一节，并审阅了全书。1938年出版后，在各国共产党人中广泛流传。其中文版是1939年经博古校阅后出版的。全书共十二章，以列宁和斯大林的活动为主线，叙述1883年至1937年联共（布）的历史，注重阐述列宁和斯大林的理论，以及联共（布）的战略和策略。

学习了解列宁主义和苏联共产党的历史，是中国共产党在革命时期推进思想理论建设的重要途径。《论列宁主义基础》和《联共党史》，有史有论，史论结合，比较能够满足中国共产党的实际需要。延安整风期间，毛泽东把《论列宁主义基础》和《联共党史》列为干部学习读本。1941年他在《改造我们的学习》中提出，研究马列主义，应以《联共党史》"为中心的材料"，因为该书"是一百年来全世界共产主义运动的最高的综合和总结，是理论和实际结合的典型，在全世界还只有这一个完全的典型。我们看列宁、斯大林他们是如何把马克思主义的普遍真理和苏联革命的具体实践互相结合又从而发展马克思主义的，就可以知道我们在中国是应该如何地工作了"。随后在《反对主观主义和宗派主义》中又讲："研究马、恩、列、斯的思想方法论，以《联共党史》为学习的中心。"1945年4月在七大作的口头政治报告中还说："《联共党史》又有历史，又有理论，它是一个胜利的社会主义国家的历史，是马克思主义在俄国成功的历史。"

延安时期，毛泽东在著述和谈话中，经常引用、借用和化用这两本书上的一些论述，重点在以下三个方面。

一是认识和利用帝国主义时代的基本矛盾。

1937年毛泽东写的《矛盾论》，根据《论列宁主义基础》关于帝国主义时代基本矛盾的分析判断，来说明矛盾的特殊性和普遍性的关系。他说：《论列宁主义基础》"分析了帝国主义的矛盾的普遍性，说明列宁主义是帝国主义和无产阶级革命时代的马克思主义；又分析了沙俄帝国主义在这一般矛盾中所具有的特殊性，说明俄国成了无产阶级革命理论和策略的故乡，而在这种特殊性中间就包含了矛盾的普遍性。斯大林的这种分析，给我们提供了认识矛盾的特殊性和普遍性及其互相联结的模范"。

1945年抗战胜利前夕，怎样看待打败日本帝国主义后世界和中国的形势，摆在了党的面前。毛泽东在七大作的那篇《愚公移山》的著名讲话，又以《论列宁主义基础》的论述为依据，提出："现在依然如斯大林很早就说过的一样，旧世界有三个大矛盾：第一个是帝国主义国家中的无产阶级和资产阶级的矛盾，第二个是帝国主义国家之间的矛盾，第三个是殖民地半殖民地国家和帝国主义宗主国之间的矛盾。这三种矛盾不但依然存在，而且发展得更尖锐了，更扩大了。由于这些矛盾的存在和发展，所以虽有反苏反共反民主的逆流存在，但是这种反动逆流总有一天会要被克服下去。"

二是联合一切阶级力量反对帝国主义。

《论列宁主义基础》第三部分，批判了托洛茨基的"不断革命"论，提出"列宁主张以政权转归无产阶级来完成革命事业，而'不断'革命论者却想直接从建立无产阶级政权开始"。"转归论"是要求搞社会主义革命必须经过民主革命阶段，"不断论"是强调毕其功于一役。全面抗战爆发前夕，为了克服党内关门主义、冒险主义和急性病等"左"倾思想，毛泽东在《为争取千百万群众进入抗日民族统一战线而斗争》一文中，根据《论列宁主义基础》的论述提出："我们是革命转变论者，不是托洛茨基主义的'不断革命'论者。我们主张经过民主共和国的一切必要的阶段，到达于社会主义。""今天的联合资产阶级抗日派，正是走向社会主义的必经的桥梁。"

在抗日战争胜利前夕，又面临一个要不要继续联合和领导其他阶级力量的问题。在中共七大的结论报告中，毛泽东提醒全党："斯大林在《论列宁主义基础》一文中曾经讲到，阿富汗的国王是维护封建制度的，但他为阿富汗的独立而进行的反对帝国主义的斗争，在客观上是革命的斗争；埃及的商人和资产阶级知识分子为埃及独立而进行的斗争，也同样在客观上是革命的斗争。在反对帝国主义的时代，大资产阶级与大地主阶级也可以成为无产阶级的同盟军。我们在反对日本帝国主义的斗争中，大资产阶级与大地主阶级可以成为我们的同盟军，有些时候就在我们的领导下。"

三是强调理论与实践、革命胆略与求实精神相结合。

《论列宁主义基础》中有两句名言:"离开革命实践的理论是空洞的理论,而不以革命理论为指南的实践是盲目的实践。"毛泽东在《实践论》中称赞这两句"说得好"。延安整风时期,在《整顿党的作风》、《反对主观主义和宗派主义》和《〈农村调查〉的序言和跋》等讲话和文章中,他总是引用这两句话来强调和说明:真正的理论在世界上只有一种,就是从客观实际抽出来又在客观实际中得到了证明的理论;只有用马克思主义观点来研究实际问题、能解决实际问题的,才算实际的理论家,对于理论脱离实际的人,取消他的"理论家"资格;虽然此前提出的"没有调查就没有发言权",曾经被讥为"狭隘经验论",但"我却至今不悔;不但不悔,我仍然坚持",因为"斯大林的话说得对:'理论若不和革命实践联系起来,就会变成无对象的理论'"。

毛泽东读《论列宁主义基础》和《联共党史》,不只是着眼于运用书中的观点词句,根本上还是希望中国共产党能够像苏联共产党那样,结合本国的实际,勇敢地发展马克思主义。1942年在《如何研究中共党史》的演讲中,他点出此题:"我们读过《联共(布)党史简明教程》,它告诉我们……列宁把马克思主义的立场、方法与俄国革命的具体实践结合起来,创造了一个布尔什维主义,用这个理论和策略搞了二月革命、十月革命,斯大林接着又搞了三个五年计划,创造了社会主义的苏联。我们要按照同样的精神去做。我们要把马、恩、列、斯的方法用到中国来,在中国创造出一些新的东西。"

1942年毛泽东提出"创造出一些新的东西",比1938年讲的"马克思主义在中国具体化"又进了一步,在理解、运用和发展马克思主义这个纠结多年的问题上,他似乎更加自信了。

为破解难题研究经济文化

整风学习强调理论联系实际,要求学习所得能够落实到正确指导和推动现实工作上面。关于此前延安干部学习教育中存在的问题,毛泽东在《改造我们的学习》中描述道:教哲学的不引导学生研究中国革命的逻辑,教经济学的不能解释边币和法币,教政治学的不引导学生研究中国革命的策略,教军事学的不研究适合中国特点的战略和战术,从而造成"理论和实际的分离","忘记了自己认识新鲜事物和创造新鲜事物的责任"。为改变如此学风,他当时很强调调查和总结现实工作经验,注意阅读和编研各种时事材料。

1941年8月,毛泽东推荐高克林的调查报告《鲁忠才长征记》即为一例。这个调查报告具体叙述了富县城关区组织第一次运盐的经过,读完稿子,他很是兴奋,立即推荐给《解放日报》发表,还写了一个按语:"现在必须把那些'下笔千言、离题万里'的作风扫掉,把那些'夸夸其谈'扫掉,把那些'主观主义、形式主义'扫掉。高克林同志的这篇报告是在一个晚上开了一个三人的调查会之后写出来的,他的调查会开得很好,他的报告也写得很好。我们需要的是这类东西,而不是那些千篇一律的'夸夸其谈',而不是那些党八股。"通过阅读推荐一篇调查报告,反对理论与实际的分离,促进党风转变,提倡新文风、批判党八股之意,跃然纸上。

为破解边区现实中出现的难题,毛泽东阅读研究现实材料,正确把握和引导时事,突出体现在经济和文化两个领域。

先说阅读现实经济材料。

1940年10月,国民党停发八路军军饷,并对抗日根据地实行经济封锁，陕甘宁边区财政经济陷入极度困难。用毛泽东的话来说，当时"弄到几乎没有衣穿，没有油吃，没有纸，没有菜，战士没有鞋袜，工作人员在冬天没有被盖"的地步。如何渡过难关，成为边区最大的现实问题。但怎样增加财政经济收入，党内却存在意见分歧。为了找到解决困难的切实办法，毛泽东从两方面着手，系统调查研究经济问题。

一是钻研经济理论，广泛搜集、阅读各种经济书籍和时事经济类报刊。1941年3月至1942年1月，他先后七次给在重庆的周恩来、董必武写信，要求代购各种经济杂志、书籍及统计资料，包括《中华民国统计提要》、《实用民国年鉴》、《中国工业资本问题》、《中央银行月报》、《银行通报》、《金融周刊》、《四川经济参考资料》、《西南实业通讯》以及《日本对支经济工作》、《中外经济年报》、《中外经济拔萃》等。

二是对边区财政经济状况做深入调研，并向内行的人请教。毛泽东多次和陕甘宁边区政府、中共中央西北局、八路军后勤部领导以及经济部门负责人，包括林伯渠、谢觉哉、李富春、陈正人、叶季壮、朱理治、南汉宸等，通过书信、谈话等方式探讨经济问题，以掌握边区经济第一手材料。例如，从1941年8月5日至22日，在不到二十天的时间里，他五次致信谢觉哉，在6日的信中说："近日我对边区财经问题的研究颇感兴趣，虽仍不深刻，却觉其规律性或决定点似在简单的两点，即（一）发展经济；（二）平衡出入口。"1941年七八月间谢觉哉就经济问题给毛泽东的信，则达数万字之多。

通过以上两方面的阅读研究，毛泽东在1942年12月为陕甘宁边区高级干部会议写了长篇报告《经济问题与财政问题》，提出边区经济建设基本方针，形成比较系统的财政经济思想，统一了党内在经济政策上的分歧,被贺龙称为"活的马列主义经济学"。这个报告中提出的一些重要观点,诸如"对于经济无能就要陷于灭亡"、"必须给人民以看得见的物质福利"、"发展经济,保障供给是财政经济工作的总方针"、"以农工商为序安排经济建设"、"建立经济核算制",等等,反映了边区经济建设和发展的规律。

毛泽东当时对边区文化现状的调查研究,更为文坛佳话。

整风初期,延安文艺界的现状很让毛泽东担忧。他曾经对萧三说:瞿秋白假如现在还活着,领导延安的文艺运动,多好啊!原因是,瞿秋白不仅当过党的主要领导人,而且懂文艺规律。毛泽东读瞿秋白文艺译文集《海上述林》,印象很好。1942年7月25日,在中央政治局会议上谈到出版工作,针对稿件缺少的情况,他提出:"可印《鲁迅全集》和《海上述林》。"

那时,毛泽东很关注延安文艺界内部的各种争论,写给文艺家的信有好几十封,内容是帮他们安排工作、劝解矛盾、解决困难、交流文艺观点。此外,他还为各种文艺活动题词,看了文艺家们的演出或画展,不明白的地方就向他们请教,有不同意见,就把他们请到自己的窑洞和他们讨论。毛泽东还为《解放日报》文艺版拟定征稿办法,说"第四版缺乏稿件,且偏于文艺","现请下列各同志负责征稿",直接点名给陈荒煤、张庚、柯仲平、周扬、吕骥等人分配征稿任务,要求他们对"征集之稿件,须加以选择修改,务使思想上无毛病,文字通顺,并力求通俗化"。为落实此事,他请文艺家们到自己住处吃饭,当众宣读征稿办法。

毛泽东主要还是通过阅读文艺家们的文章作品,来研究文艺现状,引导文艺界的整风学习。比如:读了徐懋庸《民间艺术形式的采用》，就告诉作者：希望他多写这样的好文章；读了刘雪苇《中国新文学史讲授提纲》，给作者写信说："赞成你写这本书。"读了萧三诗稿《第一步》，鼓励作者："感觉在战斗，现在需要战斗的作品，现在的生活也全部是战斗，盼望你更多作些。"读了王实味《野百合花》和丁玲《三八节有感》，就直率表示，对延安现实的批评应该是严正的、尖锐的，又应该是诚恳的、坦白的，不应该是冷嘲暗箭。读了艾青《秧歌剧的形式》，认为："此文写得很切实、生动，反映与具体解决了年来秧歌剧的情况和问题，除报上发表外，可印成小册，可起教本的作用。"读了罗烽《高尔基论艺术与思想》等文章，对作者说："我觉得关于高尔基的一篇是好的，但其余文章，和这一篇的观点不大调和，有些是不明朗化，有些则论点似乎有毛病。我希望你用马克思主义的观点将自己的作品检查一番，对于你的前进是有益的。"读了丁玲《田保霖》、欧阳山《活在新社会里》两篇报告文学，立刻写信："快要天亮了，你们的文章引得我在洗澡后睡觉前一口气读完，我替中国人民庆祝，替你们两位的新写作风庆祝！"信中还说："我还想多知道一点，如果可能的话，今天下午或傍晚拟请你们来我处一叙。"

正是对文艺界现状有了这些细致深入的研究，毛泽东才可能在1942年5月发表《在延安文艺座谈会上的讲话》，使中国新文艺运动的发展，从此有了明确的和经典的指导文献。

认清近代中国

1941年，毛泽东在《改造我们的学习》中曾感慨地说，在党内,"特别重要的是中国共产党的历史和鸦片战争以来中国近百年史,真正懂得的很少。近百年的经济史、近百年的政治史、近百年的军事史、近百年的文化史,简直还没有人认真动手去研究",中国近代史"在许多党员的心目中还是漆黑一团"。这就带来一种恶果,有些留学回来的人,只知生吞活剥地谈外国,"起了留声机的作用"。所谓"留声机",就是脱离中国近代以来的国情,照搬外国的经验。

为改变这种风气,毛泽东要求"对于近百年的中国史,应聚集人才,分工合作地去做,克服无组织的状态"。提出这项要求,对不少干部,警省非常。当时担任中央统战部秘书长的韩光回忆:"他(毛泽东)号召要聚集人才,分工合作地去研究中国的经济史、政治史、军事史。我记得在莫斯科学习时,学过《联共(布)党史简明教程》和社会发展史等,但那时教员讲的大都是干巴巴的一些条条,讲的都是外国革命史,至于中国近代现代的革命历史进程中包含着何等丰富的内容,那是不甚了了的。因此,我对于毛主席批评那种不懂自己历史、不重视自己历史的错误倾向,是心悦诚服的。"

韩光说的这种情况,正是毛泽东在《反对党八股》中说的"洋教条"和"洋八股"。在他看来,这些"洋教条"和"洋八股",是五四新文化运动中某些极端情绪的延续,是说好一切皆好,说坏则一切皆坏的形式主义这种"消极因素的继承、继续和发展"。其在党内的反映,是照搬马列词句和外国经验;其在党外的反映,就是全盘西化,一味欧化;它们共同的特点,是对我们自己的历史,特别是近代以来中国的社会性质和历史运动,懂得很少,盲目把外国的东西运用到中国来。

1939年1月给何干之的信中,毛泽东说自己"将来拟研究近代史"。他当时确实下功夫研究了中国近代史。了解近代中国，就是要认清当时中国的最大国情，明确当时中国的社会性质。毛泽东对1930年代中国思想文化和经济学界关于中国社会性质的讨论，是比较熟悉的。1938年3月20日，他在抗大毕业学员的演讲中说：关于中国的社会性质，这是最本质的东西。现在许多报纸杂志都来讨论这个问题，意见当然是各色各样都有。我们认识了中国是半封建性质的社会，那么革命的任务就是反封建，用民主来对抗它；懂得了中国社会还有半殖民地性质，那么就要反帝。一年后，他在《中国革命与中国共产党》和《新民主主义论》中，对中国百年演变体现的社会性质，各历史阶段递进过程，以及在政治、经济和文化诸方面的特点，做了高度概括。后来在《论人民民主专政》中，对百年来中国人寻找救国道路过程又有生动描述。

单单知道百年中国的社会性质还不够，还要具体地去研究它在各个具体领域的表现。对毛泽东来说，像历史学家那样动笔去写中国近代史，毕竟不太现实。于是，在1943年3月的中央政治局会议上，他指定一些人先分别写出中国近代的各种专题史。具体分工是：范文澜负责中国近代政治，中央军委总参谋部和总政治部负责中国近代军事，陈伯达负责中国近代经济，艾思奇负责中国近代哲学，周扬负责中国近代文学。

这个安排，推动了延安知识界对中国近代政治、经济、哲学、文学等各个领域的系统研究，写出了一批探讨近代中国发展规律和特点，注重总结历史经验教训，为当时抗战提供借鉴的著述。例如，艾思奇、叶蠖生等对近代哲学发展史进行了系统研究，何干之的《中国社会经济结构》成为研究近代中国社会经济史的重要开端，而范文澜的《中国近代史》则奠定了一段时间里论述中国近代史的基本框架。

值得一提的是，八路军总司令朱德组织中央军委高级参谋室，编写了一本《中国军阀战争史》，同时还编写了滇军战史、陕军战史、晋军战史和桂军战史等。为什么编这些书，怎样读这些书，朱德的解释很到位：自辛亥革命以来，军阀混战，连年不止，我们都亲自经历过。只有更好地进行总结，认清中国旧军阀的产生、发展和衰亡，才能更好地认清新军阀的本质和下场。

一直到晚年，毛泽东对中国近代史的研究依然不能忘怀。1964年6月24日会见外宾时，对方问是否准备写回忆录，毛泽东回答：中国人历来没有写回忆录的习惯，而是喜欢写历史。我们正在组织写中国近百年史、近百年通史，即综合性的历史。我们还在写近百年军事史、政治史、经济史、哲学史和艺术史。也有一些人提议写党的历史，写党史还没有布置好。1967年2月，同侄子毛远新谈到学校教育，他再次提出：讲课不能都按照发展顺序来讲；学历史，主要学近代史。

如此重视中国近代史，是因为中国革命是在近代以来特殊历史土壤中孕育和发展起来的。把中国近代以来社会演变的逻辑搞清楚了，就会更加深切地明了新民主主义革命的背景、性质、对象、动力和任务等等，就能更真切地理解中国共产党探索中国革命道路的独特历史和具体奋斗经验，而不是完全按外国经验来理解和套用。

1942年3月毛泽东在《如何研究中共党史》的报告中，把这个道理讲得很清楚。他说："我们要研究近代史上的一些重要政治文件，现在有很多东西直接联系到那时候，如果对我们党成立前的历史不加以说明，对于共产党的成立和以后的历史，也就不能说得清楚。"

编"党书",让人"恍然大悟"

1941年9月到10月,中共中央多次召开政治局扩大会议,专门研究党的历史,目的是澄清路线是非。会议对土地革命后期中央领导层犯的"左"倾错误,基本上取得一致意见。张闻天、博古、王稼祥等在会上做了自我批评,承认犯了"左"倾教条主义错误。能获得这个共识,有多种原因,其中一个,是毛泽东在会前编印了一本叫《六大以来》的文献集。

从1940年下半年开始,为了彻底弄清党史上一些重大问题的决策过程,特别是1931年1月六届四中全会以后那段时间的中央决策,毛泽东下功夫阅读研究党的历史文献,主持编辑了《六大以来》。该书分上下两卷,按专题汇集了1928年6月六大以来党的历史文献五百一十九篇,共约二百八十万字。由于该书篇幅太大,他从中选出八十六篇有代表性的文献,以散页形式印发给延安高级干部学习研究。

关于《六大以来》发挥的作用,1943年10月毛泽东在中央政治局会议上曾做过评价。他说:"一九四一年五月,我作《改造我们的学习》的报告,毫无影响。六月后编了党书(即《六大以来》),党书一出许多同志解除武装,才可能召开一九四一年九月会议,大家才承认十年内战后期中央领导的错误是路线错误。一九四一年九月会议是一个关键,否则我是不敢到党校去作整风报告的,我的《农村调查》等书也不能出版,整风也整不成。"

如果没有编出《六大以来》,高级干部"整风也整不成",虽是极而言之,倒也见其作用之大。称之为"党书",也足见对党史文献价值的推崇之高。

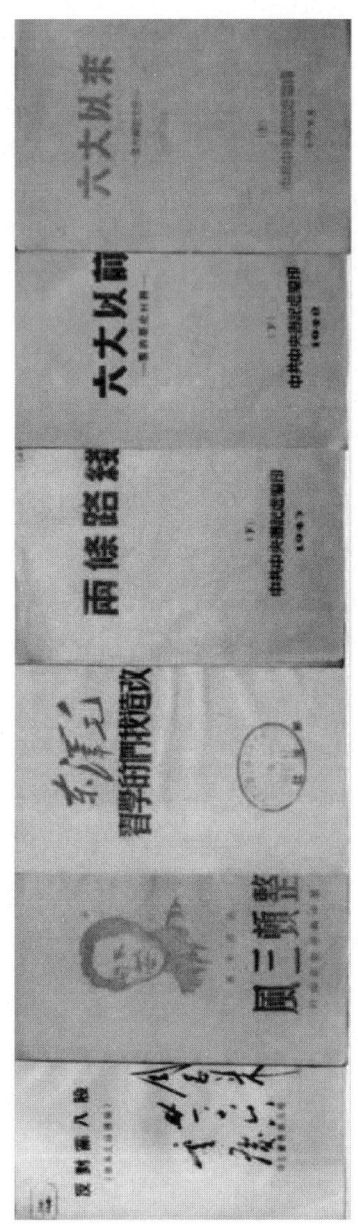

延安整风期间,毛泽东作整顿"三风"的报告,并主持编辑党的文献。这是当时出版的整风文献和编印的党的文献集。

1941年9月政治局会议后，毛泽东在11月4日致电各地高级学习组，明确提出：中央学习组及各地高级研究组要学习研究党的六大以来的政治实践，要"通读"六大以来的八十六个文件，"目的在于获得初步概念，以便在明春可进到深入研究阶段"。

1942年3月，毛泽东在中央高级学习组会上又作《如何研究中共党史》的报告，提出："要把党的路线政策的历史发展搞清楚。这对研究今天的路线政策，加强党内教育，推进各方面的工作，都是必要的。""从《六大以来》发出到现在，高级干部学习组、中央党校已经读了半年，别的单位现在也已经开始读。这是一件好事，今天已开始看到了好的结果。"

受到这个"好的结果"的鼓舞，为推动高级干部更深入和全面地研究党史，毛泽东在1942年10月和1943年10月，又先后主持和编辑出版了《六大以前》和《两条路线》两部"党书"，均作为高级干部整风学习的基本读物。

把阅读"党书"、研究党史作为高级干部整风学习的重要内容，具体针对性何在？

这要从王明的一个举动说起。

1940年3月，王明未经中央同意，将其1932年出版的"左"倾教条主义纲领性小册子《为中共更加布尔什维克化而斗争》在延安翻印出版，还在新写的序言中称"本书所记载的事实，是中国共产党发展史中的一个相当重要的阶段"，"许多人要求了解这些历史事实，尤其在延安的各学校学习党的建设和中共历史时，尤其需要这种材料的帮助"。看来，王明对他这本过去的小册子很是自信，似乎仍然坚持土地革命后期那套已被实践证明是错误的东西。

问题还在于，王明的想法并不是孤立的，接下来又出现一件事。1940年12月，毛泽东在中央政治局会议上提出要总结土地革命后期的政策错误，认为遵义会议只说那时犯了军事错误，没有说路线错误，实际上是路线错误。但与会者不少人不同意提土地革命后期犯了路线错误，毛泽东在会后起草的《论政策》指示，只好作了妥协。

即使在1941年9月中央政治局会议上，对这个问题虽然取得基本共识，但比较多的发言并没有完全否定1931年导致王明、博古上台的六届四中全会。王明两次发言都强调六届四中全会的路线是正确的，至于之后的"左"倾错误，主要负责人是博古，与自己没有关系。王明还对近二十个高级领导干部这样那样的"错误"逐个点名批评，唯独不谈自己的错误。会后，毛泽东找他谈话，仍拒不认错，还说毛泽东的《新民主主义论》太"左"，建议中央发表声明不实行新民主主义，"跟从"国民党即可。

看来，不仅历史问题和路线是非没有真正解决，对现实政策也存在分歧。这不能不引起毛泽东的警觉和进一步思考，由此引发他阅读研究党的历史文献。1941年上半年，在编辑《六大以来》的过程中，他写了篇长达五万多字的文章，后来定题为《驳第三次"左"倾路线》，逐一批驳1931年六届四中全会后中央发出的九个文件，指名道姓地批判王明的思想错误，火气很大。该文当时只给刘少奇和任弼时看过，没有公开，毛泽东后来说，原因是"写得太尖锐，不利于团结犯错误的同志"。

党史上的路线分歧，实质上反映了在怎样运用马克思主义指导中国革命这个大问题上的分歧。正是因为对这个大问题搞不清楚，才出现大革命后期和抗战初期两次右倾错误，在土地革命时期出现三次"左"倾错误。再加上抗战以来入党的新党员对党的历史和路线分歧,对党在实践中运用马克思主义积累的正反两方面的经验,更是不甚了了。这样一种思想状态,迫切需要改变。毛泽东在1943年提出,对"犯思想病最顽固的",要"将他们的思想打通"。

"打通思想"的重要途径,就是阅读"党书"。因为反映党的历史、经验和理论的文献,最能说明马克思主义是如何同中国革命实际相结合的,最能说明哪些结合得好,哪些结合得不好,甚至走错了路。《六大以来》这样的"党书",也就成为最能说服人、教育人的历史教材和权威的读本。

阅读"党书",确实为高级干部打开了新的视野。编印《六大以来》之前,党的领导层还没有人提出过六届四中全会后的中央存在着一条"左"的路线;读了该书,说那时中央的一些领导人存在主观主义、教条主义"左"倾错误,就有了可靠的根据。读了《六大以前》,人们进一步了解了从建党到大革命失败后一段时期的党史,看出大革命后期犯的右倾错误,也有助于人们把那时的右倾错误和王明在抗战初期的右倾错误做些比较;读了《两条路线》,领导干部对土地革命时期正反两方面的历史经验,就有了具体感受和认识。毛泽东在《如何研究中共党史》的报告中说,"党书"一出,"同志们读了之后恍然大悟,发生了启发思想的作用",就是这个意思。

从1943年10月起,党的高级干部整风,进入总结党的历史经验阶段。1944年春,毛泽东在延安高级干部和中央党校第一部发表《学习与时局》的演讲,针对高级干部学习党史中提出的一些问题,代表中央政治局做了五条基本结论。这些重要结论比较准确地体现在中国共产党第一个历史决议即《关于若干历史问题的决议》当中。毛泽东对这个决议修改了7次，并最后定稿。《毛泽东选集》将之作为附录收入，说明这个决议事实上代表了毛泽东和党的领导层当时研究党的历史、总结经验教训所达到的最高认识水平。

《甲申》和《前线》："都是反对骄傲的"

毛泽东在1944年春的《学习与时局》演讲中，还提出一个重要概念："放下包袱。"意思是，通过整风，高级干部的政治水平虽然大大提高了，学风文风党风得到改变，但还有一种不良作风，或者说精神包袱，需要警惕，这就是"从此骄傲起来"。他在演讲中说："我党历史上曾经有过几次表现了大的骄傲，都是吃了亏。……全党同志对于这几次骄傲，几次错误，都要引为鉴戒。近日我们印了郭沫若论李自成的文章，也是叫同志们引为鉴戒，不要重犯胜利时骄傲的错误。"

这里说的"郭沫若论李自成的文章"，是指郭沫若纪念李自成起义三百周年写的长篇历史论文《甲申三百年祭》（以下简称《甲申》）。为启发领导干部放下骄傲这个"精神包袱"，毛泽东当时大力推荐的还有一部苏联剧作家考涅楚克的话剧剧本《前线》。这两部作品，成为高级干部整风学习后期的阅读文件。

《甲申》发表于1944年3月的重庆《新华日报》。郭沫若在文中分析了李自成领导的农民起义军几起几落，攻入北京推翻明朝最后又陷于失败，结果只待了四十八天便失败地退出北京的过程和原因，着重叙述了起义军攻入北京后一些领导人腐化并发生宗派斗争的情形，总结了其功败垂成的教训，得出一条很重要的历史经验：一切以革命为宗旨的阶级或社会集团，在胜利的情况下要防止骄傲。

读到《甲申》，毛泽东立即看出它对处于历史转折关头的中国共产党的警省作用，遂批示延安《解放日报》全文转载。1944年5月，延安新华书店总店又出版单行本。这年11月21日，他给郭沫若的信中明确表示："你的《甲申三百年祭》，我们把它当作整风文件看待。小胜即骄傲，大胜更骄傲，一次又一次吃亏，如何避免此种毛病，实在值得注意。"

高度评价《甲申》，是基于强烈的现实考虑。在抗战即将取得胜利的时候，能否保持清醒头脑，是中国共产党面临的新考验。经过7年抗战，当时确实存在着希望早日获得胜利以松一口气的思想苗头，有的还滋生出厌战情绪。《甲申》所述李自成起义军进北京后，一些领导人骄傲放纵，脱离群众，生活腐化，不讲究政策和策略，对当时党的领导干部，无疑是个警省。毛泽东给郭沫若的信中坦陈，"我虽然兢兢业业，生怕出岔子，但说不定岔子从什么地方跑来"，直白地道出此番忧虑。喟叹李自成，推荐《甲申》，为的是防患于未然。

无独有偶，大力推荐《甲申》的同时，毛泽东又读到诗人萧三送来的《前线》剧本译稿，读后立即推荐给《解放日报》连载，时间是1944年5月19日到26日，正好是《解放日报》转载《甲申》一个月后。

《前线》给人印象最深的是剧中的两个人物。一个是战争前线的总指挥，老资格的布尔什维克戈尔洛夫将军。他有功劳，对党忠诚，打仗勇敢，但却固步自封，骄傲自大。年轻的欧格厄夫军长提出："今天没有真正的无线电联络，就不能指挥作战，这不是内战。"戈尔洛夫讲了一段经典台词："胡说，他懂得什么国内战争？我们打败十四个国家的时候，他还在桌子底下爬哩。战胜任何敌人，不是靠无线电通信联络，而是凭英勇、果敢。'不能指挥作战'？好吧，我们来教训教训他。"剧本结尾是这位总指挥没能经受住反法西斯战争的考验而被撤职。

《前线》中另一个典型人物，是脱离实际、靠捕风捉影甚至编造事实来写报道的记者客里空。他听说戈尔洛夫的儿子在前线牺牲了，没有当面采访便在报道中写道："老将军知道他的爱子阵亡了，垂下头来，久坐不动。然后抬起头来，他眼睛里没有眼泪。没有，我没有看见！"有人对他凭空虚构的写法提出质疑，客里空辩解说："我的天呀，假如我只写我所看见的，那我就不能每天写文章了。我就一辈子也休想这样出名了。"

《前线》剧本发表后，毛泽东让人写了篇题为《我们从考涅楚克的〈前线〉里可以学到什么》的社论，发表于6月1日的《解放日报》。初稿不知何人所写，却为毛泽东详细修改，从保存下来的改稿看，改得密密麻麻，整个社论实际上成为了他的阅读评论。

社论说，发表《前线》，目的是要教育大大小小的"戈尔洛夫们"，应该"紧紧的同着时代一起走"。中国共产党"所处的环境，是长期农村分割的游击战争环境，在这种客观环境中，容易产生戈尔洛夫这样的人"。因此，以戈尔洛夫为戒，将帮助我们提高在已经到来和将要到来的新情况下，"胜任愉快地运用新条件来工作的能力"。社论还说："有价值的批评，像《前线》这样的批评，乃是每个革命者应有的责任。学会赞扬好的，这是很重要的，学会批评不好的，这也同样重要。像《前线》中的新闻记者客里空那样，倒是不好的。"

1944年6月，毛泽东明确把《甲申》和《前线》作为整风文件。6月7日，中央宣传部和中央军委总政治部联合发出通知说：《甲申》和《前线》"都是反对骄傲的"。李自成之失败在于进北京后脱离群众，"纷纷然，昏昏然"，实为明末农民革命留给我们的一大教训；戈尔洛夫则"粗枝大叶，喜人奉承，压制批评，而不去虚心向新鲜事物学习"。因此，"这两篇作品对我们的重大意义，就是要我们全党，首先是高级领导同志无论遇到何种有利形势与实际胜利，无论自己如何功在党国、德高望重，必须永远保持清醒与学习态度，万万不可冲昏头脑，忘其所以，重蹈李自成与戈尔洛夫的覆辙"。

这个通知还要求各地翻印这两本小册子，在干部中散发，并开展评论，有条件的根据地可排演话剧《前线》。1944年7月28日，毛泽东在为中宣部起草的给各地各级党委的电报中，又郑重地要求把《解放日报》发表的一篇文章，"连同《前线》剧本一道，均作为各地党校、军校、训练班、整风班及普通中学以上学校的教材"。

毛泽东和《甲申》、《前线》的故事还没有完。

1949年春，夺取全国胜利和建立新中国已成定局，毛泽东最为忧虑的，依然是党内容易出现的骄傲自满情绪和革命到头的思想。在中共七届二中全会的讲话中，他说得很透彻："因为胜利，党内的骄傲情绪、以功臣自居的情绪、停顿起来不求进步的情绪、贪图享乐不愿再过艰苦生活的情绪，可能生长。""我们必须预防这种情况。"

这个时候，他头脑中的镜鉴，依然是戈尔洛夫和李自成。据《杨尚昆日记》记载，1949年3月5日在中共七届二中全会讲话中，毛泽东还说到："要提出新任务，使全党同志来不及骄傲！不要出戈尔洛夫。"众所周知，3月23日离开西柏坡前往北平

七、整风演进：阅读与转变党风

时，毛泽东又甩出一句名言："今天是进京'赶考'。退回来就失败了。我们决不当李自成。"

　　在抗战胜利前夕和新中国成立前夕这两次历史转折关头，毛泽东借助《甲申》和《前线》，告诫党员干部防止骄傲，使它们发挥了其他理论宣传文章不可替代的作用。一篇中国史论，一部外国话剧，讲的道理相得益彰，给人的印象鲜明生动，确实容易普及。"绝不当李自成"、"不要出戈尔洛夫"，也就成为新中国成立前后时代精神的一个"主题词"。

八、在新中国：一张"精神地图"

新中国成立后，告别了戎马倥偬，毛泽东的阅读范围更广了，阅读心态更为从容，阅读目的也更多样了。阅读成为他重要的工作内容和领导方式，是他思考探索重大实践和理论问题的必要途径，也是他密切人际交流、传达文化素养、抒发个性情怀的重要渠道。

毛泽东在中南海的住处菊香书屋，是名副其实的书房。外出视察，也总要带上一批他想读或常读的书籍。1959年10月23日外出前，他指名要带走一大批书籍，当时为毛泽东管理图书的逄先知，把这批书目记在了登记本上。这份书单已在龚育之、逄先知、石仲泉著的《毛泽东的读书生活》中公开，占了两页半的篇幅。

这份书单，仿佛是一张"精神地图"，布满毛泽东想要去探寻的地方。新中国成立后他的博览群书之状和基本阅读范围，从中可看出大概。

——这份书单中,有十九种马列经典。包括《资本论》、《哥达纲领批判》、《政治经济学批判》、《反杜林论》、《自然辩证法》、《国家与革命》、《"左派"幼稚病》、《帝国主义是资本主义的最高阶段》和《俄国资本主义的发展》等。

这些经典,乃毛泽东新中国成立前后常读之作。这里只说一下《资本论》和《国家与革命》。

最早接触《资本论》,应当是1920年他经营长沙文化书社的时候,他那时多次向读者推荐李汉俊翻译的《马克思资本论入门》。1932年红军打下漳州得到的马列书籍中,是否有《资本论》,还无法确证。到延安后,1937年他在抗大讲《辩证唯物论》,1941年写《改造我们的学习》、《关于农村调查》、《驳第三次"左"倾路线》等论著,就曾引用不少《资本论》的一些论断,诸如:"观念的东西不外是移入人的头脑并在人的头脑中改造过的物质的东西而已","蜜蜂建筑蜂房的本领使人间的许多建筑师感到惭愧",等等。毛泽东当时还说,资本主义的理论和历史的一致,"模范地表现在《资本论》里面,我们可以从它懂得一点辩证法论理学和认识论一致的门径"。

新中国成立后,毛泽东多次阅读《资本论》,当然未必是通读。1958年3月成都中央工作会议期间,他批示印发《资本论》第3卷中论述商品交换的一段话,还起了一个标题,叫"从生产出发,还是从交换和分配出发?"在毛泽东的藏书中,有三种《资本论》上面留有他的圈画。一种是1938年读书生活出版社出版的《资本论》,在扉页上写有"1867"(《资本论》第一卷出版时间)和"1938"的一个竖式,用铅笔标注"在七十一年后中国才出版";一种是1939年由延安解放社出版的《〈资本论〉提纲》；一种是人民出版社1968年出版的大字本《资本论》，共二十九册。

关于《国家与革命》。目前保留下来的一本毛泽东读过的《国家与革命》上面，写有"1946年4月22日在延安起读"、"内战前夕"等字样，上面有很多圈画。在"阶级社会与国家"这一章，几乎每句话的旁边都画着杠杠，关于暴力革命的观点是"马克思恩格斯全部学说的基础"这一段，杠杠画得最粗，圈圈画得最多。当时，国共之间的战争已不可避免，用革命的暴力推翻旧的国家机器，已是决定中国前途命运的头等大事。这应当是他当时读此书的现实考虑。

1958年，新版《国家与革命》出版之后，他又认真阅读，在书中论述国家消亡、社会主义与共产主义的差别等处，密密麻麻画着几种符号，有竖直线、曲线、大圈套着小圈，以示极为重要。在论述有关国家与民主、平等的关系等处，圈画尤多。1960年9月25日会见澳大利亚共产党领导人，他遗憾地说：列宁的《国家与革命》这本书好。现在许多国家的党不读这本书了。正当资本主义国家特别是帝国主义国家，在全世界不断发展武器和加强国家机器的时候，他们却散布什么没有武器没有战争的世界的幻想。这大体可视为毛泽东在新中国成立后继续阅读《国家与革命》的着眼点。

1964年印制出大字本《国家与革命》后，他阅读此书，在"从资本主义向共产主义的过渡"、"共产主义社会的第一阶段"、"共产主义社会的高级阶段"等章节，画满了直线、曲线、圈、双圈等符号，反映出他当时关注书中有关社会主义的论述。这个大字本的《国家与革命》，他在1970年代又读过几遍。

——在这份书单中，开列有河上肇《政治经济学大纲》、普列汉诺夫《史的一元论》和《艺术论》、米丁《辩证唯物论与历史唯物论》、艾思奇《大众哲学》等中外马克思主义学者和理论家的书籍。

河上肇是日本著名的马克思主义经济学家,著有《马克思主义经济学基础理论》和《经济学大纲》。这两本书,毛泽东在延安时期就读得比较熟,在前书上写下不少批语,把后书列为中央研究组的学习读本。1959年这份书单中写的"河上肇《政治经济学大纲》",可能是指这两本书中的一本,或其中一本在此后的修订本。河上肇常常修订自己著作的情况,毛泽东是知道的。1960年6月21日会见日本文学代表团时,他曾谈道:"你们日本有个教授叫河上肇,他的政治经济学到现在还是我们的参考书之一。河上说,他的马克思主义政治经济学每年都修改,修改了多少次。"

新中国成立后,高校讲授马克思主义哲学,主要是依据苏联教材,并且还请来一些苏联专家教学,口号是"向苏联专家学习"。这种情况一直持续到1959年,派来中国的苏联哲学专家开始撤离回国,才有所改变。毛泽东对长时间没有一本中国人自己编写的马克思主义哲学教材,一直存有心结,由此推动胡绳、艾思奇主持编写了一部哲学教材——《辩证唯物主义和历史唯物主义》。

1961年夏天,就在《辩证唯物主义和历史唯物主义》准备定稿时,不知出于什么考虑,毛泽东约李达到庐山谈话,嘱他另编一本马克思主义哲学教科书,还说:"你的《社会学大纲》就是中国人自己写的第一本马克思主义哲学教科书。"李达接受这个建议,修改《社会学大纲》,改名为《马克思主义哲学大纲》,于1965年印出上册,供内部讨论。毛泽东收到书稿,又是一番阅读，还写下批语。

——在这份书单中，关于西方人文社会科学方面的著述，除一本《西方名著提要（哲学社会科学部分）》外，只列学科未列作者和书名的有"从古典经济学家到庸俗经济学家的一些主要著作"，只列作者未列书名的有"黑格尔、费尔巴哈、欧文、傅立叶、圣西门"。

关于西方人文社会科学著述，毛泽东了解得比较多的是古希腊哲学、德国古典哲学和现代英美哲学。1964年2月9日同外宾的谈话中，他对西方哲学史上的一些代表人物做了整体评论，认为：苏格拉底注重伦理学，注意研究伦理学和宪法；柏拉图是彻底的唯心主义者；亚里士多德是一位大学者，比前面两人的水平高，创立了形式逻辑；康德创立了天文学中的星云学，搞了对立统一的十二个范畴，是一个不可知论者；黑格尔是唯心主义者，发展了唯心主义的辩证法。1969年1月9日同斯诺谈话时，斯诺问："主席看过黑格尔的文章吗？"毛泽东明确回答："看过一些，还有费尔巴哈的。"1965年8月5日又同外宾谈道：费尔巴哈是第一个看透神是人的思想意识的反映，他的书必须看。当然，黑格尔的书也必须看。我是相信过康德的。我也看过希腊亚里士多德的书，看过柏拉图的书，看过苏格拉底的书。不读唯心主义的书、形而上学的书，就不懂得唯物主义和辩证法。

研读西方哲学书籍，毛泽东有一个深切感受，即哲学作为认识工具和理论武器，总是反映和支持着各国的现实需要。对这个感受，他在1959年底1960年初读苏联《政治经济学教科书》的谈话中，曾有过表述："资产阶级哲学家都是为他们当前的政治服务的，而且每个国家，每个时期，都有新的理论家提出新的理论。英国曾经出现了培根和霍布斯这样的资产阶级唯物论者；法国曾经出现了百科全书派这样的唯物论者；德国和俄国的资产阶级也有他们的唯物论者。"虽然都是唯物论，但为了服务于现实政治，必须延伸出"各自特点"。没有对西方近代各国哲学的了解，就不会有这样具体的认识。

——在这份书单中，开列有范文澜的《中国通史简编》，吕振羽的《中国政治思想史》，郭沫若的《十批判书》、《青铜时代》、《金文丛考》，冯友兰的《中国哲学史》，赵纪彬的《关于孔子杀少正卯问题》，以及"关于《老子》的书十几种"。

读中国现当代学术权威的历史、哲学和思想史著述，是毛泽东的一贯兴趣。这方面有代表性和影响广泛的专著，他大都读过，且多有自己的看法。不妨引两段谈话，看看他怎样评论这些学者及其专著。

一段是在1968年10月31日中共扩大的八届十二中全会闭幕会上讲的：

> 广东的那个杨荣国，我也没有见过这个人，看过他的书，在党校教书的那个赵纪彬，这两位都是反对孔夫子的。所以对这两位的书我都注意看。此外还有北大一个教授叫任继愈，他也是反对孔夫子的。拥护孔夫子的，我们在座的有郭老，范老基本上也是有点崇孔啰。……任继愈讲老子是唯物论者，我是不那么赞成的。得到天津有个教授叫杨柳桥的书，《老子译话》，他说老子是唯心主义者，客观唯心论者。我就很注意这个人。你们上海的，我有两个同乡，一个叫周谷城，一个叫刘大杰。刘大杰有部文学史，周谷城有部世界通史。

一段是1972年12月27日的一次谈话：

> 讲历史分期，刘鹗、罗振玉、王国维、郭沫若，王（国维）、罗（振玉）的书值得读。靠乌龟壳、殷墟的发现，震惊世界，国王死，殉葬几千人。郭沫若的《奴隶制时代》、《青铜时代》值得看。《十批判书》，看了几遍，结论是尊儒反法，人本主义。……历史中有哲学史，其中分派。郭沫若、冯友兰把孔子封为革命党。儒法两派都是剥削本位主义，法家也是剥削，进了一步。杨荣国没有讲清，新的势力兴起，还是剥削。陈伯达、任继愈说老子一派是唯物主义，我看是客观唯心主义。

这两段随兴之论，表明毛泽东阅读的中国古代文史哲研究著述，除了1959年这份书单中开列的吕振羽《中国政治思想史》、冯友兰《中国哲学史》、范文澜《中国通史简编》外，还有杨荣国《中国古代思想史》和《简明中国思想史》、赵纪彬《论语新探》和《关于孔子杀少正卯问题》、任继愈《中国哲学史》、刘大杰《中国文学发展史》等。他读此类书，很关注对儒法两派思想的分析评价。对郭沫若《十批判书》和冯友兰《中国哲学史》推崇儒家，甚至"把孔子封为革命党"，毛泽东一向不赞成，同时也认为推崇法家的杨荣国，对法家的本质也"没有讲清"。

毛泽东在这份书单中开列的"关于《老子》的书十几种"，不知具体指哪些书。上面所引两段谈话中，提到任继愈讲老子是"唯物论者"，杨柳桥讲老子是"客观唯心论者"，陈伯达讲老子是唯物主义，这些观点，分别出自他们的《老子今译》、《老子译话》和《老子的哲学思想》，毛泽东大体读过。此外，晚年印成大字本来读的，还有马叙伦的《老子校诂》、高亨的《老子简注》；1974年，他听说长沙马王堆新出土了帛书《老子》甲、乙本，又要来印出的大字本阅看。看来，关于老子的哲学思想，是他特别关注并且用心研究的。

20世纪初，殷墟甲骨的发现、搜集、保存、考释，开启了现代考古学和历史学的新篇章，被郭沫若称为"中国近三百年来文化史上应该大书特书的一项事业"。这中间，刘鹗、罗振玉、王国维、郭沫若的贡献很大。毛泽东比较关注他们的学术成就，尤其爱读郭沫若的《金文丛考》、《青铜时代》、《奴隶制时代》。1974年4月4日在中央政治局会议上谈到校点注释古籍之难，他随口说出："郭沫若在日本搞甲骨文研究时，写过'大夫去楚，香草美人。公子囚秦，《说难》《孤愤》。我遭其厄，愧无其文。爱将金玉，自励坚贞'。"大革命失败后，郭沫若为躲避蒋介石的通缉亡命日本，研究甲骨文、青铜器和金文，成就卓然；但有国不能回，心境不好，遂在其《金文丛考》一书的扉页上，题写了让毛泽东记忆深刻的上面几句话。前两句指屈原受贬在逆境中写《离骚》，中间两句指韩非被秦国囚禁，在逆境中写出两篇传世论著，后四句是郭沫若自述，表达自己做金文考古研究，实际上是表达"自励坚贞"的爱国心志。研究古代文史，向来讲究"知人论世"、"以意逆志"，毛泽东读郭沫若《金文丛考》等考古和历史论著，对作者表达心境的这几句话印象如此深刻，大体也是如此。

读冯友兰《中国哲学史》，毛泽东也注重"知人论世"。冯友兰在1959年出版思想自传《四十年的回顾》，详述其写作《中国哲学史》时的思想情况。毛泽东当即找来阅读，发表的感想是：冯友兰《四十年的回顾》，讲了他开始相信柏格森，以后相信实用主义，然后又转到新实在论，自称《中国哲学史》"为当时斗争中的唯心史观张目"。冯友兰"用自己的事实驳斥了所谓哲学不为政治服务的说法"。

——在这份书单中，笼统开列有"自然科学方面的基本知识书籍；技术科学方面的基本知识书籍（如讲透平、锅炉等）"。

技术科学方面"讲透平、锅炉"，具体指什么书，不得而知。像《无线电台是怎样工作的》、《苏联1616型高速普通车床》这类科普读物，毛泽东是读过的。此外，1958年秋天，张治中陪毛泽东到南方视察时，看到他在读一本《冶金学》，很奇怪，问为什么读这样的书，得到的回答是：要广收博览。1959年1月2日，苏联发射一枚宇宙火箭，6日，他要了几本关于火箭、人造卫星和宇宙飞行的通俗读物来读。

据记录这份书单的逄先知回忆，1951年，毛泽东同周世钊等人说：我想学自然科学，最好有两三年的时间来专门读，可惜现在不现实了。虽不能专门去学自然科学，但此志未消。1958年他写的《工作方法六十条（草案）》中专门讲道："提出技术革命，就是要大家学技术，学科学"，"要真正懂得业务，懂得科学和技术，不然就不可能领导好"。

中国科学家的论著，毛泽东读过李四光《地质力学概论》，竺可桢《历史时期气候的波动》、《物候学》，席泽宗《宇宙论的现状》等。对古代的医学著作如张仲景《伤寒论》、李时珍《本草纲目》，毛泽东也发表过一些评论。他还读过一些外国自然科技方面的书，诸如哥白尼《天体运行论》、法国拉普拉斯的《宇宙体系论》、苏联威廉斯的《土壤学》。在1958年3月成都中央工作会议上，他要求领导干部们读一读《土壤学》，"从那里面可以弄清楚作物为什么会增长"。他还说:《土壤学》提出农、林、牧三业的发展结合起来,我是赞成的。

——在这份书单中,开列有《六祖坛经》、《般若波罗蜜多心经》、《法华经》、《大涅槃经》等佛教经典。

就在开列这个书单十天前,毛泽东约谈北京大学哲学系教授任继愈,对他讲:你写的那些研究佛教史的文章我都读了。我们过去都是搞无神论,搞革命的,没有顾得上这个问题。宗教问题很重要,要开展研究。听说北京大学哲学系没有什么人专门研究道教、基督教,毛泽东提出:那可不好。几百人的一个哲学系怎么能没有人研究宗教呢?不能忽略,包括基督教、佛教、道教。他还说:梁启超写的关于佛教研究的文章我看了,觉得他有些问题没有讲清楚。研究宗教需要外行来搞,宗教徒有迷信,不行,研究宗教不能有迷信。1964 年人民出版社出版了任继愈主编的《中国哲学史》,毛泽东在书中论述佛教华严宗的地方,写下大段批语。

可以确证的是,《金刚经》和《六祖坛经》这两部佛教经典,毛泽东读得较熟。1958 年 6 月 30 日会见柬埔寨佛教代表团,他和陪同的赵朴初讨论了《金刚经》,说书中讲"佛说第一波罗蜜,即非第一波罗蜜,是名第一波罗蜜",是一种"奇怪的语言"。1959 年 10 月 22 日同十世班禅大师谈话,他提出鸠摩罗什翻译《金刚经》对大乘佛教的传播"有功劳",进而认为,"佛经也是有区别的,有上层人的佛经,也有劳动人民的佛经","《六祖坛经》就是劳动人民的"。1961 年 1 月再次同班禅大师谈道:"《金刚经》很值得一读。"1972 年会见日本首相田中角荣,对他讲:我读过禅宗的书,叫《六祖坛经》,这位禅宗六祖叫惠能,河北人,他父亲在河北犯了罪,充军到广东,他就发展为禅宗。曹洞宗，一个曹溪，一个洞山，是绝对唯心论。在毛泽东身边工作的林克回忆："毛主席很欣赏禅宗六祖慧能（即惠能），《六祖坛经》一书，他经常带在身边。他多次给我讲六祖慧能的身世和学说，更为赞赏他对佛教的改革和创新精神。"

——在这份书单中，开列有"《逻辑学论文选集》（科学院编辑），耶方斯和穆勒的名学（严译丛书本）"。

书单中列的"耶方斯和穆勒的名学（严译丛书本）"，指严复翻译的耶方斯《名学浅说》和穆勒《穆勒名学》，是毛泽东1912年在长沙定王台图书馆自学时就读过的。1959年，他提议把中国近些年关于逻辑的文章和近数十年的逻辑学专著，不管内容如何，都汇编出来。中央编译局姜椿芳等人负责编《逻辑学论文集》，中央政治研究室负责挑选和编辑逻辑学专著。1959年7月，毛泽东审阅了姜椿芳等人编的《逻辑学论文集》论文篇目，7月28日给康生的信中表示，"是用了功的"，还嘱，"能早日汇编印出，不胜企望"。这本论文集收录了1953年以来发表的全部逻辑学论文一百五十篇，分为六集。中央政治研究室则从新中国成立前出版的逻辑学专著中选出十一本，出了一套"逻辑丛刊"。其中包括耶方斯《名学浅说》和穆勒《穆勒名学》，还有潘梓年的《逻辑与逻辑学》、金岳霖的《逻辑》、章士钊的《逻辑指要》等。

章士钊《逻辑指要》入选"逻辑丛刊"，与毛泽东的推荐有关。在新中国成立初期的一次谈话中，毛泽东问章士钊，听说你出版过一本逻辑学著作，能给我看看吗？章士钊回答，这是在重庆时期写的，立场有问题，给你看岂不是对你的侮辱？毛泽东说，这是学问上的事。章士钊遂将《逻辑指要》送给他读。三个月后，毛泽东约谈：我通读一遍，多年来我读这类著述甚多，许多是从西方转译过来的,你的书却取材于中国古代文史典籍,这在同类书中为仅见,应该把它印出来,为今日参考。章士钊此后在用文言文写的重印《逻辑指要》序言稿里,记述了上面这段毛泽东关注和阅读此书的过程。

故事还没有完。章士钊对《逻辑指要》做了不少修改删补,又送给毛泽东。1959年6月7日毛泽东给他写信:"实事求是,用力甚勤","垂老之年,有此心境,敬为公贺"。大概觉得章士钊在序言中屡屡提到"毛公"关注该书的情况,不甚妥当,毛泽东遂提笔代章士钊另写了一个"说明"。这个说明讲:近年以来,关于逻辑学的范围及其与唯物辩证法的关系,争论繁兴,"鄙人对此,未能参战,然亦不是没有兴趣的。旧作重印,不敢说对于方今各派争论有所裨益,作为参考材料之一,或者竟能引起读者对拙作有所批判,保卫正确论点,指出纰谬地方,导致真理之日益明白,则不胜馨香祷祝之至!"从这段移情作文、移思代序的文字,看出毛泽东对逻辑学研究的关注之深,对章士钊这类文士呵护之诚。章士钊后来正式写的"重印说明",基本上吸收了毛泽东代拟的内容。

毛泽东晚年,依然关注逻辑学研究。1965年2月13日,他在苏联巴·谢·波波夫《近代逻辑史》一书的封面上写了一个批语:"田家英同志:此书印成大字本一万册,这种小字本是不适合老头子读的。"在这以后,他不断让有关方面把能找到的逻辑学专著印成大字本来读。毛泽东晚年的图书管理员徐中远,整理了一份毛泽东阅读和收藏的中外逻辑学著述目录,共有八十种左右。

——在这份书单中,开列有"笔记小说(自宋以来主要著作,如《容斋随笔》、《梦溪笔谈》等)"。

毛泽东喜欢阅读的《容斋随笔》

毛泽东喜读古人随笔和志怪小说,谢觉哉1944年7月1日的日记中即有记载:"日前至毛主席处,见其衣袋有线装书,问之为《阅微草堂笔记》,他说其文字可玩味。"这年7月28日,毛泽东致信谢觉哉:"《明季南北略》及其他明代杂史我处均无,范文澜同志处或可找得,你可去问讯看。《容斋随笔》换一函送上。其他笔记性小说我处还有,如需要,可寄送。"信中所说《容斋随笔》,是宋代洪迈写的关于经史百家、文学艺术、宋代掌故、人物逸事的随笔。新中国成立后,毛泽东多次阅读此书,不仅在1959年这份书单中有这本书,而且在1960年代曾两次索要该书,到1970年代,又几次阅读。1976年8月26日,已进入病危状态的他,还索要《容斋随笔》,逝世前几天还在读。

据不完全统计,毛泽东读过的古代随笔不下六十种。有代表性的是:东晋葛洪《西京杂记》、干宝《搜神记》、南朝宋代刘义庆《世说新语》、宋朝李昉《太平广记》、张师正《括异志》、明朝冯梦龙《智囊》、清人纪晓岚《阅微草堂笔记》、梁晋竹《两般秋雨盫随笔》等。比较起来,他在洪迈《容斋随笔》和冯

八、在新中国:一张"精神地图"

梦龙《智囊》两书上圈画和批注最多，对《智囊》里的二十余则故事作了批语。

——在这份书单中，关于中国古代文史典籍，开列有《荀子》、《韩非子》、《论衡》、《昭明文选》、《张氏全书》（张载）、《二十四史》、《资治通鉴》、赵翼《二十二史札记》等二十多种。

新中国成立后，毛泽东读这类书籍，是常态。这里只说一下读《荀子·天论》的情形。

毛泽东读《荀子》，很注意前人注疏对荀子观点的解释，认为不对的地方，均进行驳疑。《荀子·天论》说到"不与天争职"的问题，注疏者引庄子的话解释，"六合之外，圣人存而不论"，他批注："不对。六合内外圣凡皆应论议，此天文地质学所以应研究也。"

《荀子·天论》说道："万物各得其和以生，各得其养以成，不见其事而见其功，夫是之谓神。皆知其所以成，莫知其无形，夫是之谓天。"读至此，他在"夫是之谓天"后面，补上一个"功"字，认为是原文缺字。注疏者对上面这段话的解释是，"言天道之难之"，在这句话的每个字旁，他都用红笔打了"×"，批注说："天道不难知。今比二千年前荀子写此书时知道的多了。以后每一百年，每一千年又胜于前。六合内外，大小精粗，有限无限，所知皆胜于前。所谓难者，无穷的时空耳。宇宙发展无穷，科学发展亦无穷。反辩证法的有穷论——形而上学，不能存在于宇宙之间。不难又难，方是全局。"

《荀子·天论》说道："大巧在所不为，大智在所不虑。"注疏者解释为"圣人无为而治也"，他的批注是："六合内外皆在为，而所谓不为，黄老之说，大半骗术。"

毛泽东很欣赏荀子的两个思想。一个是"制天命而用之"

的哲学观,他概括为"人定胜天"。1965年6月13日,他在同胡志明的谈话中,又说:"荀子是唯物主义,是儒家的左派。"一个是"法后王"的历史观。在1964年8月30日的一次谈话中,他说拥护秦始皇的李斯,在"思想上属于荀子一派,主张法后王,后王就是齐桓公、晋文公,秦始皇也算"。

在1958年写的《工作方法六十条(草案)》中,毛泽东提出领导干部除了马列主义理论外,还要"学点自然科学和技术科学"、"学点哲学和政治经济学"、"学点历史和法学"、"学点文学"、"学点文法和逻辑"等等。从上面沿着1959年这份书单所做的"巡游"看,他带头践行了自己对别人提出的要求。

人们把阅读比作精神的"流浪"。毛泽东博览群书,更像是一个几乎要游遍知识世界各个角落的"游子"。

但每个游子的心底,毕竟都藏着一个"故乡"。"故乡"是出发点,也是行程的归宿。毛泽东在新中国成立后阅读世界的"故乡",既有他个人的精神追求,更有他担负的建设一个新中国的领导使命和追求目标,以及沿路碰到的这样或那样的问题和难题。后面要说的,将是此事。

九、建设年代：阅读承受之重

新中国成立后，如何提升干部们领导经济建设的能力，解决新的"本领恐慌"，是毛泽东一向关注的突出课题。他在1958年写的《工作方法六十条（草案）》，不下十条谈到学习，中心意思是反对不懂装懂、业务稀松的"空头政治家"。他说："过去我们有本领，会打仗，会搞土改，现在仅仅有这些本领就不够了，要学新本领，要真正懂得业务。"

从1950年代到1960年代初，毛泽东心目中的重大"业务"是经济建设。这期间，他通过阅读来熟悉业务，掌握新本领，一个重要目的，是探索中国社会主义经济建设道路。这是全新的历史课题，阅读和理论思考承受的任务之重，可想而知。

为了"善于建设一个新世界"

早在1948年9月，国共两党开始战略决战时，毛泽东在西柏坡召开的中央政治局会议上就提出，要为迎接未来的新形势而读书，并说：七大提出读五本，如果五本不够，可以选十本，但不要太多。

胜利在即强调读马列，不是平白无故的。当时，确有一些干部认为："以前我不读这些书，也当了县委书记、地委书记；我现在不读，也能当县委书记、地委书记。"这个话反映到刘少奇那里，1948年12月刘少奇在马列学院讲话中表示："现在中国革命胜利了，不读书，可不成。以前在山头上，事情还简单，下了山，进了城，问题复杂了，我们要管理全中国，事情更艰难了……因此，不是说胜利了，马克思的书就不要读了，恰恰相反，特别是革命胜利了，更要多读理论书籍，熟悉理论，否则由于环境的复杂，危险更大。"此时强调读马列，显然是为适应"管理全中国"这个更为"艰难"的新形势。

1949年3月，在西柏坡召开的中共七届二中全会，筹划建国思路，读书问题也提上日程。当时担任中央马恩列斯著作编译局副局长的张仲实回忆，在会议召开前夕，"中央叫我提出一个学习理论的计划，我就同胡乔木同志商量，拟定了一个学习书目，经中央批准，这就是'干部必读'十二种书"。在现存的档案中，还有胡乔木当时写的十二本书的目录，毛泽东在这个目录上加写了"干部必读"四个字，并请周恩来即刻印发给七届二中全会。3月13日，他在全会总结讲话中说："过去我们读书没有一定的范围，翻译了很多书，也都发了，现在积二十多年之经验，深知要读这十二本书，规定在三年之内看一遍到两遍——如果在今后三年之内，有三万人读完这十二本书，有三千人读通这十二本书，那就很好。"

十二本"干部必读"，不是随便选择的。如果把马列经典中的科学社会主义内容分为革命和建设两大部分，七大推荐的五本，主要阐述如何革命的问题。此时推荐的十二本书，除七大推荐的《联共（布）党史简明教程》等五本外，增加的书目是《论列宁主义基础》、《社会发展史》、《政治经济学》、《国家与革命》、《列宁斯大林论社会主义建设》、《马恩列斯思想方法论》等。新增书目，涉及列宁对马克思主义的发展、思想方法、国家学说、政治经济学、社会主义建设。强调学习这些内容，显然是为毛泽东在七届二中全会上提出的"我们还将善于建设一个新世界"做准备。他在1949年7月1日发表的《论人民民主专政》中还说：我们熟悉的东西有些快要闲起来了，我们必须学会自己不懂的东西，而且要恭恭敬敬地学，老老实实地学。这十二本"干部必读"，在新中国成立后一个比较长的时期内，一直是党员干部学习马列主义的基本读物。

新中国成立初期，苏联的执政和建设经验，无疑是中央领导层强调学习的首选。1949年10月5日，刘少奇在中苏友好协会总会成立大会上，就表达了这种心情："苏联人民所走过的道路正是我们中国人民将要走的道路。苏联人民建国的经验值得我们中国人民很好地学习。"《论列宁主义基础》提出，列宁主义的实质是，"俄国人的革命胆略和美国人的求实精神结合起来"。毛泽东在1950年2月访问苏联，回国时发表临别演说，讲自己看见了苏联人民"革命精神与实际精神相互结合的作风"，这"将成为新中国建设的榜样"。1953年2月，他在全国政协一届四次会议闭幕会上，历数中国人向外国学习的历程，结论是：古代和近代这两次学习外国，比起学习苏联的规模和效应，那是差得很远。我们应该在全国掀起一个学习苏联的高潮。

学习苏联建设经验，一本很重要的书就是《联共（布）党史简明教程》。早在 1942 年,毛泽东就谈到,这本书告诉我们,在列宁之后,斯大林搞了三个五年计划,创造了社会主义的苏联,"我们要按照同样的精神去做"。1953 年 10 月,他写信给时任中央办公厅主任的杨尚昆,嘱将十二本"干部必读"中的《联共党史》六条结束语,印发给中央有关领导和在京参加全国组织会议的代表,"请他们利用停会的两三天时间,加以阅读、研究,可能时还加以讨论"。毛泽东当时还规定,中高级干部要普遍学习《联共(布)党史简明教程》第九章至十二章。此时,新中国迎来大规模的经济建设高潮,社会主义过渡时期也已开始。这几章论述的,恰恰是苏联建设时期的经验,包括如何"过渡到恢复国民经济的和平工作",如何实现"社会主义的工业化"和"农业集体化",如何建设社会主义社会和实行新的宪法,等等。这些,都是当时中国面临的重大实践课题。

过渡时期与两本苏联经济书

　　1952 年后,有两本苏联政治经济学著作进入毛泽东的阅读视野,受到格外重视。一本是斯大林的《苏联社会主义经济问题》,一本是苏联科学院组织编写的《政治经济学教科书》。

　　1951 年 11 月,联共(布)中央为评定《政治经济学教科书》,召开经济问题讨论会。斯大林根据会上提出的一些问题,于 1952 年写了《对于和 1951 年 11 月讨论会有关的经济问题的意见》和相关的三封信,当年结集为《苏联社会主义经济问题》出版。该书比较系统地论述了社会主义经济工作的一些规律,涉及商品生产和价值法则、国民经济有计划按比例发展、生产关系一定要适合生产力性质、三大差别和向共产主义过渡等问题。《政治经济学教科书》于1954年正式出版，后经修订，到1958年出了第三版。第三版前言说，新版"更加详尽地分析了两个世界体系——社会主义和资本主义发展的现代过程及其规律性"，"补充和更换了一些新的实际材料，对许多原理作了某些发展"。

很明显，《苏联社会主义经济问题》和《政治经济学教科书》互为补充，比较完整地反映了苏联社会主义经济建设的实践和理论。对当时的中国，是难得的参考读物，并且来得很及时。

说来得很及时，是因为，就在斯大林思考苏联社会主义经济问题的时候，毛泽东在1952年9月24日的中央书记处会议上，第一次提出向社会主义过渡的问题。他说："十年到十五年基本上完成社会主义，不是十年以后才过渡到社会主义。"因为资本主义在当前中国，"性质已经变了，是新式的资本主义"。

中国若要宣布向社会主义过渡，是件大事，毛泽东很谨慎。这年10月，他委托率中共代表团到苏联出席苏共十九大的刘少奇，就这个问题征求斯大林的意见。刘少奇给斯大林写信，介绍了中国当时资本主义工商业和农业、手工业的现状，说明了国营经济和私营经济比重的变化，反映了中共党内"若干同志"以和平方式向社会主义过渡的设想。斯大林看信后，在10月24日会见中共代表团时表示：我觉得你们的想法是对的。当我们掌握政权以后，过渡到社会主义去应该采取逐步的办法。你们对中国资产阶级所采取的态度是正确的。

这个表态，无疑是理论上的支持。恰好，1952年11月，斯大林《苏联社会主义经济问题》中译本发表，毛泽东立刻找来读了,并在封面上用铅笔画了一个大圈,表示已读一遍。随即,他提出将该书作为在京高级干部的学习材料。12月10日,他又在中宣部关于在京高级干部学习《苏联社会主义经济问题》的报告上批示,"在报上发布学习总结性的新闻报道"。

1953年,大规模的经济建设和社会主义过渡正式开始。在向这个目标前进的过程中,所能参考的,只有苏联的实践和理论。毛泽东在这年3月为悼念斯大林写的《最伟大的友谊》一文,就从这个角度谈到《苏联社会主义经济问题》的重要性。他说,这本书"贡献了关于现代资本主义和社会主义的基本经济法则的理论"。强调该书对"基本经济法则的理论"的贡献,是因为毛泽东当时正在思考社会主义过渡时期的经济性质和应该运用的经济法则。

1953年6月,中央政治局正式通过过渡时期总路线。关于过渡时期的经济性质,这年7月毛泽东在一个材料上的批示是,"新式的国家资本主义经济"。那么,实行"新式的国家资本主义经济",应该采用什么样的经济法则呢?在7月29日的中央政治局扩大会议上,他提出的意见是:要"在社会主义经济法则的支配下,适当地利用资本主义经济法则",因为"资本主义经济法则是客观存在的。事物存在,法则当然存在,不能消灭;不执行劳资两利,把它变为一利,就是不了解这个法则"。

很明显,毛泽东这时思考的着重点,是避免出现立刻"消灭资本主义经济法则"的"左"的倾向。为此,他在这次会议上还提出,中央政治局要准备讨论一次价值问题,并让陈伯达负责汇集马克思、恩格斯、列宁、斯大林"论价值问题"的若干文献,印成小册,先送中央各同志阅读。

到1954年底,在处理社会主义和资本主义两种经济法则的关系上,毛泽东的思考重点发生微妙变化。这个变化,在他阅读刚刚翻译过来的苏联《政治经济学教科书》的体会当中,表达了出来。

《人民日报》在1954年11月13日和14日,连载苏联《政治经济学教科书》第二十二章《从资本主义到社会主义的过渡时期的基本特点》。文中说,"随着社会主义成分的形成和发展,决定了新的生产目的的社会主义基本经济法则也就产生并逐渐开始发生作用","在苏联,在过渡时期开始时,资本主义经济形式及其发展法则就已失去自己在国民经济中的统治地位"。这种论述,大概使毛泽东想到处于过渡时期的中国,应该着重强调社会主义经济法则的支配作用了。于是,他在11月18日致信刘少奇、周恩来等人,向他们推荐《苏联政治经济学教科书》这章译文:"请你们看一下,足见所谓'在社会主义全部或大部建成以前不可能有的社会主义经济法则'的说法是错误的。"信中还叮嘱:"请伯达将《新建设》及《学习》上讨论过渡时期经济法则的文章看一下,看有无错误。"显然,他这时候更感兴趣的,是如何尽快扩大社会主义经济法则的支配和运用范围。

理论认识对实践的影响,就是这样的微妙。毛泽东当时阅读和运用《苏联社会主义经济问题》和苏联《政治经济学教科书》,总体上看,他坚持有关过渡时期实行"新式的国家资本主义"的论述,创造性地找到一条社会主义和平改造道路,对民族资本家实行赎买政策。具体说来,当他强调必须承认和运用"资本主义经济法则"的时候,对社会主义过渡时期的时长设想是谨慎的,说大概要用三个五年计划,即十五年左右的时间;当他强调"社会主义经济法则的支配作用"的时候,对农业、手工业和资本主义工商业的"三大改造",也就陡然加快了速度。

农业合作化运动的"百科全书"

在"三大改造"的过渡时期,中央领导层在1955年春对农业合作化运动的速度和规模,有一些不同意见,甚至出现争论。为了弄清楚基层农村究竟是怎样搞合作化的,搞合作化中遇到什么问题,合作化起来后有什么好处,好的、中等的和差的农业社各有什么特点,毛泽东阅读研究大量报告和通讯,编辑出版了《中国农村的社会主义高潮》,为该书写了两个序言。全书收录一百七十六篇文稿,九十多万字,在当时被称为"农业合作化的百科全书"。

该书第一稿叫《怎样办农业生产合作社》,编于1955年9月中下旬。10月11日毛泽东在中共七届六中全会上谈道:"我用十一天工夫,看了一百二十几篇报告,包括改文章写按语在内,我就'周游列国',比孔夫子走得宽,云南、新疆一概'走'到了。你们每个省、每个自治区是不是可以一年或者半年编一本书,每个县搞一篇,使得各县的经验能够交流,这对迅速推广合作化运动有好处。"

《怎样办农业生产合作社》作为中央全会材料印发后,有些省委书记提出,书中的材料已经过时了,应当补充新的材料。毛泽东采纳了这个意见,做会议总结时说:"《怎样办农业生产合作社》,你们可以带回去,看一看,把你们要增加的材料送来,哪些应该抽掉的提出来,应该修改的地方加以修改,按语有不对的地方也提出修改意见。"根据各地报来的新材料,毛泽东在1955年12月重编此书。留下原来的九十一篇,新选八十五篇。有的篇章,文字太差,他改得密密麻麻,像老师批改作文一样,又重拟大部分材料的题目,把一些冗长、累赘、使人看了头痛的标题，改得鲜明、生动、有力。他还为其中的一百零四篇材料写了或长或短的按语。最后定名为《中国农村的社会主义高潮》，于1956年1月公开出版。

毛泽东是在兴奋状态中阅读材料，编选此书的。他甚至说，1949年全国解放都没有这样高兴。原因大概是，他原来设想，改造几亿个体经营的农民，变农业生产资料的个人所有制为集体所有制，要花费很长的时间，没有想到在一年左右的时间，就解决了这么困难的事情。站在今天的角度，可从两个方面来看毛泽东编辑《中国农村的社会主义高潮》。一方面，反映了他想迅速改变中国农村落后面貌的急切愿望，体现了一个大政治家领导运动的气势和风格，他精心写的不少按语，对于农村建设有积极的指导作用，是长期有效的；另一方面，编选此书，也确实是人为地加速了合作化运动的进程，特别是按语和序言中对他认为是右倾保守思想的批判，不能说是正确的，助长了当时超越客观实际的"左"的倾向。

毛泽东一直很看重编选《中国农村的社会主义高潮》一事，认为是一次成功的调查研究。在1961年3月广州中央工作会议上，他说："建国后这十一年我做过两次调查，一次是为合作化的问题，看过一百几十篇材料，每省有几篇，编出了一本书，叫作《中国农村的社会主义高潮》。有些材料看过几遍，研究他们为什么搞得好，我调查研究合作化问题就是依靠了那些材料。还有一次是关于十大关系问题，用一个半月时间同三十四个部门的负责人讨论。"

从良好开端走向曲折的阅读

怎样搞建设,中国没有经验,开始时不得不照搬照抄苏联的一些做法。对于这种"抄",毛泽东后来在读苏联《政治经济学教科书》谈话中坦陈,"是必要的",但"总觉得不满意,心情不舒畅"。

这种心情,使他从1950年代中期始,阅读列宁、斯大林的著作,关注的重点发生了变化。他特别看重,或者说他更受启发的,是书中关于列宁怎样创新发展马克思主义的一些论述。1954年9月,他在《关于辛亥革命的评价》一文中就讲:"我曾经提到《联共党史》结束语第二条对马克思、恩格斯就批评过。恩格斯有个别原理是错误的,应该抛弃,拿新的原理来代替它。比如,恩格斯主张无产阶级革命胜利以后采取议会制共和国的形式,但是列宁根据俄国十月革命的经验,认为采取苏维埃共和国的形式比较好。"在1956年中共八届二中全会上,毛泽东根据斯大林《论列宁主义基础》对列宁主义下的定义,提出"列宁主义究竟在哪些地方发展了马克思主义"的问题,结论是:"一、在世界观,就是唯物论和辩证法方面发展了它;二、在革命的理论、革命的策略方面,特别是在阶级斗争、无产阶级专政和无产阶级政党等问题上发展了它。列宁还有关于社会主义建设的学说。从一九一七年十月革命开始,革命中间就有建设,他已经有了七年的实践,这是马克思所没有的。"

强调列宁对马克思的发展,其意不难揣测。新中国也已有了七年的建设实践,确实也到了探索自己的建设道路的时候了。

1956年,中国社会主义改造基本完成。苏联社会主义建设模式和我国照搬苏联经验的弊病,也相继显露出来。寻找一条适合中国国情的社会主义建设道路，作为一个紧迫的历史课题，摆在了探索者的面前。但是，中国不仅没有成套的经验和理论可循，对这个问题甚至也没有开展过系统深入的研究。正如毛泽东在1958年11月21日武汉中央工作会议上所说："我们这些人，包括我在内，社会主义经济规律是什么东西，过去是不管它的。"

毛泽东下决心去"管"社会主义经济规律，这件一直困扰着他的事情，是从1956年开始的。不过，理论参考的起点，还是苏联的政治经济学。

有件事不是偶然的巧合。1956年2月中旬到4月下旬，毛泽东听取三十四个部门的工作汇报，意在全面了解经济建设中带规律性的问题。4月4日，正是在听取各部门工作汇报期间，他在中央书记处会议上谈道："斯大林的《苏联社会主义经济问题》，也是第一本总结社会主义建设经验的书，还是应该读的。"在读的时候，"大家要动脑筋，多想想建设社会主义的实践中的问题，要按实际情况办事，不受苏联已有的做法束缚"。要把马列主义同中国革命和建设实际"进行第二次结合，找出在中国进行社会主义革命和建设的正确道路"。毛泽东当时阅读和借取苏联经验教训，"动脑筋"想中国社会主义建设，所形成的理论成果，就是著名的《论十大关系》。

以1956年《论十大关系》和中共八大为标志，中国探索社会主义建设道路，出现了令人喜悦的良好开端，经济方面的发展格外顺利。随着第一个五年计划的提前完成，随着突破苏联模式的信心越来越足，随着赶超英美的发展战略的提出，中国在探索自己的建设道路上，于1958年不期然闯入"大跃进"和人民公社运动的曲折时期。恰如毛泽东此前在1956年3月24日中央政治局扩大会议上所预言:"苏联第一个搞社会主义,他们犯错误是不可避免的。中国搞社会主义也可能犯错误,甚至是大错误。因为要摸清建设社会主义的规律不容易。路如何走,不容易。"

曲折起伏的探索思考,不难在毛泽东当时的阅读中看到一些线索。

毛泽东发动"大跃进"和人民公社化运动,一个基本思路是通过改变生产关系来促进生产力快速发展。他认为,实现社会主义改造,仅仅完成了生产资料所有制的公有化,还不足以说明社会主义生产关系体系已完全建立,生产关系中的"劳动相互关系"和"分配形式"就还有差别,很不平等。在1958年8月北戴河中央会议期间,他反复谈到马克思在《哥达纲领批判》里阐述的"资产阶级法权"(今译"资产阶级权利")这个概念,认为现行的以工资为形式的分配制度,属于"资产阶级法权"。在8月19日的会上说,要破除资产阶级法权,例如争地位、争级别、要加班费、脑力劳动者工资多、体力劳动者工资少等。在8月24日的会上又说,搞等级制、薪水制,一是反映了中国资产阶级思想,二是照搬苏联,我们对资产阶级法权观点不自觉。

上海的张春桥根据毛泽东的思路,写了篇《破除资产阶级法权思想》,发表在1958年9月的上海《解放》杂志上。毛泽东读后,让《人民日报》转载,并代拟编者按语,提出"这个问题需要讨论,因为它是当前一个重要的问题。我们认为张文基本上是正确的,但有一些片面性"。《人民日报》在10月13日转载张春桥的文章后,14日,毛泽东在天津又召开了一次关于资产阶级法权问题的理论座谈会。

随后,《人民日报》从10月17日起开设了二十多期专栏,讨论破除资产阶级法权,及怎样看待工资制、供给制的问题。毛泽东很关注这场讨论,读了其中的一些文章,有的还做了圈画或批注。比如,《人民日报》10月18日发表的郑季翘的文章《谈谈削除资产阶级法权》,毛泽东就读得很细,做了四五条批注。郑季翘文中的一个主要观点是,资本主义社会的"资产阶级法权"的核心,不是等级制度,而是所谓"自由贸易"和"等价交换",表现为"做多少事,给多少钱"。毛泽东不同意,批注说:"这是等价交换吗?剩余价值跑到哪里去了?在这里,只是一个欺骗工人的等价形式。"

为了说明人民公社的某些做法,是破除资产阶级法权之举,毛泽东进一步把自己的阅读延伸到中国古代历史。1958年12月在武汉中央工作会议期间,他批示印发《三国志·魏书·张鲁传》,并写了篇不短的批语,介绍张鲁类似于人民公社的一些做法。诸如:张鲁政权"不置长吏,皆以祭酒为治","近乎政社合一,劳武结合,但以小农经济为基础";"这里所说的群众性医疗运动,有点像我们人民公社免费医疗的味道,不过那时是神道的";"道路上饭铺里吃饭不要钱,最有意思,开了我们人民公社公共食堂的先河"。总之,张鲁的做法表明,"现在的人民公社运动,是有我国的历史来源的"。

毛泽东在这些阅读中获取的思想资源,体现出对社会主义经济法则的一些误解,对当时的人民公社化运动,产生了消极影响。

用两本苏联经济书阻止"共产风"

事实上,在人民公社化运动普遍搞起来后,毛泽东就意识到一些做法难以为继。1958年10月,他视察河北、河南等地农村,发现许多地方出现了"共产风",搞"一大二公"的平均主义,无偿调拨农民的财物,急于从集体所有制向全民所有制过渡,从社会主义向共产主义过渡。理论界也出现了否定商品生产、价值规律、按劳分配的倾向。意识到问题的严重性后,毛泽东开始纠偏、纠"左"。借助的方法,还是阅读。

读什么呢?1958年11月上旬,毛泽东在郑州中央工作会议上有过说明:"讲社会主义政治经济学的,除了斯大林的《苏联社会主义经济问题》和这本《政治经济学教科书》,成系统的东西还没有。"1959年底到1960年初,他在读《政治经济学教科书》的谈话中又说:"搞出了一本社会主义政治经济学,总是一大功劳,不管里面有多少问题。"这确实是不得已的选择,在当时条件下,也只能结合中国的实际来研究苏联建设社会主义的经验和理论。

毛泽东再次捡起此前阅读推荐过的这两本苏联政治经济学著作。从1958年11月到1961年,几乎是逢会必讲,领导干部要读这两本书,目的是"获得一个清醒的头脑,以利指导我们伟大的经济工作"。

1958年11月4日,在郑州中央工作会议上直奔主题:

> 我们研究公社的性质、交换、社会主义向共产主义过渡、集体所有制向全民所有制过渡这些问题,可以参考的材料还是斯大林那本《苏联社会主义经济问题》。我大体看了

一下，可以找几十本在这里发一下。我们现在看，跟发表的时候看不同了。发表的时候，我们谁也不想这些问题。

11月9日，他给全党县委以上的领导干部写信，要大家读斯大林的《苏联社会主义经济问题》和苏联《政治经济学教科书》，"用心读三遍，随读随想，加以分析"，"要联系中国社会主义经济革命和经济建设去读"。

11月9日和10日，他给郑州会议的与会者们讲解自己阅读《苏联社会主义经济问题》的体会："第二章、第三章，讲商品和价值法则，你们有什么看法？我相当赞成其中的许多观点，把这些问题讲清楚很有必要。""现在要利用商品生产、商品交换和价值法则，作为有用的工具，为社会主义服务。在这方面，斯大林讲了许多理由。"如此苦口婆心，毛泽东说自己是"搬斯大林，继续对一些同志做说服工作"，即说服大家搞人民公社不能废除商品经济，不能刮"共产风"，必须运用价值法则做经济核算。郑州会议形成的两个文件——《十五年社会主义建设纲要四十条（一九五八——一九七二）》和《郑州会议关于人民公社若干问题的决议（草案）》，基本上反映了毛泽东当时的这个思路。

在11月下旬召开的武汉中央工作会议期间，看到中国科学院经济研究所整理的材料苏联《〈政治经济学教科书〉第三版的重要修改和补充》，立刻批示印发与会者。11月21日，在会议上又宣传：苏联《政治经济学教科书》第三版的要点，你们看一下。现在全国也议论纷纷，斯大林的书（指《苏联社会主义经济问题》）和《政治经济学教科书》，每人发一本，把社会主义部分看一遍。

在1958年12月召开的中共八届六中全会上，毛泽东又讲：

郑州会议提出研究斯大林《苏联社会主义经济问题》和苏联《政治经济学教科书》，大家没有看，要拿出几个月时间，请各省组织一下，为我们的事业和当前的工作来研究政治经济学。

1959年7月召开的庐山中央工作会议，前期议程依然沿着纠偏和纠"左"的思路进行。毛泽东在会议开幕当天的讲话中，把读苏联《政治经济学教科书》列为庐山会议要讨论的十八个问题之首。他说："有鉴于去年许多领导同志，县、社干部，对于社会主义经济问题还不大了解，不懂得经济发展规律；有鉴于现在工作中还有事务主义，所以应当好好读书。""中央、省、市、地委一级委员，包括县委书记，要读苏联《政治经济学教科书》（第三版）。""去年有了一年的实践，再读书会更好些。"庐山会议后期，毛泽东错误发动对彭德怀等人的批判，会议方向大扭转，实际上影响了领导干部阅读《政治经济学教科书》的安排。

1960年1月召开的上海中央工作会议，主要议题是讨论国民经济计划。毛泽东在会上再次讲：我有一个建议，中央各部门的党组，各省、市、自治区党委，应组织起来读《政治经济学教科书》，先读下半部（社会主义部分）。以第一书记挂帅，组织个读书小组，把它读一遍；至于上半部（资本主义部分），也要定个期限；今年主要精力恐怕是读经济学；国庆节以前，把苏联《政治经济学教科书》读完，读的方法是用批判的方法，不是用教条主义的方法。

1961年6月8日，在中共中央政治局常委扩大会议上，谈到搞社会主义建设不能急，对社会主义的认识是一个长期的过程，毛泽东依然恳切地说："我这话一直讲他几年，你们做好思想准备，听厌了，我就不讲了。要重读斯大林的《苏联社会主义经济问题》,这本书写得比较好,是对苏联社会主义建设三十五年的总结。我们才十一年,写不出政治经济学来。这本书里,斯大林讲了两个经济法则:一是生产关系一定要适合生产力性质;一是国民经济有计划按比例发展的必然性。"

1961年6月12日,在北京召开的中央工作会议上,又谈《苏联社会主义经济问题》:"这本书只有极少数个别问题有毛病,我最近又看了三遍。他讲客观规律,把社会科学的这种客观真理,同自然科学的客观真理并提,你违反了它,就一定要受惩罚。我们就是受了惩罚,最近三年受了大惩罚。"

在两年半左右的时间里,如此密集地阅读推荐两本书,在毛泽东的阅读史上还未曾有过。正是在他的倡导下,刘少奇、周恩来等中央领导人纷纷组织读书小组研究《政治经济学教科书》。刘少奇组织的读书小组,参加者有广东省委第一书记陶铸、书记李明,以及王学文、薛暮桥等经济学家,时间是1959年11月,地点在海南岛。周恩来组织的读书小组,有李富春、陶铸、宋任穷、吴芝圃等中央和省部级领导干部,还有许涤新、胡绳、薛暮桥等经济学家和理论家,时间是1960年2月,地点在广东从化。刘少奇、周恩来阅读讨论中的谈话或笔记,都有留存。

为了让省部级领导干部能够集中一段时间阅读苏联《政治经济学教科书》,中共中央在1960年初还专门举办了自学和讲课相结合的学习班。时任湖北省委第一书记的王任重,在当时的日记中,记载了他参加学习班前后的活动和自己的理论思考。为体会毛泽东和高级干部们互动学习的气氛,不妨作些引述——

> 1月4日:今天听一位同志讲毛主席关于社会主义政治经济学的意见,分析得很深刻,确实是高度的理论概括。

1月7日：这几天，用几个半天读政治经济学方面的问题，很有收获。主席、少奇同志讲的许多观点是一致的。开脑筋。

2月9日：下午乘飞机从汉口机场到广州来。明天正式开始学政治经济学。每天至少要读一章，不能心不在焉，而要用心读。

2月20日：15日听薛暮桥同志讲政治经济学中的若干问题。讲得很好，理论联系实际。16日继续由薛暮桥同志介绍第一单元，胡绳同志传达主席的意见（读书的意见）。18日下午许涤新、吴芝圃、宋任穷、陶铸同志发言。我最后发言，讲了六条，用了半个小时，虽然讲得不深刻，但时间不多。

2月25日：10日开始到昨天读完了政治经济学前言和社会主义改造部分，又读了几本参考资料。打算明天开始写笔记。

3月13日：补半月来的日记。3月2日学习班正式结束了。文件是读完了，听讲也听了许多，但是消化还是不够。3日下午七时半主席找我们谈话——从实践到认识再到实践，这样无限反复地认识问题，丝毫不停留。

"什么叫建成社会主义，很有文章可做"

毛泽东"搬"《苏联社会主义经济问题》和《政治经济学教科书》，"对一些同志做说服工作"，前提是自己做了深入研究。

对这两本书，他从1950年代到1960年代初究竟读了几遍，无法确证。可以肯定的是，对《苏联社会主义经济问题》，除1952年中译本刚出版就读了一遍外，仅1958年又三次阅读。他批注和圈画的这本书，保留下来的有四种本子。有关批注和谈话，已分别收入《建国以来毛泽东文稿》和《毛泽东文集》。

关于《政治经济学教科书》，毛泽东在1958年以前就已读过。1958年第三版出来后，又读。1959年12月10日到1960年2月9日，还专门组织一个读书小组，先后在杭州、上海和广州研读此书。参加读书小组的有陈伯达、胡绳、邓力群、田家英等党内"秀才"。他们边读边议，逐段讨论，毛泽东发表了许多谈话。其谈话记录，保存下来的有两个本子。一个叫《毛泽东读〈政治经济学〉（教科书）下册的笔记》，将谈话按问题做了归纳，加了小标题；一个叫《毛泽东读苏联〈政治经济学〉社会主义部分的谈话记录稿》，按苏联《政治经济学教科书》原文顺序，同时印上原文段落和谈话内容。《毛泽东文集》第八卷节选了部分谈话记录，分为四个部分：关于世界观和方法论，关于民主革命和社会主义革命，关于社会主义建设，关于政治经济学的一些问题。

对这两本书，毛泽东始终以分析的态度来阅读。在评论中，常常指出书里哪些讲得正确，值得注意；哪些不正确或不太正确，应该怎样理解；哪些讲得模糊，作者自己还没有搞清楚。

关于《苏联社会主义经济问题》的不足，毛泽东认为：第一章讲掌握规律，但怎样掌握规律没有提出；斯大林说生产资料不是商品，值得研究；这本书从头到尾没有讲到上层建筑，没有考虑到人；基本错误是不相信农民；计划经济有话没有说完；工农业关系、轻工业和重工业的关系没有讲清楚；对于轻工业、农业不够重视；等等。

关于《政治经济学教科书》的不足，毛泽东认为：这本书的写法很不好，总是从概念入手，先下定义，不讲道理；只讲物质前提，很少涉及上层建筑；生产关系的问题不容易说清楚；书中关于中国的资本主义所有制转变为全民所有制的问题，说得不对；书里表达出想用经济力量控制别的国家，对他们自己也不见得有利；等等。

毛泽东阅读和评论这两本书，从头到尾都联系中国社会主义建设的实际，分析中国在建设中哪些搞得对，哪些搞得不对，原因在哪里，今后应该怎么办。例如，读《苏联社会主义经济问题》，他提出："斯大林认为在苏联生产资料不是商品。在我们国家就不同，生产资料又是商品又不是商品，有一部分生产资料是商品，我们把农业机械卖给合作社。"在批语中，他甚至提出，把书中的"'我国'（指苏联）两字改为'中国'来读，就十分有味道"。一贯联系实际读"本本"的理念，在这里又一次得到生动体现。

1950年代末到1960年代初，是探索中国社会主义建设道路的关键时期。说其关键，是指这段时间是从顺利到曲折的一个拐点，正确的、基本正确的和不正确的思路常常交织在一起。毛泽东和中央领导层确实面临甚至陷入一些理论思考的困境。但越是艰难，毛泽东越是执着地探索和思考。研读《苏联社会主义经济问题》和《政治经济学教科书》，打开了他的思想空间，在认识上前进不少。他的阅读着眼点，事实上已经不局限于纠正"大跃进"和人民公社化运动的"左"倾错误，还围绕"怎样建设社会主义"这个重大历史课题进行思考探索。其中，既有对马克思主义经济理论的创造性发挥，也有对中国社会主义经济建设经验的反思与总结,还有对未来进行经济建设的一些设想。

从大的思路上讲,他的阅读收获有:马克思主义老祖宗的书必须读,但单靠老祖宗不行,任何国家的共产党都要创造新的理论为现实服务;政治经济学不能不接触生产力;干革命,是为生产力的发展扫清道路;中国的社会主义改造创造了许多新的经验;社会主义可以分为两个阶段,第一个阶段是不发达的社会主义,第二个阶段是比较发达的社会主义,后一阶段可能比前一阶段需要更长的时间;所有制问题基本解决以后,最重要的是管理问题,是人与人的关系,包括劳动中的人与人的关系;什么叫建成社会主义,这个问题很有文章可做,建成社会主义不要讲得太早;搞建设也要忍耐,不要希望早胜利;我们还没有掌握经济运行的客观法则,从必然王国到自由王国是一个长时间的过程;等等。

从具体政策上讲,他的阅读收获有:搞经济计划,我们没有相当充分的研究,未必反映了经济客观规律;社会主义仍然需要发展商品生产,尊重价值规律;不摸到商品生产规律,会把农民引到敌人那里去;商品生产可以是资本主义的,也可以是社会主义的;商品生产不限于个人消费品,也应该包括生产资料;中国必须要有自己的经济体系;将来的城市不要那么大,需要建立许多小城市;要注意发挥企业的积极性;土地是最基本的生产资料,经济学家们最好算算土地的价值;我们历来讲公私兼顾,不能有公无私,也不能有私无公;技术一发展,劳动组织和劳动力的分配就要跟着变化;等等。

这些阅读收获,即使今天看来,也非常难得。当然,毛泽东当时的认识还带有不稳定、不完备的特点,其思想发展也就存在多种可能性。但他联系中国社会主义建设实际进行理论探索的精神,让人感佩。

从"必然王国"到"自由王国"的感慨

在读《苏联社会主义经济问题》的过程中,毛泽东还提出,"很有必要写出一部中国资本主义发展史"。根据这个建议,周恩来不久即在广东从化组织的读书小组的会议上,布置了编写《中国资本主义发展史》的任务,交由经济学家许涤新负责。该书由于后来受"文革"干扰,一直到新时期才陆续出版,共三卷,二百二十万字。

当时提议研究中国资本主义发展史,多少是想了解近代以来中国经济的发展历程和规律,进而为探索中国社会主义经济规律提供历史认识的基础。

事实上,毛泽东内心涌动着一股浓郁的心结,希望能够写出适应新形势需要的理论著述。但是,要写出新著作,形成新理论,毕竟不那么容易。对其难处,在读苏联《政治经济学教科书》的谈话中,他有清醒的认识:

> 有英国这样一个资本主义发展成熟的典型,马克思才能写出《资本论》。社会主义社会的历史,至今还不过四十多年,社会主义社会的发展还不成熟,离共产主义的高级阶段还很远。现在就要写出一本成熟的社会主义共产主义政治经济学教科书,还受到社会实践的一定限制。

也就是说,没有实践的充分发展,没有足够的经验准备,要掌握社会主义建设的规律，让自己的认识和实践实现从必然王国到自由王国的飞跃，是不现实的。

自由与必然，是恩格斯《反杜林论》阐述的一个重要哲学命题。该书从两个方面谈到二者的关系。一是从认识论方面提出，自由是建立在特定历史条件下对必然性认识的基础上的。一是从唯物史观方面提出，进入社会主义，由于摆脱了资本的束缚，生产力不断发展，人们在控制自然规律的过程中，可以自觉地创造自己的历史，"这是人类从必然王国进入自由王国的飞跃"。

毛泽东对《反杜林论》的这个论断，特别感兴趣。常常从自由与必然的关系角度，来强调认识、把握中国革命和建设的规律。比如，1941年，他在《驳第三次"左"倾路线》的长文中，批评主观主义和教条主义不去认真了解中国革命客观规律时，便引用《反杜林论》关于自由与必然的论述，说明自由不在于幻想摆脱自然规律而独立，而在于认识这些规律，进而按规律去改造世界，由此得出结论："一个中国的马克思主义者，如果不懂得从改造中国中去认识中国，又从认识中国中去改造中国，就不是一个好的中国的马克思主义者。"

1950年代末1960年代初，毛泽东再次遭遇同样的难题。为总结和反思"大跃进"运动的经验教训，《反杜林论》的这个论断，再次成为他认识和理解现实问题的思想工具。在读苏联《政治经济学教科书》的谈话中，他引用恩格斯说的，在社会主义制度下"按照预定计划进行社会生产就成为可能"，随即评论："这是对的。资本主义社会里，国民经济的平衡是通过危机达到的。社会主义社会里，有可能经过计划来实现平衡。但是也不能因此就否认我们对必要比例的认识要有一个过程。"可见，计划只是有可能实现经济发展的平衡，但必须要有一个认识过程。所谓认识过程，就是从"必然"逐步到"自由"的过程。

1959年的《党内通信》、1960年的《主动权来自实事求是》、1962年的《在扩大的中央工作会议上的讲话》，毛泽东都反复引用《反杜林论》关于"自由与必然"的论述，传达出下面这些掌握规律之难的感慨——

中国共产党经历曲折、犯错误，主要是没有把握自由与必然的辩证规律，只有在认识必然的基础上，人们才有自由的活动。所谓必然，就是客观存在的规律性，在没有认识它以前，我们的行动总是不自觉的，带着盲目性。这时候我们是一些蠢人。最近几年我们不是干过许多蠢事吗？办农业工业的经验还很不足。我们对于社会主义时期的革命和建设，还有一个很大的盲目性，还有一个很大的未被认识的必然王国。我们要以建国后的第二个十年时间去调查它，去研究它，找出规律，以便利用这些规律为社会主义革命和建设服务。到那时，客观必然性可能逐步被我们认识，在某种程度上，我们就有自由了。但由必然王国到自由王国的飞跃，是在一个长期认识过程中逐步完成的。

关于自己认识和掌握经济规律的不足，1962年1月30日毛泽东在七千人大会上的讲话中，也做了比较坦率的剖析——

> 社会主义经济，对于我们来说，还有许多未被认识的必然王国。拿我来说，经济建设工作中间的许多问题，还不懂得。工业、商业，我就不大懂。对于农业，我懂得一点。但是也只是比较地懂得，还是懂得不多。要较多地懂得农业，还要懂得土壤学、植物学、作物栽培学、农业化学、农业机械，等等，还要懂得农业内部的各个分业部门……我也还

想研究一点。但是到现时止,在这些方面,我的知识很少。我注意得较多的是制度方面的问题、生产关系方面的问题,至于生产力方面,我的知识很少。

的确,大跃进和人民公社化运动的失误,主要是在生产关系上急于求成,在推进生产力发展方面,办法不科学。这都表现为对经济规律的认识不足,归根到底是忽略和轻视了从"必然王国"向"自由王国"发展的条件。

1960年代,毛泽东还从哲学上对《反杜林论》"自由与必然"这个论断做出过自己的理解和发挥。

在1964年8月关于哲学问题的谈话中,他提出从必然王国到自由王国,不仅要靠对必然的认识,更要靠对必然的改造:"恩格斯讲必然王国到自由王国,讲得不完全,讲了一半,下面就不讲了。只讲了一半。单是理解就自由了?自由是必然的理解和必然的改造。还要做工作。吃了饭没事做,理解一下就行了?找到了规律要会用,要开天辟地,破破土,起房子,开矿山,搞工业。"

在1964年12月《对政府工作报告稿的批语和修改》中,毛泽东还把从必然王国到自由王国的飞跃理解为永不会完结的过程:"人类的历史,就是一个不断地从必然王国向自由王国发展的历史。这个历史永远不会完结。——新与旧、正确与错误之间的斗争永远不会完结。"

毛泽东对自由与必然这个论断的两个发挥,重点都落到:人类在认识和改造世界的过程中,要永远不断地总结经验,有所发现,有所发明,有所创造,有所前进。

十、政治路上：读书、荐书和编书

毛泽东在经济建设路上的阅读和思考，即已表明，在重要关头和重大问题上，通过读书、荐书、编书，来理清思路，端正风气，倡导正确方向，是他习惯使用的领导方法和工作方法，也是他比较习惯的一种决策方式。在诸多政治问题上的思考和决策，以及在推动决策实施过程中，尤为如此。从这个角度讲，新中国成立后的政治演进，多少也可从他阅读思考的变化中看到些线索。

比较中外宪法文本，制定"五四宪法"

1954年，第一次全国人民代表大会通过的新中国第一部宪法，史称"五四宪法"，初稿是这年春天毛泽东在杭州主持起草的。

1954年1月15日，他在杭州致电刘少奇等中央领导人，告诉他们宪法小组的起草工作已经开始。为便于中央政治局 2 月间讨论宪法草案初稿，他亲自开列一批中外宪法文献，"望各政治局委员及在京各中央委员从现在起即抽暇阅看"。

这封电文中开列的宪法文献有：

（一）一九三六年苏联宪法及斯大林报告（有单行本）；

（二）一九一八年苏俄宪法（见政府办公厅编宪法及选举法资料汇编一）；

（三）罗马尼亚、波兰、德国、捷克等国宪法（见人民出版社《人民民主国家宪法汇编》，该书所辑各国宪法大同小异，罗、波取其较新，德、捷取其较详并有特异之点，其余有时间亦可多看）；

（四）一九一三年天坛宪法草案，一九二三年曹锟宪法，一九四六年蒋介石宪法（见《宪法选举法资料汇编》三，可代表内阁制、联省自治制、总统独裁制三型）；

（五）法国一九四六年宪法（见《宪法选举法资料汇编》四，可代表较进步较完整的资产阶级内阁制宪法）。

这些宪法文献，是毛泽东从政务院办公厅编辑的《宪法选举法资料汇编》和人民出版社出版的《人民民主国家宪法汇编》等书中挑选出来的。看来，他事先做了研究，推荐哪部宪法，均列出理由。

刘少奇收到毛泽东这封电文后复电："此间同志同意主席所定宪法起草工作及讨论的计划。即将来电印发给在京各中委及候补中委，并要他们阅读所列参考文件。"

毛泽东指定阅读的这批宪法分属三类：社会主义国家的宪

法，西方资本主义国家的宪法，新中国成立前的中国宪法。这是中央领导层第一次大规模研读各国宪法文献，对新中国法制建设意义不小。

在起草和讨论"五四宪法"过程中，毛泽东参阅的宪法文献，远不止上面他推荐的那些；对上述三种类型宪法的评论，也深入许多。

关于西方资本主义国家宪法。据当时在宪法起草小组做资料工作的史敬棠回忆："参考的资本主义的宪法，有英国的、法国的、美国的，还有一些其他国家的。毛泽东说，这些国家，开始都搞过资产阶级革命，所以还带有进步性，它的民主性还不能完全抹杀。他就举了法国的一个宪法。"毛泽东看重1946年的《法兰西共和国宪法》，大概是觉得它代表了比较进步、比较完整的资产阶级内阁制宪法。这年6月14日在讨论"五四宪法"草案的会上，他还说到："讲到宪法，资产阶级是先行的。""我们对资产阶级民主不能一笔抹杀，说他们的宪法在历史上没有地位。"

关于清末以来中国的宪法。这年6月14日在讨论宪法草案的会上，毛泽东对清末到民国制定的各种宪法，做了评论："从清末的'十九信条'起，到民国元年的《中华民国临时约法》，到北洋军阀政府的几个宪法和宪法草案，到蒋介石反动政府的《中华民国训政时期约法》，一直到蒋介石的伪宪法。这里面有积极的，也有消极的。比如民国元年的《中华民国临时约法》，在那个时期是一个比较好的东西；当然，是不完全的、有缺点的，是资产阶级性的，但它带有革命性、民主性。这个约法很简单，据说起草时也很仓猝，从起草到通过只有一个月。"

关于社会主义国家宪法。在"五四宪法"起草和讨论的过程中，毛泽东多次讲，我们这部宪法有两个原则，一是民主原则，一是社会主义原则，根本上说是社会主义性质的宪法。因此，毛泽东当时参考较多的无疑是苏联东欧社会主义国家的宪法文献，有的"取其较新"，有的"取其较详"。1918年的苏俄宪法，把列宁写的《被剥削劳动人民权利宣言》放在前面，毛泽东受此启发，为"五四宪法"增写了一个序言。这是新中国宪法的重要特点。目前我们实行的"八二宪法"，经多次修改，依然保留有序言。

关于"五四宪法"和上述三种类型宪法的关系，毛泽东也做过说明。他在6月14日讨论宪法草案的会上说："这个宪法草案，总结了历史经验，特别是最近五年的革命和建设的经验"，"也总结了从清朝末年以来关于宪法问题的经验"，"同时它也是本国经验和国际经验的结合。我们的宪法是属于社会主义宪法类型的。我们是以自己的经验为主，也参考了苏联和各人民民主国家宪法中好的东西"。在讨论中，有人说"五四宪法"是"中国第一部宪法"。毛泽东表示这个观点不妥，并列举了清末以来颁布的八部宪法，认为名副其实的说法应该是，"五四宪法"是第一部中华人民共和国宪法。

读谈"红学"，反对思想文化界的唯心论

1954年，思想文化界出现批判俞平伯"红学"观点，进而批判胡适唯心论观点的运动。这场运动的发动，与毛泽东阅读和推荐李希凡、蓝翎的《关于〈红楼梦简论〉及其他》和《评〈红楼梦研究〉》这两篇论文有关。

李、蓝的论文用历史唯物主义观点分析《红楼梦》，批评俞平伯的"红学"观点。毛泽东读后，于1954年10月16日写了著名的《关于〈红楼梦〉研究问题的信》。信中说："这是三十多年以来向所谓《红楼梦》研究权威作家的错误观点的第一次认真的开火。""看样子，这个反对在古典文学领域毒害青年三十余年的胡适派资产阶级唯心论的斗争，也许可以开展起来了。"

新中国成立后，如何在思想文化领域树立马克思主义的指导地位，如何运用历史唯物主义和唯物辩证法，开展人文社会科学研究，进行文化方面的改造，一直是毛泽东很关注也很纠结的事情。

1951年放映的电影《武训传》，在主题歌里唱出"大哉武训，至勇至仁"、"行乞兴学，千古一人"这样的"赞诗"，誉武训为劳动人民"文化翻身的一面旗帜"，就已引起毛泽东的警觉和不满。在他看来，把"行乞兴学"的改良主义捧得这样高，违背了历史唯物主义观点，所以他在当时就说："电影《武训传》的出现，特别是对于武训和电影《武训传》的歌颂竟至如此之多，说明了我国文化界的思想混乱达到了何等的程度！"到1954年，又冒出两个"小人物"批评"红学"研究领域的"大人物"却受到"阻拦"的事情。借此把文章做大，也就势所必然。

毛泽东有兴趣和有理由借此做文章，还因为他对《红楼梦》并不外行。他不仅熟读《红楼梦》，且一向有自己的观点。说来也巧，就在俞平伯1954年3月在《新建设》上发表《红楼梦简论》，引起李、蓝著文批评的时候，他在杭州同随行工作人员也讨论到《红楼梦》，认为这部小说"是讲阶级斗争的"，"很多人研究它，并没有真懂"。

毛泽东对俞平伯的"红学"观点，确实也不陌生，甚至也未必是读了李、蓝两篇批评文章才开始了解的。上海亚东图书馆1923年出版的俞平伯《红楼梦辨》，他读得很仔细，差不多从头到尾都有批注、圈画，在全书打了五十多个问号。这部书原是平装本，比较厚，阅看不很方便。身边工作人员根据他的要求，重新改装成四小本，封面都用牛皮纸包起来。毛泽东在重新改装本第二册封面上，批注有"错误思想集中在本册第六、第七两节"字样。在第六节《作者底态度》讲"《红楼梦》是感叹自己身世"一句旁，粗粗地画了一个竖道，在竖道旁又画了一个大问号；在《红楼梦》"是情场忏悔而作的"一句旁，用铅笔画了竖道，还附加上问号。第七节《〈红楼梦〉底风格》开头，俞平伯写道："平心看来，《红楼梦》在世界文学中底位置是不很高的。"在"位置是不很高的"七字旁，毛泽东画了两条粗线，又画上大大的问号。该书的附录有这样一段话："《红楼梦》行世以后，便发生许多胡乱的解释，在那妄庸人底心里，不过没有什么'索隐'、'释真'这些大作罢了。"毛泽东画了横线，又在横线上画上大问号。

毛泽东当时不只熟悉俞平伯的"红学"观点，他还圈画批注过周汝昌1953年由棠棣出版社出版的《红楼梦新证》。比如，书中有大段文字，考证"胭脂米"（又称"红稻米"）的产地、色状，尽管是用六号宋体字排印的，字很小，但毛泽东都一一做了圈画，批上各种符号。

显而易见，无论是批俞之前，还是批俞之后，毛泽东都关注和研读过"红学"论著。同样，他把《红楼梦》当作社会历史来读的倾向，既明确，又一贯，同以胡适、俞平伯为代表的

"新红学"不是一路，同以蔡元培为代表的"旧红学"更是两样。因为熟悉并且不同意"新红学"及俞平伯的观点，他自然支持李、蓝从历史唯物主义角度批评俞平伯的"红学"观点。事情就是这样偶然，也是这样必然。

《关于〈红楼梦〉研究问题的信》实际上是毛泽东写的一封公开信。他在信封上写下的要求阅读这封信的人名有二十八个，一是刘少奇、周恩来、陈云、朱德、邓小平、彭真这些中央最高领导层人员，二是陆定一、习仲勋、胡乔木、凯丰、张际春等文化意识形态领域重要领导者，三是郭沫若、沈雁冰、周扬、丁玲、冯雪峰、何其芳、林默涵等文艺界头面人物。如此范围，可知把"红学"问题看得何等之重，要解决这个问题的决心着实很大。

关于这场批判运动的内容，有一个自然的延伸逻辑，这就是：对俞平伯本人应采取团结态度，主要是批判他在学术上的错误观点；对唯心论观点的批判，不应该局限于古典文学研究范围，还应包括哲学、历史学、教育学等方面；由于俞平伯的"红学"观点反映了"胡适派唯心论思想"，最终主要是批判"胡适派唯心论思想"。

为什么有这样一个逻辑？经过毛泽东修改的周扬在1954年12月8日中国文联主席团、中国作协主席团的扩大联席会议上的讲话，说得很明确：因为胡适是"中国资产阶级思想的最主要集中的代表者。他涉猎的方面包括文学、哲学、历史、语言各个方面"，"而他从美国资产阶级贩来的唯心论实用主义哲学则是他的思想的根本"，"在人民和知识分子的头脑中还占有很大的地盘。不能设想，不经过马克思主义在各个具体问题上的彻底批判，唯心论思想可以自然消灭"。

接下来，思想文化界在批判胡适思想的计划草案中，拟定了九个题目：胡适哲学思想批判、胡适政治思想批判、胡适历史观点批判、胡适《中国哲学史》批判、胡适文学思想批判、胡适《中国文学史》批判、考据在历史学和古典文学研究工作中的地位和作用、《红楼梦》的人民性和艺术成就及其产生的社会背景、关于《红楼梦》研究著作的批判（即对新旧"红学"的评价）。

对胡适派唯心论思想的批判，根本上是一个哲学问题。毛泽东最关注的，也是克服唯心论哲学在新中国思想文化领域的影响。1954年12月，哲学家李达把自己写的《胡适的政治思想批判》和《胡适思想批判》两篇文章寄送毛泽东，毛泽东读后回信表示："觉得很好。特别是政治思想一篇，对读者帮助更大。""建议对一些哲学的基本概念，利用适当的场合，加以说明，使一般干部都能够看懂。要利用这个机会，使成百万的不懂哲学的党内外干部懂得一点马克思主义的哲学。"

思想文化界的这场运动，在1955年就结束了。毛泽东对一些批判文章全盘否定胡适的学术贡献，是有保留的。1957年，他明确讲："我们开始批判胡适的时候很好，但后来就有点片面性了，把胡适的一切全部抹杀了，以后要写一两篇文章补救一下。"

此后，毛泽东继续关注和阅读"红学"论著。1964年8月，他在北戴河关于哲学问题的谈话中，对"红学"诸家做了一个整体分析："《红楼梦》写出二百多年，到现在还没有搞清楚，可见问题之难。有俞平伯、王昆仑，都是专家。何其芳也写了个序，又出了个吴世昌。这是'新红学'，老的不算。蔡元培对《红楼梦》的观点是不对的，胡适的看法比较对一点。"这里，把中国近代以来有影响的"红学"代表人物都点了出来,在同"旧红学"的对比中,认为胡适开启的"新红学","比较对一点"。这多少是对"新红学"的一种客观评价。

推动报刊争鸣,落实"双百"方针

报纸杂志,是毛泽东判别风向,引导时事的一个很重要的抓手,也是他很得心应手的工作方法。

毛泽东读报纸杂志,很注意一些带有学术倾向性的文章。看到合适的,他总是推荐,甚至修改,或为其他报刊转载代拟编者按语,以期在思想界学术界发生影响。这类阅读,事实上是他指导和促进理论学术建设,落实他在1956年提出来的"百花齐放、百家争鸣"这个繁荣科学文学方针的具体举措。

1956年2月,周谷城在《新建设》上发表《形式逻辑与辩证法》,引起学界讨论,大多不赞成周的观点。毛泽东关注到此事,找来一些文章阅读,发现1957年初《教学与研究》发表的王方名的三篇文章和周谷城观点相近,遂提议把王方名的三篇文章汇成小册子出版。事后转告周谷城:他的观点并不孤立。为了推进这场逻辑问题的学术讨论,1957年春天,毛泽东还几次同有关人员进行研究座谈。第一次是3月15日,地点在中南海颐年堂,参加座谈的有康生、陆定一、陈伯达、胡乔木等思想宣传工作方面的负责人,足见其重视程度。第二次是4月10日,同《人民日报》几位负责人和有关人员谈报刊工作,同时也谈到逻辑学的讨论情况。第三次是4月11日,他出面邀集周谷城、王方名,还有金岳霖、冯友兰、郑昕、贺麟、费孝通等哲学名家,到中南海专门讨论逻辑问题,让大家畅所欲言。大国领袖,为讨论逻辑话题,用力如此之深,或许仅毛氏一人。他此后提出把近几十年来中外逻辑学著述,和近年以来逻辑学讨论文章,汇编成系列出版,即发端于1957年的这场讨论。

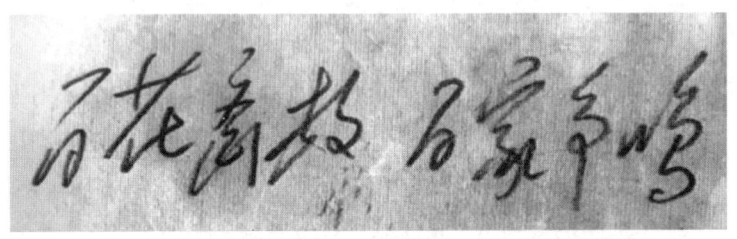

毛泽东关于"双百"方针的手迹

1957年初,在推动文艺界贯彻"双百"方针的过程中,毛泽东在不同报刊上,读了王蒙的小说《组织部新来的年轻人》和李希凡对这篇小说的评论文章,读了钟惦棐《电影的锣鼓》,读了陈其通等四人的《我们对目前文艺工作的几点意见》,读了姚雪垠的散文《惠泉吃茶记》以及越剧演员范瑞娟的生活随笔《我的丈夫》。对这些引起争论的作品和文章,他批示印发给一些人阅看,或在会议上发表自己的观感,有鼓励,有建议,有辩护,有批评,态度鲜明。这种做法,对活跃文化界气氛产生不小影响。

1957年春天,毛泽东从《光明日报》上读到李汝祺《从遗传学谈百家争鸣》一文,随即让《人民日报》转载,并把题目改为《发展科学的必由之路》,还代拟编者按语,表示"我们赞成这篇文章"。这对推动科学界贯彻"双百"方针,正确处理学术矛盾是起了作用的。

1959年2月19日,《光明日报》发表翦伯赞《应该替曹操恢复名誉——从〈赤壁之战〉说到曹操》一文,毛泽东读后,深有同感,多次宣传该文观点。2月23日,他同秘书林克谈到当时史学界关于为曹操翻案的讨论,提出曹操和秦始皇都应该恢复名誉。这期间,他还和老同学周世钊讲,为曹操翻案符合历史唯物论观点,但周世钊认为曹操人品不好,不该为他翻案。5月10日,他又专门致信周世钊:"上次谈话未畅,历史唯物论观点讲得不透,可以再来一谈否?"在毛泽东的推动下,史学界于1950年代末就如何评价曹操等历史人物进行了深入讨论。

1960年11月,毛泽东从《光明日报》上读到哈尔滨工业大学一些教师写的《从设计"积木式机床"试论机床内部矛盾运动的规律》,提出让《红旗》杂志予以转载,并代《红旗》杂志编辑部给作者们写信说,"我们很喜欢读你们的这类文章。你们对机械运动的矛盾的论述,引起了我们很大的兴趣","只恨文章太简略,对六条结论使人读后有几条还不甚明了。你们是否可以再写一篇较长的文章"。哈尔滨工业大学的一些教师根据毛泽东的建议,又写出《再谈机床内部矛盾运动的规律和机床的"积木化"问题》一文,发表在《红旗》杂志1961年第9、10期合刊上面。

1964年7月,毛泽东读到姚文元《评周谷城先生的矛盾观》和金为民、李云初《关于时代精神的几点疑问——与姚文元商榷》两篇争鸣文章,遂让中宣部把两文合在一起印成小册子,发给来京参加京剧现代戏会演的人员阅读。毛泽东还为这个小册子写了一个按语:"文艺工作者应当懂得一点文艺理论,否则会迷失方向。这两篇批判文章不难读。究竟谁的论点较为正确,由读者自己考虑。"

1965年7月，毛泽东读到南京文史研究馆馆员高二适写的《〈兰亭序〉真伪驳议》手稿。郭沫若此前发表《由王谢墓志的出土论到〈兰亭序〉的真伪》，提出传世的《兰亭序》书帖不是王羲之真迹，乃后人伪托；高二适不同意，认为传世的《兰亭序》确实是王羲之真迹。大概是碍于郭沫若的名声，有人不主张发表高二适的文章，毛泽东得知后，随即表示：争论是应该有的，我当劝说郭老、康生、伯达诸同志赞成高二适一文公之于世。同时致信郭沫若："笔墨官司，有比无好。"高二适的文章在这年7月23日《光明日报》上发表后，引发一场关于《兰亭序》真伪的学术大讨论。郭沫若写《〈驳议〉的商讨》一文答辩，发表前也送给了毛泽东，毛泽东在清样上改正了一些错排字，有的地方还做了批注，复信郭沫若表示，"第一页上有一点文字上的意见，是否如此，请酌定"。

毛泽东通过广泛阅读，关注和推动学术讨论的事情，还有不少。诸如：在文艺方面，有创作中的形象思维问题，新体诗歌的发展方向问题，绘画艺术是否可以使用裸体模特儿的问题；在历史方面，有中国古代历史的分期问题，农民战争推动历史进步和地主阶级的让步政策问题，商纣王、秦始皇、李秀成的评价问题；在哲学方面，有老子的哲学是主观唯心主义还是客观唯心主义的问题，矛盾的同一性及一分为二和合二为一的问题；在自然科学方面，有遗传学领域的李森科学和摩尔根学派的争论问题。这些，都未及详述。只从上面所述几件，毛泽东的学术兴趣之广，就已经让人有些惊讶了。其落实"双百"方针之诚，似也在不言之中。

评价苏联"哲学辞典",思考人民内部矛盾

1950年代至1960年代初,不少领导干部和知识分子,都比较熟悉苏联哲学家尤金和罗森塔尔主编的《简明哲学辞典》。1939年这本辞典作为《联共(布)党史简明教程》参考资料出版。到1954年,即已增改四版,达七百多个条目,译成中文有六十七万字,事实上成为一部独立的和系统的哲学辞典。《简明哲学辞典》当时在中国大受欢迎,是学习马克思主义哲学难以替代的工具书。

毛泽东和《简明哲学辞典》主编之一尤金很熟悉。1950年代初尤金受毛泽东邀请来中国,负责校阅《毛泽东选集》的俄文译稿,后又成为苏联驻华大使。两人时常讨论哲学。毛泽东曾开玩笑地对尤金说,《简明哲学辞典》的一些条目,特别是其中的"同一性"条目,"是整我的"。

1957年1月27日,在北京召开的全国省、市、自治区党委书记会议上,毛泽东公开发表了对《简明哲学辞典》的看法。他说:"斯大林有许多形而上学,并且教会许多人搞形而上学……苏联编的《简明哲学辞典》第四版关于同一性的一条,就反映了斯大林的观点。辞典里说:'像战争与和平、资产阶级与无产阶级、生与死等等现象不能是同一的,因为它们是根本对立和互相排斥的。'这就是说,这些根本对立的现象,没有马克思主义的同一性,它们只是互相排斥,不互相联结,不能在一定条件下互相转化。这种说法,是根本错误的。"

在1959年8月八届八中全会讲话中,毛泽东再次重申自己的看法:《简明哲学辞典》"把同一性混同于形而上学的同一性,与马克思主义的同一性完全是两回事。因而否定战争与和平、无

产阶级与资产阶级、生与死有同一性,可以转化。我对尤金说,你这个东西是整我的,他回答不了。我说,既没有同一性,战争为什么转化为和平、和平又转化为战争,如第一、二次世界大战,抗美援朝,就是和平转化为战争,战争转化为和平。这两个东西,照形而上学看是完全隔绝的"。

经毛泽东推荐,中国哲学界在报刊上开展了关于矛盾的同一性与斗争性、思维与存在有没有同一性问题的讨论。1960年11月12日,他看到当天《人民日报》登载的关于这场讨论的综合介绍,当即要该报把文中提到的几篇不同观点的文章全部找来给他看。

毛泽东当时如此重视"同一性"这个哲学概念,除《简明哲学辞典》的解释确有片面性外,显然还有别的动因。至少,与他下面三个方面的考虑有关。

第一,从思想方法上总结和反思斯大林犯错误的教训。1956年苏共二十大揭开了斯大林犯错误的"盖子",毛泽东由此探寻斯大林晚年犯错误的原因。1956年八大期间,他同南斯拉夫党的代表团谈话时就总结说:"斯大林提倡辩证唯物主义,有时也缺乏唯物主义,有点形而上学;写的是历史唯物主义,但做的常是历史唯心主义。他有些做法走极端,个人神化、使人难堪等等,都不是唯物主义的。"在1957年1月27日全国省、市、自治区党委书记会议上,他又提出:"对立面的这种斗争和统一,斯大林就联系不起来。苏联一些人的思想就是形而上学,就是那么硬化,要么这样,要么那样,不承认对立统一。因此,在政治上就犯错误。""斯大林时期,反革命就只有杀头的一个办法,犯错误的也杀头,偶尔有不同意见,就排除,就抓起来,就斗争,就叫'反苏',对立不能统一,不能转化。"这些分析,既指出了斯大林犯错误在思想方法上的原因，也解读了《简明哲学辞典》中"同一性"这个条目的片面性及其现实危害。

第二，促进党内领导干部进一步理解和认同"百花齐放、百家争鸣"的方针。怎样避免斯大林那样的形而上学错误？办法就是让正确的东西同错误的东西在比较和斗争中发展。这是毛泽东提出"双百"方针的初衷。但是，这个方针提出来后，苏联和东欧一些国家有不同意见，认为是放弃马克思主义在科学文化领域的指导地位，会引起反马克思主义思潮。贯彻"双百"方针，在国内也有阻力。毛泽东甚至估计：全国地厅级以上干部，真正理解和赞同"双百"方针的，也就十分之一。在1957年1月27日省、市、自治区党委书记会议上，他批评《简明哲学辞典》对同一性的错误解释，正是为了阐述实行"双百"方针的必要性。他说，我们要解释和发展辩证法的对立统一学说，"从这个观点出发，我们提出了百花齐放、百家争鸣这个方针"，"双百"方针就是要在比较和斗争中发展正确的东西，实现对立面的同一性和转化。

第三，毛泽东当时正在酝酿如何处理人民内部矛盾问题，强调对立面的同一性和转化，正好是他思考这个问题的哲学工具。在1957年1月27日的省、市、自治区党委书记会议上，他专门谈到怎样看少数人闹事的事情，认为研究这个新问题，在思想方法上必须承认矛盾的对立和转化。他说："对闹事又怕，又简单处理，根本的原因，就是思想上不承认社会主义社会是对立统一的，是存在着矛盾的"，"一部分是敌我矛盾，大量表现的是人民内部矛盾"。要正确处理人民内部矛盾，就必须树立和坚持矛盾同一性转化的思想方法。一个月后发表的《关于正确处理人民内部矛盾的问题》讲话，便吸收了这次讲话的许多内容。

《简明哲学辞典》同当代中国政治的瓜葛，还没有完。

1959年8月，在庐山会议期间，毛泽东让人从《简明哲学辞典》里选出一些条目内容，编成一份题为《经验主义，还是马克思列宁主义》的材料，发给与会者。他还给与会者写信，建议读《简明哲学辞典》，要求在半年内读完，并说：该书"基本上是一本好书。为了从理论上批判经验主义，我们必须读哲学"，"在这里印出了《哲学小辞典》中的一部分，题为《经验主义，还是马克思列宁主义》，以期引起大家读哲学的兴趣"。

1959年读《简明哲学辞典》，背景和1957年已明显不同，重点转向了该书对经验主义的批判。这主要是针对彭德怀等人的，毛泽东认为其思想方法属于"经验主义"。抽象看，运用《简明哲学辞典》若干条目的观点来反对经验主义，似无不妥。但把这个帽子戴在彭德怀等人头上，则是误判，显然错了。阅读与实际的脱离，运用书本的复杂性，此为一例。

借助人物史传，纠正"大跃进"领导作风

1958年"大跃进"运动的失误，主要是违背经济发展的客观规律，以搞群众运动的方式来搞经济建设。从领导作风和工作方法上讲，反映出当时党内领导干部中存在的不良风气。诸如：遇事不商量，在生产指标上给下面很大压力；蛮横压制不同意见，只看"风向"作决策；对上不敢讲真话，一味浮夸。这些，都属于官僚主义、主观主义、命令主义。毛泽东发现"大跃进"的错误后，下决心纠正领导和工作方法，由此阅读推荐三篇历史人物传记。

一是阅读推荐《明史·海瑞传》，提倡"海瑞精神"。

1959年，毛泽东多次在中央会议上宣传海瑞精神，即敢讲真话、说实情的精神，还把《明史·海瑞传》推荐给周恩来、彭德怀等人阅读。4月5日，他在上海召开的中共八届七中全会上说：我们共产党高级干部很不勇敢，不肯尖锐。无非是怕穿小鞋，怕失掉职务，怕失掉选票。我就讲透这些人的心事，连封建时代的人物都不如。接着，便搬出海瑞，把《明史·海瑞传》记载的海瑞不怕坐牢杀头，上书直言时弊的故事讲了一遍。最后总结说：你看海瑞那么尖锐，他写给皇帝的那封信就很不客气，我们的同志有海瑞那样勇敢？

毛泽东讲海瑞精神，不只是一般性的倡导，还借此对自己在发动"大跃进"过程中很少听到真话进行反思。在1959年4月5日的会议上，他明确地说："现在搞成一种形势，不大批评我的缺点。你用旁敲侧击的办法来批评也可以嘛。""少奇等是在我身边多年的战友，在我面前都不敢讲话。"

二是阅读推荐《三国志·魏书·郭嘉传》，推崇"多谋善断"。

毛泽东这期间阅读推荐最多的是《三国志·魏书·郭嘉传》，目的是希望领导干部做事情、订计划，既要善于听取不同意见，又要善于集中不同方面的意见，及时地做出正确的决策，像曹操和郭嘉那样"多谋善断"。

1959年3月2日在郑州会议上，他几乎原原本本地把《郭嘉传》的内容讲了一遍。总结说："我借这个故事来讲，人民公社党委书记以及县委书记、地委书记，要告诉他们，不要多端寡要，多谋寡断。谋是要多，但是不要寡断，要能够当机立断；端可以多，但是要抓住要点。这是个方法问题。"讲这些，是要求领导干部不要陷入"辛辛苦苦的官僚主义",制定决策要多商量,发现问题赶快纠正。

一个月后,在上海会议上又讲了一遍《郭嘉传》的故事,然后说:此人足智多谋,协助曹操南征北战,策谋帷幄,出了许多好主意,值得我们学习。毛泽东由此联想到"大跃进"运动中,一些领导干部不是多端寡要、好谋无决,就是少谋武断、独断专行,随即进一步解释:多谋就是要和各方面去商量,听取不同意见,没有多谋,就不可能有善断。人们对事情的判断有三种情况:正确判断,武断,断得不及时。要当机立断,不能犹豫不决。反对党内的一些不良倾向,也要当机立断。一直到1959年庐山会议期间,他还讲郭嘉事迹,说1958年经济计划搞乱了,应该像郭嘉那样多谋善断,留有余地,甚至发出"国难思良将"这样的感慨。

三是阅读推荐《史记·郦生陆贾列传》,呼吁"民主纳谏"。

事实上,郭嘉和曹操遇合,也是谋与断的结合,既成就了郭嘉,也成就了曹操。但历史上并不是所有领导团队中的决策者和谋划者,都能像曹操和郭嘉那样幸运遇合。最典型的悲剧,就是项羽和范增。1962年1月召开的七千人大会,总结"大跃进"的经验教训。毛泽东在1月30日的大会上,谈到《史记》记述刘邦善于纳谏而取得胜利,项羽不听意见而失败的一些情况,发挥说:"从前有个项羽,叫作西楚霸王,他就不爱听别人的不同意见。他那里有个范增,给他出过些主意,可是项羽不听范增的话。另外一个人叫刘邦,就是汉高祖,他比较能够采纳各种不同的意见。"接着详细讲了《史记·郦生陆贾列传》记载郦食其求见刘邦的故事,最后归结为:"刘邦是在封建时代被历史家称为'豁达大度,从谏如流'的英雄人物。刘邦同项羽打了好几年仗,结果刘邦胜了,项羽败了,不是偶然的。"

比较刘邦、项羽不同领导方式的成败,针对的是"大跃进"期间一些领导干部不讲民主、不肯纳谏的作风。毛泽东在讲话中直面现实,提出告诫:"我们现在有些第一书记,连封建时代的刘邦都不如,倒有点像项羽。这些同志如果不改,最后要垮台的。不是有一出戏叫《霸王别姬》吗?这些同志如果总是不改,难免有一天要'别姬'就是了。"

海瑞的精神在"真直",郭嘉的谋断在"胆识",刘邦的纳谏在"肚量"。这三样东西,正是"大跃进"期间不少领导干部所缺少的。毛泽东用它们来匡正领导作风的时弊,看得准,用得也贴切。更重要的是,借史传人物故事来提醒干部,不会出现剑拔弩张的气氛,给人的警省,却很深刻。由此看出毛泽东用书、荐书的娴熟老到。

编选《不怕鬼的故事》,应对多事之秋

1950年代末到1960年代初,对中国来说是多事之秋。中国面临的压力和困难接踵而至:1959年3月西藏发生武装叛乱,我们的平叛是国内事务,国际上却掀起反华浪潮,受此影响,原本和睦的中印关系,走向紧张;1959年6月苏联中止和中国达成的有关原子弹研究的协议,9月苏联发表声明批评中国,偏袒印度,把中苏之间的分歧公开化,中苏友好关系开始解体,随后进入论战状态,进而引发两国关系的紧张;也正是从1959年开始,由于大跃进的失误和自然灾害,中国经济发展和人民生活进入严重困难时期。

以什么样的精神状态来应对这些挑战和压力,渡过难关,是毛泽东当时考虑得比较多的一个问题。

从1959年春天开始,他在不同场合经常讲古代笔记小说中的一些不怕鬼的故事。5月6日,他向十一个国家的访华代表团介绍了西藏分裂分子武装叛乱和中印关系的紧张情况后,随即把话题引向"不怕鬼",第一次提出编选《不怕鬼的故事》的设想。他说:世界上有人怕鬼,也有人不怕鬼。鬼是怕它好呢,还是不怕它好?经验证明,鬼是怕不得的。越怕鬼就越有鬼,不怕鬼就没有鬼了。中国小说里有一些不怕鬼的故事,我想把不怕鬼的故事编成一本小册子。

说干就干。毛泽东让胡乔木落实这件事,随后把任务交给了中国科学院文学研究所所长何其芳。1959年夏天,《不怕鬼的故事》便基本编成。这部书稿从古代笔记小说里选了几十篇人们和鬼魅斗智斗勇的故事,短则几十字,多也不过千字。毛泽东读了书稿,选择部分故事在一个会议上印发。此后,他又让何其芳进一步精选和充实,遂成七十篇,共六万多字。因是文言,每篇又相应做了注解,何其芳还写了一个序言,说明为什么编选这样一本书。

或许是由于国际局势尚不明朗,还需要看一看,想一想,在什么时机推出《不怕鬼的故事》更为合适,出版之事由此压了一年多时间。1960年12月1日,八十一个共产党和工人党在莫斯科举行的代表会议,经过长时间的争论,终于达成协议,签署了共同声明,初步缓和了中苏分歧加剧趋势,基本维护了国际社会主义阵营的团结。1961年1月召开的中共八届九中全会,又确定了"调整、充实、巩固、提高"的方针,破解国内经济困局也相应有了些办法。在这种情况下,毛泽东觉得推出《不怕鬼的故事》的条件成熟了。用他的话来说，这时候让人读此书，"可能不会那么惊世骇俗了"。

1961年1月4日，毛泽东约何其芳谈序言的修改。何其芳根据毛泽东的意见改完序言，送给毛泽东，毛泽东又加写多处。其中有一句是："难道我们越怕'鬼'，'鬼'就越喜爱我们，发出慈悲心，不害我们，而我们的事业就会忽然变得顺利起来，一切光昌流丽，春暖花开了吗？"在序言末尾加写的一大段话里，毛泽东把他提议编选《不怕鬼的故事》的现实意义表达得格外直接："读者应当明白，世界上妖魔鬼怪还多得很，要消灭它们还需要一定时间，国内的困难也还很大，中国型的魔鬼残余还在作怪，社会主义伟大建设的道路上还有许多障碍需要克服，本书出世就显得很有必要。"

《不怕鬼的故事》于1961年2月由人民文学出版社正式出版。付印前，他批示把清样送给刘少奇、周恩来、邓小平、周扬、郭沫若看，询问他们是否还有修改意见；出版时，又指示将序言在《红旗》和《人民日报》上登载，把全书译成几种外文；出版后，又推荐给参加整风的干部们阅读。如此大张旗鼓地推荐，显然是把《不怕鬼的故事》作为现实政治斗争和思想教育的工具。

毛泽东当时说的"鬼"，有两层含义，一是国际上的反华大合唱，一是国内的困难和障碍。编辑《不怕鬼的故事》的初衷，和毛泽东这期间写的《卜算子·咏梅》、《七律·和郭沫若同志》、《七律·冬云》几首诗词，可为互证。在诗词里，他描述的形势和压力是："妖为鬼蜮必成灾"、"万花纷谢一时稀"、"高天滚滚寒流急"，和编选《不怕鬼的故事》所面临的情况是一样的。在诗词里，他所倡导的精神，和《不怕鬼的故事》也如出一辙，即坚定意志、敢于斗争、敢于胜利，不仅不应该怕"鬼"，还要主动打"鬼"。诸如"金猴奋起千钧棒，玉宇澄清万里埃"，"已是悬崖百丈冰，犹有花枝俏"，等等。郭沫若当时读了《卜算子·咏梅》后，曾评论说："我们的处境好像很困难，很孤立，不从本质上来看问题的便容易动摇。主席写了这首词来鼓励大家，首先在党内传阅的，意思就是希望党员同志们要擎得住。"编辑出版《不怕鬼的故事》，为着同一目的，发挥同样作用。

当然，面对各种鬼魅压力，不是只讲"不怕"就能管用的。从毛泽东的历次谈话和对《不怕鬼的故事》序言的修改来看，不怕"鬼"的精神，有这样一些内涵：怕"鬼"没用，越怕，"鬼"越多；只要战略上藐视，战术上重视，就一定能战胜各种各样的"鬼"；不怕"鬼"进而打"鬼"，是一个长期的过程；要注意争取和改造"半人半鬼"对象。

研究西方政要著述，把握国际局势

从1950年代后期开始，毛泽东在各种场合谈论西方政要著述的情况多了起来。这大概与他更多地关注东西方冷战格局，开始考虑调整国际战略有关。阅读国际材料和西方政要的著述，可以及时正确地判断和把握国际局势。

1958年10月，美国心理学家哈里和波娜罗·奥佛斯特里特夫妇出版《关于共产主义我们必须知道些什么》。杜勒斯临死前，将此书推荐给艾森豪威尔，作为和社会主义阵营做斗争的参考。中联部摘录书中有关当时国际形势和美国反苏反共基本政策方面的内容，报给毛泽东。毛泽东在1960年1月读后批示："各同志阅，退毛。"这个摘录分四部分：资本主义同共产主义势不两立；赫鲁晓夫的和平竞赛"是一场帝国主义战争"；谈判"必须从实力出发来进行"；美国共产党"是为法律所不允许的"。第三部分说道：和共产党人谈判时，"会议桌——即使管它叫作和平桌——也不过是进行战争的另外一个场所罢了"。毛泽东读至此，批注："说得对。"两个阵营的冷战，可谓是知己知彼，心照不宣。

毛泽东读法国戴高乐的《战争回忆录》，从中了解到戴高乐对待英国和美国的态度，很欣赏他敢于和英美"闹别扭"的勇气。戴高乐在1957年表示要参加总统竞选。1957年11月，毛泽东访问苏联时，曾对赫鲁晓夫说戴高乐会上台，但赫鲁晓夫不相信，连法国共产党也不相信。1958年6月，毛泽东又提出戴高乐"登台好，还是不登台好"这个问题，在中央领导层讨论。他对讨论做的结论是："这个人喜欢跟英美闹别扭，他喜欢抬杠子。他从前吃过苦头的，他写过一本回忆录，尽骂英美，而说苏联的好话。现在看起来，他还是要闹别扭的。法国跟英美闹别扭很有益处。"这个判断，与国际国内当时多数意见不同。那时，国际评论说戴高乐上台就是法西斯上台，但毛泽东从戴高乐《战争回忆录》中看出他的民族意识很强，对美国的控制和干涉不买账，不屈服，这对推动欧洲中立主义的发展有好处。

戴高乐上台后的政策，证明毛泽东的判断是对的。1960年5月27日，他同英国蒙哥马利的谈话中还讲到，我们对戴高乐有两方面的感觉：第一，他还不错；第二，他有缺点。说他还不错是因为他有勇气同美国闹独立性。他不完全听美国的指挥棒，他不准美国在法国建立空军基地，他的陆军也由他指挥而不是由美国指挥。法国在地中海的舰队原来由美国指挥，现在他也把指挥权收回了。这几点我们都很欣赏。另一方面他的缺点很大。他把他的军队的一半放在阿尔及利亚进行战争，使他的手脚被捆住了。戴高乐去世的时候，中国发电报吊唁，毛泽东的解释是："就是因为他反对过希特勒，反对过美国。"

1960年1月，英国前首相艾登的回忆录一发表，正在外地集中阅读苏联《政治经济学教科书》的毛泽东，就立即找来《艾登回忆录》中译本阅读，随后对读书小组的人评论说：艾登发表了他的回忆录，大骂杜勒斯，说艾森豪威尔也是坏人，写了不少我们过去不知道的关于帝国主义内部的矛盾和争吵。帝国主义国家当局的回忆录，很值得看看。这年5月会见英国元帅蒙哥马利，他又讲：我读过艾登的回忆录。他讲到美国在组织东南亚条约组织的时候，英国希望印度参加，来对付美国，美国坚决反对，说如果英国要印度参加，美国就要蒋介石和日本参加。艾登在回忆录中说，他想不通蒋介石怎么能同尼赫鲁相提并论。毛泽东的这些引述，表明他的阅读总是敏锐地把握西方各国的内部动向，特别是他们相互间的矛盾和有关中国的政策，以做我方应对的参考。

蒙哥马利的这次访华，大概给毛泽东的印象不错，随后找来世界知识出版社刚刚出版的蒙哥马利《一种清醒的作法——东西方关系研究》来读。该书的主要论点是：西方虽取得对德战争的胜利，但在政治上输给苏联；西方战后在同东方的全球性斗争中实际遭受失败；未来的斗争已转为政治、经济和意识形态，西方必须改变策略，承认东西方关系中的某些"现实因素"；争取一个"友好的中国"应该成为西方政治目标之一。毛泽东在这类重要内容处做了一些圈画，还批送刘少奇、周恩来、邓小平读，说是"很有意思，必读之书"。

蒙哥马利1960年6月9日在出席一次宴会的演讲中，称赞中国革命对中国是有益的，贪污、腐化、地痞、流氓和洋鬼子都被赶走了；中国领袖有学问、有智慧，西方说中国领袖对世界了解很少并不正确。蒙哥马利还说，自己访问苏联和中国后得出两条结论：西方国家必须找出办法同共产主义共存；在共存的同时，西方国家必须尽一切努力来保存自己的基督教文明的基础。毛泽东读到这个演讲材料，批给江青阅看，提出"应当研究他为什么要说这些话"。

研读戴高乐、艾登、蒙哥马利等人的著述，注意西方各国的内部矛盾以及对中国的不同看法，对毛泽东此后提出"两个中间地带"和"三个世界划分"，以及"一条线"的国际战略思想，是有影响的。他在读苏联《政治经济学教科书》的谈话中提到艾登的回忆录，就曾发挥说："我国过去存在着地主买办阶级各派的矛盾，这个矛盾同时反映帝国主义之间的矛盾。正因为他们内部有这样的矛盾，我们善于利用这种矛盾，所以直接同我们作战的，在一个时期中只是一部分敌人，不是全体敌人，而我们常常因此得到了回旋的余地和休整的时间。"

毛泽东还细读过美国将军马克斯韦尔·泰勒的《音调不定的号角》，注意到他关于美国在核战争和常规战方面的策略。泰勒在艾森豪威尔执政时期，当过陆军参谋长，因不能实现自己的主张而辞职。肯尼迪当选总统后，又让他做三军参谋长联席会议主席。1963年7月会见古巴一个代表团时，毛泽东评论：泰勒在朝鲜和我们打过仗，他写的《音调不定的号角》，大家有机会最好看看。在这本书里，他批评杜鲁门和艾森豪威尔过去不重视常规武器战争。他认为，又要打原子战争，又要打常规战争，叫喊打原子战争，但又不打，这就叫作音调不定。

1965年1月，毛泽东同美国记者斯诺谈话时，再次谈到读泰勒《音调不定的号角》的体会：

> 我们也研究美国的军事著作。美国驻南越大使、前参谋长联席会议主席泰勒写了一本书，叫《不定音的号角》。看他那本书的意思，他是不大赞成核武器的。他说，在朝鲜战争中没用过，在中国解放战争中没用过，他怀疑以后的战争能够用这种东西制胜。他要争陆军的人数和用费，但是同时说也要造核武器，二者平行发展。——他代表陆军，要争取陆军的优先权。现在他又得到在南越实验的机会。

这番评论，足显阅读所起的"知彼"效用。毛泽东还读过尼克松的《六次危机》，1972年会见尼克松时，称赞他写得不错。1976年9月初，毛泽东逝世前已经说不出话来，依然关注当时日本自民党的总裁竞选，曾敲了三下木制床头，表示要看参选者三木武夫的书，工作人员随即找来上海刚刚出版的《三木武夫及其政见》，捧着给他看。对国外政局的关注和思考，伴其一生，哪怕已经无法清楚表达自己的判断和决策。这或许就是战略家的本色吧。

推荐三十本马列经典，着眼防修反修

1963年，中苏两党就如何认识和发展马克思主义的论战进入高潮，国内则开始进行社会主义教育运动。这两件事情，虽分属内外，但实际上互有关联。按当时的说法，都是为了防修反修。根据形势需要，毛泽东这年提出中高级领导干部要学习马列原著。

1963年5月，他审阅社会主义教育运动指导文件《关于目前农村工作中若干问题的决定（草案）》（即"前十条"），在加写的一段文字中提出阅读马列著作的事情："我们现在还有一些处在领导工作岗位的同志和许多从事一般工作的同志，并不懂得或者不甚懂得马克思主义的科学的革命的认识论，他们的世界观和方法论还是资产阶级的，或者有资产阶级思想的残余。他们常常自觉地或者不自觉地以主观主义（唯心主义）代替唯物主义，以形而上学代替辩证法。""为了做好我们的工作，各级党委应当大大提倡学习马克思主义的认识论，使之群众化，为广大干部和人民群众所掌握。"随后，中宣部根据毛泽东的意见，拟定了"干部选读马恩列斯著作目录"，即当时通常说的"三十本书"，最后报毛泽东审定。

这三十本著作中，马克思的八本，恩格斯的三本，列宁的十一本，斯大林的五本。要求如此大规模地阅读经典著作，是为了真正搞懂马克思主义的基本原理，使中高级干部能够识别、警惕当时毛泽东担心出现的修正主义。

有一事颇为蹊跷。三十本马列经典中，竟包含普列汉诺夫写的三本书，分别是《论一元论历史观之发展》、《论艺术》（又译《没有地址的信》）、《论个人在历史上的作用问题》。这是毛泽东提议加上的。他比较喜欢读普列汉诺夫的书，在一本《论一元论历史观之发展》上面，留下一些圈画和批注。书中讲"环境创造人，人创造环境"一段，还写有"英雄造时势，时势造英雄"的批语。毛泽东推荐的普列汉诺夫这三本书，分别从哲学、政治和文化角度，阐述了唯物史观。尽管列宁曾经称普列汉诺夫是"俄国马克思主义之父"，毛泽东也讲过普列汉诺夫在俄国传播马克思主义是有功劳的，相当于中国的陈独秀；但在中苏论战、防修反修的背景下，把普列汉诺夫纳入马列经典作家行列，似乎有些扞格不通。事实上，因为普列汉诺夫后来和列宁发生分歧，曾受到列宁的批判，当时中国理论界是把普列汉诺夫当作修正主义和机会主义者来看待的。人民出版社1963年出版的供批判用的内部"灰皮书"中，就有上下两册的《普列汉诺夫机会主义文选》。但不知编译者是否清楚，毛泽东在1963年7月11日召集宣传教育工作部门负责人开会，布置马列原著阅读计划时，专门讲："书目中还应有普列汉诺夫的著作。"

在这个会上，毛泽东还说：要有计划地进行，在几年内读完几十本马列的书。要有大字本，译文要校对一下，要为这些马列主义经典著作写序、作注，注解的字数可以超过正文的字数。要有办法引起中高级干部读书，有的人没有读书兴趣，先要集中学习，中级以上干部有几万人学就行了。如果有二百个干部真正理解了马列主义就好了。

对落实这个阅读计划，毛泽东抓得很细。1963年8月4日，他为印制大字本马列著作写信给周扬，特别嘱咐：封面不要用硬纸，《唯物主义和经验批判主义》、《反杜林论》这样的厚书，应分装四本或八本，以方便干部阅读。1964年2月15日，他在中宣部就组织高级干部学习马列著作一事的报告上，又对陆定一做出批示：三十本书，大字，线装，分册，此事"请你督促迅速办一下"，"每部印一万份、两万份或者三万份好吗？我急于想看这种大字书"。

这次提倡阅读马列主义著作，既然有中苏论战的背景，不妨再沉下来看看双方在论战中，是如何看待马克思主义的。

这场论战，就我方讲，是出于回答来自苏共中央的指责和攻击，有必要阐明我们在革命和建设中探索形成的理论和道路，同时反对国际社会主义阵营中存在的"老子党"、"猫鼠党"关系。随着论战加剧，两党关系恶化，在意识形态上相互指责，都认为自己坚持了真正的马列主义。分歧不限于理论认识，还导致国家关系紧张。由于苏联不断在政治、经济甚至在军事上对中国施加压力，使毛泽东更有理由相信，苏联违背了马列主义，进而使他阅读和提倡阅读马列著作时，不断地从中寻找反对修正主义的观点和词句。结果，就像邓小平后来总结的那样：论战双方"都讲了许多空话"，不能要求马克思和列宁为他们逝世五十年、上百年后，"所产生的问题提供现成答案"。邓小平还说："我们也不认为自己当时说的都是对的。"

中苏两党在意识形态上的论战，在今天看来，核心问题是在变化的条件下，如何认识和发展马克思主义。对这个问题当时没有搞清楚。但论战的国际背景，却促使毛泽东更重视国内的防修反修，进而把国际斗争和党内、国内的一些矛盾搅在一起，对现实国情做出错误估计，把一些工作上的意见分歧，视为阶级斗争和修正主义的表现。这种判断，进一步促使他重视从马列经典著作中去找依据，找答案，找思想武器。结果越是这样，越容易对中国社会主义建设的历史方位和现实国情出现误判，越发感到现实危机日益迫近，最终在实践中难免出问题，进而在理论与实践上都有可能陷入困惑。

未竟之志:"不知道还能写出什么东西来"

实施三十本马列著作阅读计划后,毛泽东开始落实此前提出的为这些马列著作"写序,作注"的设想。如果只是闷头泛泛阅读,效果如何,很难保证,确实需要结合中国革命和建设的实际,把学习的精要有针对性地提示出来。

做这件事情,是毛泽东由来已久的想法。

马克思和恩格斯先后为《共产党宣言》写了七个序言。在这些序言中,他们总要谈到《共产党宣言》的基本思想和某些论断,同1848年以后各国工人运动发展实际的关系,并反复强调,对《共产党宣言》阐述的基本原理的实际运用,"随时随地都要以当时的历史条件为转移"。毛泽东很重视这个观点,常引用这句话来强调必须在新的时代条件下发展马克思主义。1958年1月4日在杭州的一个会议上,他甚至提出:"以后翻译的书,没有序言不准出版。初版要有序言,二版修改也要有序言。《共产党宣言》有多少序言?许多十七、十八世纪的东西,现在如何去看它。这也是理论与中国实际的结合,这是很大的事。"在不同时间、不同环境,为同一本书写不同的序言,事实上是用实践的眼光、发展的眼光,来阅读吸收和运用发展经典著作的理论观点。在毛泽东看来,这涉及经典理论与中国实际如何结合、如何创新理论的问题,自然是"很大的事"。

在这方面,毛泽东很推崇列宁,认为列宁总是根据实践需要,不断进行理论创新。在读苏联《政治经济学教科书》的谈话中,他说:单靠老祖宗是不行的。只有马克思和恩格斯,没有列宁,不写出《两个策略》等著作,就不能解决1905年和以后出现的新问题。单有1908年的《唯物主义和经验批判主义》,

还不足以对付十月革命前后发生的新问题。适应这个时期革命的需要，列宁就写了《帝国主义论》、《国家与革命》等著作。

反顾自己，毛泽东觉得新中国成立后还没有写出满意的理论新作。也是在读苏联《政治经济学教科书》的谈话中，他发出这样的感慨："在第二次国内战争末期和抗战初期写了《实践论》、《矛盾论》，这些都是适应于当时的需要而不能不写的。现在，我们已经进入社会主义时代，出现了一系列的新问题，如果单有《实践论》、《矛盾论》，不适应新的需要，写出新的著作，形成新的理论，也是不行的。"

1961年12月5日会见委内瑞拉外宾时，他再次谈到这个未竟之志，语气更显遗憾：马列有很多书都要看，但其中有几卷特别值得仔细看的，就是列宁所说的马克思主义的最本质的东西；马克思主义的活的灵魂是对于具体情况的具体分析。像《资本论》、《反杜林论》这样的著作我没有写出来，理论研究很差。人老了，也不知道还能写出什么东西来。

1965年5月，毛泽东曾想就此做一次努力。他把陈伯达、胡绳、田家英、艾思奇、关锋等"秀才"召集到长沙，研究为马列经典著作"写序，作注"之事。讨论中，他建议先为《共产党宣言》、《国家与革命》等六本书写序言，六人一人一篇。毛泽东还表示，《共产党宣言》的序由他亲自来写。由于他随后开始重上井冈山之行，此事暂时放了下来。

1965年11月，毛泽东又把原班人马请到杭州，继续讨论撰写序言的事。写序用的两箱子马列经典著作大字本，也专门从北京运到了杭州。由于姚文元此时发表《评新编历史剧〈海瑞罢官〉》，时局骤变，"文革"序幕渐次拉开，毛泽东注意力转移。这个计划最终搁浅了。如果他当时真的为《共产党宣言》写出一篇序言，无疑会结合中国革命和建设的实际情况，把自己对马克思主义理论的新思考比较透彻地传达出来。

不过，毛泽东在1965年读李达《马克思主义哲学大纲》时写的批语，多少透露出他在哲学方面的创新思考。他在批语中提出，应该改变马克思主义哲学教科书中，把对立统一、质量互变、否定之否定并列为辩证法三大规律的做法。理由是："辩证法的核心是对立统一规律，其他范畴如质量互变、否定之否定、联系、发展等等，都可以在核心规律中予以说明。"

1965年12月21日，正是为《共产党宣言》等经典著作写序未果之时，毛泽东在杭州的一次谈话中再次谈道："辩证法的规律，过去说三大规律，斯大林说四个规律。三大规律，一直讲到现在。我的意见是，辩证法只有一个规律，就是矛盾的规律。"

1966年1月12日，在武汉同陶铸、王任重等人再次谈到李达这本书，他又讲："不把矛盾的对立统一作为唯物辩证法最根本的规律，离开矛盾的对立统一来谈什么运动、发展和联系，就不是真正唯物辩证法的观点。"

或许，未竟的理论创新之志，原本想从哲学上的突破开始。

十一、心智交流：书香润物细无声

新中国成立后，毛泽东在重大决策和重大问题上的读书、荐书和编书，关涉全党和全国的重大实践活动，具有政治上的考虑和突出的针对性。他的日常阅读，则既有工作需要，也是个人兴趣，还是和他人做思想交流的重要途径。三者相融，不分彼此。书香如春雨，润物细无声。所润之"物"，既是毛泽东的心智，也有他人的心智。

面向统战人士的情感通道

1949年冬，毛泽东约谈章士钊、符定一、刘斐等民主人士。当时担任中央文史研究馆馆长的文字学家符定一，曾是毛泽东早年在湖南全省高等中学读书时的校长。毛泽东知道他有一个口头禅，爱说"你认得几个字"。大家谈到魏晋南北朝文学，毛泽东随即背了一段庾信的《谢滕王赉马启》，开玩笑地问符定一：

"他（指庾信）总能认得几个字吧？"引得符老和众人心怡大笑。以这种方式和老先生们交流，就像今天的领导干部和年轻人交流对话，不得不懂些网络语言一样，在那个时代是必须的。而毛泽东恰恰有这样的文史优势。或许正是因为这次接触，符定一送来自己写的《联绵字典》，希望为其再版题词。这对毛泽东来说是个难题，自己在文字学上的发言权不够，作为国家领袖，为学术专著题词也不甚妥，终没有应允。

这样的情况不绝如缕。毛泽东经常接到一些民主人士和老知识分子的来信，其中不少是谈论学问之事；有的寄来自己的著述，希望得到评价。通常情况下，毛泽东对寄来的著述，总是收读后作一回信，私下里表达一些自己的看法。看起来是个人交往，实际上把阅读和做统战对象的思想工作融在了一起。

柳亚子是民国时期旧体诗坛领袖，又是国民党左派代表人物。新中国成立前后，几度写诗给毛泽东，毛泽东也几度奉韵应答。既有"牢骚太盛防肠断，风物长宜放眼量"的劝说，又共享"一唱雄鸡天下白，万方乐奏有于阗"的喜悦。此番唱和，此类交流，既是诗人情趣，文化对话，也是政治沟通的有效渠道。

原国民党将领陈铭枢，寄来自己写的《论佛法书》，请提意见。毛泽东虽然工作忙，但仍然"略读"，回信说："惟觉其中若干观点似有斟酌之必要，便时再与先生商略。"

研究少数民族历史的陈寄生寄来自己的专著，毛泽东"读悉"后回信："惟觉中国的历史学，若不用马克思主义的方法去研究，势将徒费精力，不能有良好结果。"

民主人士叶恭绰寄来参加过甲午海战、民国时期曾任海军总长的萨镇冰诗作一首，以及自己的诗作两首，毛泽东读后回信：

"萨先生现已作古，其所作诗已成纪念品，兹付还，请予保存。"

参加过戊戌变法的张元济，多次写信，先后寄来诗作《积雪西陲》、《告成诗》、《西藏解放歌》，以及所著《涵芬楼烬余书录》等，毛泽东均一一复信，说其"《积雪西陲》一诗甚好"，"《解放歌》具见热忱慷慨"。

文字学家杨树达来信要求看一下他写的《耐林庼甲文说》自序，并批评中国科学院审查该书时有官僚主义作风。毛泽东回复："惠书收读。序言已看过。并将大函转付科学院方面，请他们予以注意。"

从湖南一师老同学周世钊来信中，得知"某先生"写了本研究《楚辞》的书，不乏见解，毛泽东随即回复："某先生楚辞，甚想一读。"

看了原国民党将领张治中的《六十岁总结》，毛泽东立刻致信："一口气读完了"，"感到高兴。我的高兴，不是在你的世界观方面。在这方面，我们是有距离的。高兴是在作品的气氛方面，是在使人能看到作者的心的若干点方面，是在你还有向前进取的意愿方面"。

前清和伪满皇帝溥仪写的《我的前半生》还没有公开出版时，毛泽东就要来读过，并在1963年对外宾谈道："我们觉得他这本书写得不怎么好，他把自己说得太坏了，好像一切责任都是他的。其实，应当说这是一种社会制度下的一种情况。在那样的旧的社会制度下产生这样一个皇帝，那是合乎情理的。"

山东大学教授高亨寄来《周易古经今注》、《墨经校诠》、《老子正诂》等研究著述和词作《水调歌头》，毛泽东回信："高文典册，我很爱读。"

对老先生寄来的著述，毛泽东读得最细的，是章士钊长达一百万字的研究唐代文学家柳宗元的《柳文指要》，还关注该书的修改和出版。

毛泽东读此书稿，认真改掉一些错别字，指出书中序言的引文，尚有不当之处，并在"跋"文中加写一段话说："大言小言，各适其域。工也，农也，商也，学也，兵也，其中多数人，皆能参与文事之列。经济有变化，反映经济之政教亦将有变化，文事亦将有变化。一成不变之事，将不可能。"读过一遍，毛泽东还想再读一遍，给章写信催要已经退回的上部，并说："大问题是唯物史观问题，即主要是阶级斗争问题。但此事不能求之于世界观已经固定之老先生们，故不必改动。嗣后历史学者可能批评你这一点，请你要有精神准备，不怕人家批评。"毛泽东不仅自己读，还把《柳文指要》推荐给康生读，附信告诉康生这部书稿在学术上的贡献和研究方法上的缺憾：此书"颇有新义"，"大抵扬柳抑韩，翻二王、八司马之冤案，这是不错的。又辟桐城而颂阳湖，讥帖括而尊古义，亦有可取之处。惟作者不懂唯物史观，于文史哲诸方面仍止于以作者观点解柳（此书可谓解柳全书）"。章士钊请毛泽东看《柳文指要》，原意是希望他支持出版，不料此书出版事宜，在"文革"开始后生出曲折。这里先按下不表。

中国共产党一路走来，手持一个"法宝"，就是统一战线。新中国成立后，毛泽东和党外许多具有深厚文史素养的民主人士和老知识分子交往频繁。他的阅读优势，也就转化为一条别有洞天的通道，通向这些统一战线领域的朋友们的内心世界，成为和他们交流思想、密切感情的重要途径。

调查风物历史的别致途径

毛泽东生前有一个强烈愿望：骑马考察黄河、长江。他把这个计划，称为"学徐霞客"，大概是读《徐霞客游记》得到的启发。在1959年4月5日中共八届七中全会上的讲话中，他第一次明确提出骑马考察黄河、长江的想法，原话是："我很想学明朝的徐霞客。""从黄河口子沿河而上，搞一班人，地质学家、生物学家、文学家，只准骑马，不准坐卡车，更不准坐火车，一天走六十里，骑马三十里，走路三十里，骑骑走走，一直往昆仑山去，然后到猪八戒去过的那个通天河，翻过长江上游，然后沿江而下，从金沙江到崇明岛。"

为实施这个"学徐霞客"计划，毛泽东做了充分准备。1964年夏天在北戴河，定下出发日期，派出了打前站的人。但8月5日发生美国轰炸越南北方的"北部湾事件"，中国受到威胁，抗美援越势在必行。6日早晨，他在一份文件上批示："要打仗了，我的行动得重新考虑。"所谓"我的行动"，即指骑马考察黄河、长江之事。

"学徐霞客"，是实地调查研究，了解黄河、长江沿岸的地理气貌、风俗民情和历史材料。虽未能成行，但毛泽东喜欢阅读各地的方志，调查研究各地民情、地理和历史，起到的作用，和"学徐霞客"计划类似。事实上，在他看来，阅读本身就是对历史和现状的一种调查方式。1961年3月23日，他在广州中央工作会议上举例说："马克思、恩格斯提出的那些原理原则是经过调查得出的结论。如果没有伦敦图书馆，马克思就写不出《资本论》。列宁的《帝国主义论》，现在印出来是一个薄薄的本子，他研究的原始材料，比这本书不知厚多少倍。列宁的哲学著作

《唯物主义和经验批判主义》，是他用好几年时间研究哲学史才写出来的。"

读方志，是毛泽东到外地考察经常做的一件事情。新中国成立后，据可查的材料表明，他看过的方志书，不下三十部。

1952年10月30日到开封的当晚，他便找来《河南通志》、《汴京志》、《龙门二十品碑帖》阅读。

1958年3月4日下午一到成都，立即要来《四川省志》、《蜀本纪》、《华阳国志》阅读，几天后又读了《都江堰水利述要》、《灌县志》等。在成都召开中央工作会议期间，他又批示印发了一批书籍和文章，包括《都江堰资料》、《成都由来》、《武侯祠》、《杜甫草堂楹联集》、《司马错论伐蜀》。

1959年6月30日到庐山，清晨稍事休息，便借阅民国时期吴宗慈修的《庐山志》，随后又让人找来吴宗慈编的《庐山志续志稿》，在书上做了一些眉批。庐山会议期间，和湖南省委书记周小舟谈到《庐山志续志稿》，他认为：这部书写得很好，对理解现代历史有参考价值，蒋介石的庐山谈话都记录下来了，当时梁实秋有意迟到，名单最后是梁实秋，他虽然是资产阶级学者，也有爱国的一面，在学术上有才华。随后，毛泽东又讲起历史上"下轿伊始问志书"的典故，说：南宋大儒朱熹到南康郡（今江西星子县）走马上任，当地属官轿前迎接，他下轿开口就问《南康志》带来没有，搞得大家措手不及，面面相觑。谈此典故，实际是借以解释自己为何喜读方志，引起大家读方志的兴趣。

1965年5月21日，重上井冈山途经湖南茶陵，提出要看茶陵县志，当时茶陵未新修县志，只好找来1870年版的《茶陵州志》一读。

毛泽东外出考察，不仅喜欢读当地方志，还习惯找来一些前人吟咏当地的诗歌作品来读,甚至亲自编选一些反映地方特点的作品集子。1958年3月在成都中央工作会议期间,他就亲自编了两本小册子,一本《诗词若干首(唐宋人写的有关四川的一些诗和词)》,一本《诗词若干首(明朝人写的有关四川的一些诗)》,印发与会者。前一本集子,包括李白等十六位诗人的作品七十首左右;后一本集子,包括杨基等十二位诗人的作品二十首左右。毛泽东在会上专门介绍:"我们中央工作会议,不要一开会就说汇报,就说粮食产量怎么样,要务点虚,要务虚和务实结合,我们可以解决钢铁的问题,煤的问题,同时我们也要拿一点时间来谈谈哲学,谈谈文学,为什么不行呢?"让与会者阅读有关当地历史、地理和诗歌著述,意在让会议的气氛活泼一些,思路开阔一些,思想解放一些;在成都开会,让外地干部多了解一下四川的情况,扩展知识,不无好处。

1965年初冬在杭州,他让田家英为他借来一批古人吟咏西湖的诗词,浙江省委政治研究室由此编选了一本《西湖古诗集粹》,收录从唐初到清末一百位诗人的二百首作品。毛泽东读后,很感兴趣,认为可以出版,并把书稿交省委负责同志转给了出版社。

诗与历史,诗与地理,在他的阅读中,互相激活和印证,成为他熟悉掌握各地历史和地理的重要途径。

1957年3月17日,毛泽东乘飞机从徐州到南京,随兴把元代萨都剌的《木兰花慢·彭城怀古》写下来给秘书林克,还逐一讲解该词所写徐州历史上的人和事。全词为:

> 古徐州形胜,消磨尽,几英雄。想铁甲重瞳,乌骓汗血,玉帐连空。楚歌八千兵散,料梦魂,应不到江东。空有黄河如带,乱山回合云龙。

十一、心智交流:书香润物细无声

汉家陵阙起秋风，禾黍满关中。更戏马台荒，画眉人远，燕子楼空。人生百年如寄，且开怀，一饮尽千钟。回首荒城斜日，倚栏目送飞鸿。

　　他是这样对林克讲解全词的：这首词原题是"彭城怀古"，彭城就是古徐州，就是那个八百岁的彭祖家乡；"重瞳"是指项羽，他的坐骑叫"乌骓"，"玉帐连空"写他的失败；"戏马台"原是项羽练兵的地方，刘裕北伐时也曾在这里大会将校宾客；"画眉人"是西汉张敞，此人直言敢谏；"燕子楼"为唐朝驻徐州节度使张愔所建，他结识名妓关盼盼，收娶为妾，张死后归葬洛阳，关盼盼恋张旧情，独守空楼十余年，小楼多燕子，故称"燕子楼"。此番随谈，足见对徐州掌故之熟。

　　3月20日乘飞机离开南京，途经镇江上空时，他又写下宋朝王安石《桂枝香·金陵怀古》、辛弃疾《南乡子·登京口北固亭有怀》送给林克，还把这两首谈到的南京历史上的人物事件讲解了一遍。4月7日乘飞机鸟瞰浙江钱塘江入海口一带地貌，又书写柳永《望海潮·东南形胜》一词给林克。

表达人事期待的良苦用心

　　毛泽东私下向一些人荐书，也属常态，用意更为具体。往往是根据特殊情况，期待对方能从所荐之书中有所领悟和借鉴。

　　先说向亲属荐书。这类事颇为频繁。在延安时曾两次挑选中国书籍，托人带给在苏联的毛岸英和毛岸青。第二次挑选的书目，主要是中国文史和《精忠说岳》这类通俗小说，希望身在异国的他们，通过阅读这些普及读物，对中国历史文化有所了解。1954年夏天，毛泽东第一次到北戴河，在那里给李敏、李讷写信，让他们读曹操的《观沧海》，大概是想让孩子们通过此诗，和他一样感受北戴河观海的壮阔。1958年李讷生了一场病，毛泽东写信让她读王昌龄《从军行·青海长云暗雪山》，说"这里有意志"，"意志可以克服病情"。1960年12月，他把亲属和身边工作人员召集到一起，向他们推荐《史记·苏秦张仪列传》，还把这篇传记的内容原原本本地讲给他们听，最后归结为："人没有压力不会进步。"希望他们善于接受批评帮助，树立干一番事业的志气。1962年，他给邵华写信，嘱咐"要多读"汉乐府诗中《上邪》一篇，"女儿气要少些，加一点男儿气"。1963年，他写信给李讷，推荐《庄子·秋水》，说读了这篇文章，就"不会再做河伯了"，要她避免像其他干部子女那样"翘尾巴"。凡此等等，完全是一副情细理微、循循善诱的家长模样。

对身边工作人员，毛泽东则鼓励他们多读理论书。1957年8月4日，他请秘书林克找列宁的《做什么?》和《四月提纲》，在信中特别交代：要多读点理论书，理论书不容易读，但要培养兴趣，"如倒啖蔗，渐入佳境，就好了"。1960年，他找来好几本冯契写的《怎样认识世界》，送给身边工作人员，希望他们懂得一些唯物史观和辩证法。他还把自己阅读过的一本《怎样认识世界》送给机要室的一位青年，对她说：冯契这本书，"比较通俗易懂，是适合你们青年人读的，个别处有错误也无妨"。这位青年拿回书一看，上面有毛泽东的许多圈画和批注。比如，在"什么是革命的实践"一节中，作者说，资产阶级的一切行为"从来就是不合理的，亦即不合乎社会发展规律的，所以根本不成其为人类的革命实践"，毛泽东打了一个大问号，批了三个字："反历史。"书中又说，"孔子比起老子来要实际一些"，中国哲学家讲"身体力行"、"知行合一"，但他们所谓行，"只是进行道德实践，做一些教育工作，参加一定的政治活动"。毛泽东在"道德实践"、"教育工作"、"政治活动"三个概念处打上问号，批了"混淆"二字，又写一句："孔子也有一些实践，为什么资产阶级反而没有呢？"

对在中央工作的一些笔杆子，毛泽东不是简单地荐书，而是和他们互动学习，要求更高。1953年，《学习译丛》刊登一篇题为《评罗森塔尔的〈马克思主义辩证法〉》的文章，认为辩证法讲"对立的统一"概念，是黑格尔表述方式的残余，应该用"对立的斗争"这个概念来代替。胡乔木看后推荐给毛泽东，毛泽东读后表示，"我认为这种批评是错误的"，随即又将此文批给陈伯达看。1958年4月，他向田家英推荐班固《汉书·贾谊传》中的《治安策》一文，在信中说，这"是西汉一代最好的政论，贾谊于南放归来著此，除论太子一节近于迂腐以外，全文切中当时事理，有一种颇好的气氛，值得一看。如伯达、乔木有兴趣，可给一阅"。陈伯达、胡乔木、田家英都是经常写政论的人，向他们推荐"切中当时事理"的古代政论，期待之意，不言自明。

新中国成立后，许多部队将领文化程度不高，毛泽东多次向他们推荐《三国志·吕蒙传》。为何推荐，他在1958年9月同张治中说得很明白："吕蒙是行伍出身的，没有文化，很感不便，后来孙权劝他读书，他接受了劝告，勤读苦读，以后当了东吴的统帅。现在我们的高级军官中，百分之八九十都是行伍出身，参加革命后才学文化的，他们不可不读《吕蒙传》。"毛泽东还常常针对部队一些将领的具体情况，向他们荐书。比如，李德生调任北京军区司令员时，毛泽东和他第一次谈话，就开了一批书目给他，特别让他读顾祖禹的《读史方舆纪要》，说该书是一部军事地理参考书，可以先读有关华北部分，意在让李德生熟悉辖区的地理形貌。对许世友这位传奇将军，则当面说他的特点是"厚重少文"，劝他读读《红楼梦》，磨磨性子。

个性化阅读的人文兴趣

毛泽东读书，在不少情况下，是出于个人的研究兴趣和人文情怀，不一定与工作、与政治实践直接相关，至少不是有意要从中寻求什么联系。这是要特别交代的。

比如，他在1958年6月1日的《光明日报》上看到有《文学遗产增刊》第六辑目录，对其中研究李白、王维等诗人和《琵琶记》、《汉宫秋》等作品的论文感兴趣，便要秘书林克买一本《文学遗产增刊》第六辑给他。读了1959年4月23日《北京晚报》刊登的吴组缃《关于"三国演义"》（三），他又让林克把此前刊登的（一）、（二）两节也找来给他看。此外，他批注清代纳兰性德的词，批注孙髯翁写的昆明大观楼的长联和阮元对这副长联的修改，详读朱熹的《四书集注》，背诵《昭明文选》中的一些华彩篇章，等等，明显是个人的情趣和爱好，就是喜欢这方面的思考和研究。

按个人兴趣阅读，有时也是聊作消遣。1972年9月4日，毛泽东给旅居北京的老同学周世钊送去清代梁晋竹的《两般秋雨盦随笔》，附信说："旅夜无聊，奉此书，供消遣之用。此书写得不大好，但读来也还有味。"当然，这类阅读，既可了解世间风俗百态，也可实现精神上的宁静致远、从容鉴思，是一种看似闲适、实为有用的心智建设。

休闲式的阅读研究，有时也别有深意存焉，或为抒发一种心情，或牵连工作上的一些思考。下面举两个很有意思的例子。

1957年3月24日，刘少奇在湖南省委干部会议上谈到一些机关和工厂盖的家属宿舍始终不够用，说了这样一段话：把家属都接进城里来，从历史上考察考察怎么样？中国一千多年以前的唐朝时候有一首诗说："少小离家老大回，乡音无改鬓毛衰。儿童相见不相识，笑问客从何处来？"我看应该把这首诗在报纸上登一下，自古以来就是那样。

关于贺知章《回乡偶书》说的"儿童相见不相识"的"儿童"，是指邻家的儿童还是贺知章的子孙，注家理解不同。毛泽东觉得，以此诗来说明贺知章在长安做官没带家属，证据恐不充分。于是就从《唐书·文苑·贺知章传》、《全唐诗话》这样一些书中去找依据，从贺知章和唐明皇彼此惬洽的关系、贺知章的洒脱性格、贺知章信道教的生活态度、贺知章写《回乡偶书》时八十六岁左右的年龄、特别是从唐代的制度规定各方面，做了一番详细考证。

1958年2月10日，毛泽东给刘少奇写了封不短的信，详述自己的考证过程，最后得出结论："近年文学选本注家，有说'儿童'是贺之儿女者，纯是臆测，毫无确据。""唐朝未闻官吏禁带眷属事，整个历史也未闻此事。所以不可以'少小离家'一诗便作为断定古代官吏禁带眷属的充分证明。""自从听了那次你谈到此事以后，总觉不甚妥当。请你再考一考，可能你是对的，我的想法不对。睡不着觉，偶触及此事，故写了这些，以供参考。"

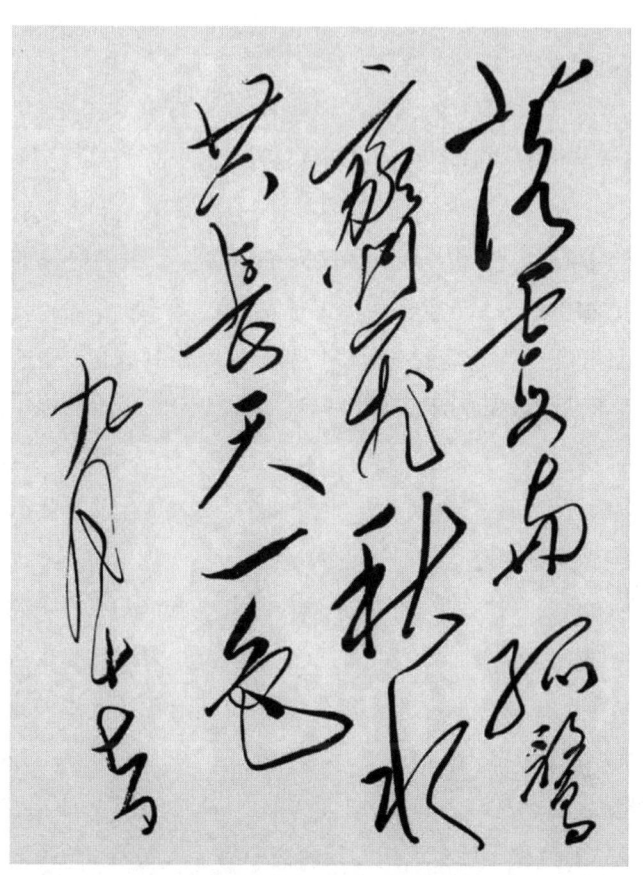

毛泽东手书王勃《秋日登洪府滕王阁饯别序》句

为引用诗句的妥与不妥，在"睡不着觉"的时候，花如此工夫考证，还写长信论述，确为一桩异事。也只有毛泽东这样对阅读研究有特殊爱好，并把个人兴趣融入工作的政治家，才可能为之。

私下里做这类考证研究，有时候甚至也不是为了和人交流，纯粹是为吐一吐心中的感慨。大概在1950年代末或1960年代初，他读清代项家达编的《初唐四杰集》，一时兴起，在王勃的《秋日楚州郝司户宅饯崔使君序》一文旁，写下一千字左右的批语，专门考证王勃写《滕王阁序》的年龄。所引书籍包括《曲礼》、《旧唐书》、《新唐书》、《王子安集》、《唐摭言》和《太平广记》，得出的结论是，王勃写《滕王阁序》时应为二十四岁至二十六岁期间。如此阅读考证之后，接着冒出一大堆感慨："这个人高才博学，为文光昌流丽，反映当时封建盛世的社会动态，很可以读。"然后又想到历史上一批青年才俊，诸如贾谊、王弼、李贺、夏完淳，"惜乎死得太早了"。

为什么要写这么长的看起来很学术化的批语？毛泽东说得很直率："由王勃在南昌时年龄的争论，想及一大堆，实在是想把这一大堆吐出来。"他"吐出来"的，正是他自己常常讲的历史文化观点：青年人比老年人强，地位低的人比地位高的人强，"大部分发明创造，占百分之七十以上，都是他们干的"。"吐"出来的这些感慨，事实上把阅读研究中的个人兴趣和他挥之不去的政治情结，融在一起了。

十二、晚年岁月：阅读的忧思

毛泽东晚年，主要指"文革"十年。这期间，他一如既往地勤苦读书，但对读书又多有非议之辞；他带头读马列著作，并号召全党弄通马列主义，但实践中却未能从根本上走出误区；他希望通过文化革命，实现和传统思想的"决裂"，但又孜孜不倦地阅读中国古代文史哲。最后几年间，他在文史典籍中寻求一些精神慰藉，在困惑和矛盾中思考、探索，不时传达出对现实的忧虑。个中蕴味，值得体会。

读书与"文革"的矛盾

毛泽东晚年，在读书问题上陷入了矛盾。

发动"文革"的时候，他在公开场合质疑读书的说法多了起来。最典型也最激烈的言辞，是1966年4月14日在一个批示中说的："书是要读的，但读多了是害死人的"，"许多无用的书，只应束之高阁。就像过去废止读五经四书，读二十四史，读诸子百家，读无穷的文集和选集一样，革命反而胜利了"。单从文字看，这些话似乎也没有太大毛病。革命确实不是靠读无用之书和大量经史子集干起来的，更非靠这些取得胜利，人们一般也不会把无用之书、经史子集与革命的胜利联系起来。讲这些话，与他自己的阅读爱好并不吻合，明显是在传达一种不满情绪。

事实上，毛泽东"文革"期间多次要求高级领导干部读点中国古代文史哲著述。1972年12月27日的一次谈话中他明确提出，"历史要多读一些"。他本人阅读大字本古籍，更是常态。1974年10月在长沙，听工作人员读《人民日报》发表的一个消息，说长沙马王堆汉墓出土的帛书、简牍、帛画等珍贵文物，国家正在组织专业工作者进行整理、修复、释文和研究中。毛泽东随即约请参与主持挖掘工作的同志谈话，提出：不知这批帛书什么时候能够整理出来，印不印书。印了书，也给我一本看看。阅读古籍新材料的急迫心情，溢于言表。

毛泽东晚年在读书问题上的矛盾，颇耐人寻味，却也不难理解。总体上讲，主要反映他对文化意识形态领域的现状不满。所谓"文化大革命"，本来就发端于文化学术领域的批判运动。他对读书多有非议之辞，具体原因有三。

一是对当时的学校教育方式不满，进而提倡教育革命。

毛泽东一贯反对从书本到书本、从概念到概念的死记硬背，反对"填鸭式"的教学方法。1964年2月13日在教育工作座谈会上，他批评学校教育，课程讲得太多，是烦琐哲学，"烦琐哲学总是要灭亡的"，"马克思主义的书要读，读了要消化。读多了，又不能消化，也可能走向反面，成为书呆子，成为教条主义者"。并由此提出学制要缩短，教育要革命，让学生学工、学农、学军。为推动这些改变，对啃书本之事，自然要说一些非议的话。

二是对人民群众创造历史这个观点的理解，有失偏颇。

由于旧中国社会结构和中国革命的特殊性，知识分子在很长时间里没有被划入劳动群众范畴，没有列入工人阶级队伍。在这种情况下，毛泽东一直希望培养和建立起一支"无产阶级的文化大军"。从1958"大跃进"运动开始，他不断讲学问少的人胜过学问多的人，世界上百分之七十的创造发明都是文化低的人和年轻人干的，殷切期待读书少的劳动群众成为创造发明主力军。这种愿望，反映在实践与书本的关系上，也就很鄙视"烦琐哲学"式的阅读，更多地宣传知识来源于社会实践，更看重在实践中运用书本知识的能力。

这种认识不无道理，但随着这种认识和要求越来越强烈，到1960年代中期，不免走向简单甚至偏激。仅1964年，他就三次在不同会议上谈到这方面的读史体会。1月7日，他讲，"老粗出人物"，"自古以来，能干的皇帝大多是老粗出身"；3月27日，他讲，"可不要看不起老粗，知识分子是比较没有知识的。历史上当皇帝的，有许多是知识分子，是没有出息的"，接着举了陈后主、李后主、宋徽宗的例子；5月12日又讲，"《明史》我看了最生气，明朝除了明太祖、明成祖不识字的两个皇帝搞得比较好，明武宗、明英宗稍好些外，其余的都不好，尽做坏事"。这期间，他还常常讲高尔基、瓦特这些大文学家、大发明家没有上过大学，孔子也是自学成才，写出《红楼梦》的曹雪芹不是进士出身，也是这个意思。

三是对当时教育界和思想文化界的问题，估计得过于严重。

毛泽东认为知识界、教育界、文化界受"封资修"思想的影响太深。1966年12月21日会见外宾时，对方问起中国搞"文化大革命"的内容，毛泽东的回答是："抓住整个阶级斗争和还没有完成的反封建主义斗争，反孔夫子的影响。这种影响存在于大学文科如历史、哲学、文学、美术、法律等领域。他们灌输帝王将相观点，灌输资产阶级法权思想。"1968年10月31日，他在扩大的八届十二中全会闭幕会上又讲："大学里头读历史、读经济学、读哲学、读法律，读四五年大学，不懂得什么叫马克思主义，不懂得阶级斗争。"显然，他当时主要是对读什么书有意见，认为学生读"封资修"方面的书太多了，思想受到不好的影响，进而把这种情况同意识形态领域的阶级斗争联系起来。这多少是拿读书说事，像是"城门失火，殃及池鱼"。实际上传达的，是他当时想推动的同传统旧思想决裂的主张。

此外，在读古书的问题上，作为政治家，毛泽东多少也把自己的兴趣爱好与社会倡导做了些区别。他喜欢读古书，但反对青年人读那么多经史子集；他喜欢读一些看起来可不必去读的闲书、杂书，但不赞成学生去读。这容易让我们想到他喜欢写旧体诗词，同时又说旧体诗"不宜在青年人中提倡"。也容易让我们想到鲁迅，他曾经花偌大工夫去整理古籍，还写出《汉文学史纲》、《中国小说史略》这样的经典著述，却劝青年人不要去读古书。

怎样理解这种明显的矛盾？汗牛充栋、浩如烟海的经、史、子、集，确实不宜让青年人普遍陷进去，但又不能不去适当了解。其间的分寸，很难把握。毛泽东拿捏的分寸，就是他常讲的：古书不可多读，但经史子集，也要硬着头皮读一下，不读"二十四史"，怎么知道帝王将相是坏的？你不懂帝王将相，你就不大好反对。这些说法，考虑现实政治的因素比较多些。

"联系实际用好马列主义更困难"

"文革"中,毛泽东对读马列著作,始终抓得很紧。现实中遇到难题,他比较习惯强调读马列。多次讲,我们党不读马列的书,不好。最典型的,要算为批判陈伯达的"天才论",推荐阅读9本马列经典的事情。

1970年夏天在庐山召开的中共九届二中全会,议程是讨论修改宪法、国民经济计划和战备。林彪在开幕式上讲了一个多小时,主要谈修改宪法和毛泽东的领导地位,提出"我们说毛主席是天才,我还是坚持这个观点"。当晚,根据林彪、叶群的布置,陈伯达搜集整理出《恩格斯、列宁、毛主席关于称天才的几段语录》和林彪论述"天才"的语录。在随后的各组讨论中,陈伯达、吴法宪等人纷纷拥护林彪讲话,宣讲"称天才"的语录,要求在宪法中明确设国家主席,还提出有人反对毛主席,大肆煽动"揪人"。不少中央委员也根据他们的口径发言。会议议程由此被搅乱。

对这些反常活动,毛泽东无法容忍。于是找来陈伯达搞的《恩格斯、列宁、毛主席关于称天才的几段语录》,在上面批示:"这个材料是陈伯达同志搞的,欺骗了不少同志。第一,这里没有马克思的话。第二,只找了恩格斯一句话,而《路易·波拿巴特政变记》这部书不是马克思的主要著作。第三,找了列宁的有五条。其中第五条说,要有经过考验、受过专门训练和长期教育,并且彼此能够很好地互相配合的领袖,这里列举了四个条件。别人且不论,就我们中央委员会的同志来说,够条件的不很多。"

显然,毛泽东是把陈伯达搞的这个材料,作为突破口,来扭转被搞乱的会议倾向，也做敲山震虎之用。同时，他还思考这样一个问题：陈伯达搬出马列经典作家语录讲"天才"的做法，能在中央委员中引起这么大的共鸣，说明不少人的唯物史观还不牢固。毛泽东由此在《恩格斯、列宁、毛主席关于称天才的几段语录》的批示中说："这个历史家和哲学史家争论不休的问题，即通常所说的，是英雄创造历史，还是奴隶们创造历史，人的知识（才能也属于知识范畴）是先天就有的，还是后天才有的？是唯心论的先验论，还是唯物论的反映论？我们只能站在马列主义的立场上，而决不能跟陈伯达的谣言和诡辩混在一起。"为了照顾林彪的情面，他说这是他和林彪"两人一致"的观点。

接下来，毛泽东顺势提出，高层领导干部要读马列原著，真正弄懂马克思主义的历史观。在中共九届二中全会闭幕会上，他专门讲道："现在不读马列的书了，不读好了，人家就搬出什么'第三版'呀，就照着吹呀。那么，你读过没有？没有读过，就上这些黑秀才的当。有些是红秀才哟。我劝同志们，有阅读能力的，读十几本。"会后，9月16日又同汪东兴谈到提出读马列的针对性：有些同志自己不懂马列主义，没有看过马列主义这一方面的书，发言时又要引用。我看还是要进行教育，还是要在二百五十多人（指中委、候补中委）中指定读点马列主义的书，三十本太多，可在三十本书内选些章节出来。此事请总理、康老办。我还可以提选一些。不读马列主义怎么行呢？结果就被陈伯达摆弄了。

周恩来等根据这个要求，把1963年确定的三十本马列著作书目和毛泽东的有关批示找出来，从中选出九本著作书目，请毛泽东审定。周恩来等挑选的九本书是：《共产党宣言》、《哥达纲领批判》、《反杜林论》、《费尔巴哈与德国古典哲学的终结》、

《帝国主义是资本主义的最高阶段》、《国家与革命》、《无产阶级革命和叛徒考茨基》、《共产主义运动中的"左派"幼稚病》和《论马克思、恩格斯及马克思主义》。毛泽东在周恩来的报告上批示:"九本略多,第一次宜少,大本书宜选读(如反杜林)。"11月6日,中共中央下发关于高级干部学习问题的通知,引用毛泽东的话说:"党的高级干部,不管工作多忙,都要挤时间,读一些马、列的书,区别真假马列主义。"

一年后,在1971年8月29日视察南方途中,毛泽东再次同汪东兴等人谈到读马列的问题。他说:我经常提到这个学习问题。大家在这方面口头上是同意的,但在实际中看法就不统一了;要学好马列主义是不容易的,联系实际用好马列主义更困难。

这次推荐马列经典,所要解决的思想问题,是人民群众创造历史还是英雄创造历史。但细细琢磨,主要还是现实政治斗争的需要,是为扼制林彪、陈伯达等人在要求设国家主席这个问题上所体现的政治意图,扔去的一块"石头"。

的确,正像毛泽东感慨的那样,"学好马列主义是不容易的,联系实际用好马列主义更困难"。他在"文革"中陷入的矛盾和悲剧,也说明正确解决这个问题之难。他晚年犯错误的时候,仍然强调读马列经典;他晚年那样认真地阅读马列经典,还是令人惋惜地犯了错误。正如《关于建国以来党的若干历史问题的决议》所说,毛泽东晚年"在严重犯错误的时候,还多次要求全党认真学习马克思、恩格斯、列宁的著作,还始终认为自己的理论和实践是马克思主义的,是为巩固无产阶级专政所必需的,这是他的悲剧所在"。这个分析点出了毛泽东在"文革"中的理论认识同实践的矛盾,也反映了他在读马列和实践的关系上陷入的困境。

比如，毛泽东晚年很强调列宁关于"小生产是经常地、每日每时地、自发地和大批地产生着资本主义和资产阶级"这个论断，还要求"把列宁著作中好几处提到这个问题的地方找出来，印大字本送我读。大家先读，然后写文章"。这显然是对中国社会主义所处的实际阶段，发生了误判，认为"跟旧社会没有多少差别"。有了这种误判，内心就很焦虑，结果就用马列著作中关于社会主义高级阶段的论述，来要求被他误判的现实。于是，理论和现实发生错位，悲剧出现了。

"联系实际用好马列主义更困难。"难在何处？难就难在，读马列著作，当然要结合实际，但到底结合什么样的实际，也很关键。每个人头脑里的"实际"，都是被主观认识"过滤"过的。真实的实际，符合客观规律的实际，毕竟更多地要靠深入社会的调查研究才能正确把握，而不只是从书本知识和先验认识的框架中得来。如果对实际认识不足，判断错误，运用马克思主义理论必然会陷入困境。

借三篇古文，道人事心曲

毛泽东喜欢"讲古"，常借历史含蓄表达对现实问题的看法，或暂时不便明说的一些心曲。比如，1966年1月12日，在武汉同陶铸、王任重等人谈到当前的政治问题时说：去年10月，我在北京讲过，如果北京搞修正主义，你们地方怎么办？是不是学蔡锷起义，打倒袁世凯？我总感到要出问题。我讲了以后，一路上从天津到南昌，经过许多地区都没有听到反应。袁世凯想做皇帝，连他最亲信的两员大将段祺瑞、冯国璋都反对，只有他最亲信的陈宦（yí）极力劝进，说袁如不答应做皇帝，他就跪着不起来。袁很高兴，派他到四川当督军。可是蔡锷一起义，他首先响应。

估计陶铸、王任重当时听了这些，只会隐约感到毛泽东对中央可能出现修正主义的忧虑。但很难明白，他讲袁世凯称帝和出现修正主义到底有什么逻辑联系；更不清楚，点到的那些赞成或反对"称帝"的北洋军阀人物，和中央领导层的现实情况有何关联。

"文革"发动起来以后，毛泽东借古代文史，道今日心曲，相对要明朗多了。其中，他运用发挥李固《遗黄琼书》、《战国策·触詟说赵太后》、《后汉书·刘盆子传》三篇古文，所道心曲，均涉人事，有深意存焉，且不难体会。

关于李固《遗黄琼书》。1966年7月8日在武汉写给江青的那封著名的信，林彪事件后曾经作为文件传达，如今已在《建国以来毛泽东文稿》第十二册全文披露。该信写得文采飞扬，气韵生动，更以其分析自己的个性，颇为耐读。全信用典不少，下面几句，给人印象深刻：

> 我曾举了后汉人李固写给黄琼信中的几句话：峣峣者易折，皎皎者易污。阳春白雪，和者盖寡。盛名之下，其实难副。这后两句，正是指我。我曾在政治局常委会上读过这几句。人贵有自知之明。今年四月杭州会议，我表示了对于朋友们那样提法的不同意见。可是有什么用呢？他到北京五月会议上还是那样讲，报刊上更加讲得很凶，简直吹得神乎其神。这样，我就只好上梁山了。我猜他们的本意，为了打

鬼，借助钟馗。我就在二十世纪六十年代当了共产党的钟馗了。

在这封信中，毛泽东表达了对大搞个人崇拜的忐忑不安，以及面对林彪等"朋友们"的吹捧，所体现出来的无奈和勉强接受的心情。信中所云"为了打鬼，借助钟馗"，多少道出他在"文革"发动时期，在重大政治问题上难以言状的复杂心理。特别是引用李固《遗黄琼书》中"峣峣者易折，皦皦者易污。阳春白雪，和者盖寡。盛名之下，其实难副"这几句话，比较恰当地反映了他的真实心境。这封信还透露，毛泽东曾在一次中央政治局常委会议上讲过李固《遗黄琼书》这几句话，表达"人贵有自知之明"的意思。

毛泽东不仅借李固《遗黄琼书》透露自我心曲，也用它来诫告别人。1974年11月，江青写信抱怨，说自己从九大后基本上是闲人，"没有分配我什么工作，目前更甚"。毛泽东回信批评，"你的职务就是研究国内外动态，这已经是大任务了"，随即要求江青，"可读李固给黄琼书。就思想文章而论，都是一篇好文章"。意思很明显，是要江青小心谨慎，"人贵有自知之明"。江青只好在来信中承认，"缺自知之明，自我欣赏，头脑昏昏，对客观现实不能唯物地正确对待，对自己也就不能恰当地一分为二地分析"。

关于《触詟说赵太后》。毛泽东多次在会议上不无深意地对高级干部们讲起《战国策》中的这篇文章，也给自己的孩子们讲过。原文说的是：秦国进攻赵国，赵国请齐国派兵解围，齐国提出，要把赵太后的小儿子长安君送到齐国做人质，才肯出兵，赵太后因溺爱长安君不愿意。大臣触詟劝她：各诸侯国的子孙，受封为侯的，三世之后就没有继嗣的了，原因不是子孙们"不善",而是不经世事,从小"位尊而无功,俸厚而无劳"。如今,你给长安君那么高的位置,那么肥沃的土地,不及时叫他为国家立功,您去世后,长安君能在赵国立足吗?不让他去齐国做人质,不是真正的爱他。赵太后觉得有道理,即刻把长安君送到了齐国,齐国也就派兵解了赵国的围。

1967年4月,"文革"高潮中,毛泽东在一个材料上又加写了下面这段文字:

> 这篇文章(即《触詟说赵太后》——引者注)反映了封建制代替奴隶制的初期,地主阶级内部财产和权力的再分配。这种再分配是不断地进行的,所谓"君子之泽,五世而斩",就是这个意思。我们不是代表剥削阶级,而是代表无产阶级和劳动人民,但如果我们不注意严格要求我们的子女,他们也会变质,可能搞资本主义复辟,无产阶级的财产和权利就会被资产阶级夺回去。

把教育和锻炼下一代同国家的未来联系在一起,不使他们"位尊而无功,俸厚而无劳",既是毛泽东的一贯想法,也是他在"文革"中号召年轻人到大风大浪中去锻炼的初衷。

关于《刘盆子传》。毛泽东晚年,从经历农民、战士和工人三种角色的年轻人中,看到了一个苗子,但不久就失望了。这个人就是王洪文。1973年,王洪文到中央工作后,毛泽东对他的表现不满意,要他读《后汉书》里的《刘盆子传》。刘盆子是景王刘章(刘邦的孙子)之后,新莽末年,参加赤眉农民起义军。这支队伍为能够号令天下,要找一个刘氏宗室出来做皇帝。起义军中有七十多个刘邦后人,于是就采取抽签的方式来选,结果让

15岁的放牛娃刘盆子抽中。但当上皇帝的刘盆子却依然故我，不务正业，经常和一班放牛娃嬉戏，终于没有出息。让王洪文读此传，无非是提醒他，凭资历、能力，你还不够格，你要有自知之明。千万不要学刘盆子，要注意学习、长进。对王洪文的隐忧，尽在其中矣！

面对文史哲研究的无奈和期待

1950年代至1960年代，毛泽东阅读了一批当代学者写的中国通史、中国哲学史、中国文学史、中国思想史，其中包括范文澜修订的旧作《中国通史简编》、冯友兰《中国哲学史》、任继愈《中国哲学史》、杨荣国《中国古代思想史》、刘大杰《中国文学发展史》、章士钊《柳文指要》等。毛泽东在范文澜和任继愈的书中分别留下一些批注文字，1965年还曾向郭沫若推荐杨荣国的思想史，同刘大杰当面交流对文学史的一些看法。

"文革"后期，毛泽东反复要求领导干部读中国古代文史哲方面的研究著述。1970年8月，在中共九届二中全会闭幕会上的讲话中，他向中央委员们提出："读几本哲学史：中国哲学史、欧洲哲学史。"1971年8月，在视察南方途中，对汪东兴讲："光读马列主义的书还是不够的，还要读点儿历史，读点经济学，读点小说，读点哲学史。"1973年5月25日，在中央政治局会议上说，政治局委员要懂得一点历史，当然不仅中国史、世界史，分门别类的政治史、经济史、小说史也要懂一点儿。1975年1月4日在江青来信上批示："我已印两部文学史（指刘大杰著《中国文学发展史》两册），暇时可以一阅。"1975年底到 1976 年初，关于理论问题的谈话中又说："我建议一二年内读点哲学，读点鲁迅。读哲学，可以看杨荣国的《中国古代思想史》和《简明中国哲学史》。"

毛泽东晚年，书房里摆着"文革"前高教部主持编写的《中国文学史》，刘大杰的《中国文学发展史》，陆侃如、冯沅君合编的《中国文学史简编》，北京大学中文系 55 级学生集体编写的《中国文学简史》，中国科学院哲学社会科学学部文学研究所编写的《中国文学史》。他同工作人员谈过对这些文学史著述的评价，有肯定的，也有不同意的。工作人员问，要不要把这些意见转告作者，他回答说："不要了，学术问题要百家争鸣，要说是我说的，就不好了，改吧，人家又不同意，所以还是不要告诉作者为好。"

如此热衷于阅读和推荐中国文史哲研究著述，明显与"文革"时期的思想文化气氛不合拍。他的热衷，大致有两个原因：一是中国古代文史哲是他向来关注并有兴趣研究的领域；二是在他看来，破除"封资修"，创造新的思想文化，并不是无视中国传统文化的存在，应该了解它，研究它，特别是需要用马克思主义立场、观点、方法来进行科学总结。

1968 年 10 月 31 日在扩大的八届十二中全会闭幕会上的讲话中，毛泽东就流露此意。谈到应该怎样对待郭沫若、范文澜、吴晗、翦伯赞、冯友兰、杨荣国、任继愈、赵纪彬、杨柳桥、周谷城、刘大杰这些学术权威的问题，他说：帝王将相这一类，我们不大熟悉，特别是年轻人不熟，你如果要问帝王将相，还得请教他们。有少数人去搞，不是讲以后再出帝王将相，而是说帝王将相这个历史要有人注意。1973 年 5 月 25 日，在中央政治局会议上说得更直接："从孔夫子到孙中山应该总结，从乌龟壳（甲骨文）到共产党，这一段历史应该总结。"尽管这方面的总结研究不能尽如人意，但毕竟还是要靠那些学有专长的学术权威们来做这件事情，这是没有办法的事，却有必要。

毛泽东读得比较熟的几部中国文史哲研究著述，恰恰是这些学术权威"文革"前甚至是新中国成立前的旧作。对它们在一些问题上的论述，他并不很满意。在1972年12月27日的一次谈话中，毛泽东说："我看了许多家，越看越头昏。"他希望各"家"能够结合时代的发展和需要，运用新的方法来研究中国古代文史哲，期待有所突破和进展。1968年7月20日，"文革"高潮时，他委托女儿李讷给范文澜传话："中国需要一部通史，不仅是古代的，也包括近代的，希望你能用新的观点，重新写一部中国通史。"范文澜说："我的观点已经不行了，太旧了。"李讷说："我爸爸说，如果你感到有困难，在没有新的写法以前，就用你原来的那种旧法写下去。"无奈和期待交织之状，不言自明。在随后举行的扩大的八届十二中全会闭幕会上，谈到学术权威们的著述，毛泽东只好说："你要叫他离开那套观点也很难。改了就行，不改也可以。"

毛泽东当时支持"不改也可以"的旧作出版，有一个特例，是章士钊的《柳文指要》。

1965年夏天，毛泽东读此书，即指出其"大问题是唯物史观问题"，即"作者不懂唯物史观，于文史哲诸方面仍止于以作者观点解柳"，比较夸大柳宗元作品在历史上的进步性。但他并不企望章士钊这样的老先生一下子改变自己的研究方法。《柳文指要》送到中华书局准备出版时，"文革"开始了。章士钊明显感到自己的著述与当时气氛很不协调，于1966年5月10日给毛泽东写信说："天下执笔之士，不能强自宽解，'须将自己之一字一句严行琢磨,是否未厕于一切牛鬼蛇神之列'。"章士钊还称自己的《柳文指要》"纯乎按照柳子厚观点,对本宣科,显然为一个封建社会的文艺僵尸涂脂抹粉。——这一类著作,投在今日蓬勃发展的新社会中,必然促使进步奋发的农工新作者,痛加批判"。这个检讨,自然是根据当时批判气氛,强化了该书缺陷。强化之辞,未必出自本意。

毛泽东对《柳文指要》的态度,并没因"文革"开始加以改变。他在章士钊来信中有关自我检讨的几句话旁边批注道:"此语说得过分","要痛加批判的是那些挂着共产主义羊头,卖反共狗肉的坏人,而不是并不反共的作者。批判可能是有的,但料想不是重点,不是'痛加'","何至如此",等等。这从一个侧面反映,他当时对党外民主人士的学术著作,态度是客观和冷静的。章士钊在信末提出,请给他三年时间,补习不可不读的马列著作,然后将其《柳文指要》一书重行订正,再付梓印行。对此,毛泽东批示,将此信送刘少奇、周恩来、康生阅,再与章士钊先生一商。又说:《柳文指要》一是照原计划出版,一是照章先生所提,假以一、二、三年时间,加以修改,然后印行。毛泽东写这个批示的时间,是1966年5月17日,也就是发布"5·16通知"、标志"文革"正式开始的第二天。

由于形势急速发展、变化多端,《柳文指要》的出版与否,不可能提上日程。反正是搁下来了。大约是1970年,章士钊重提《柳文指要》出版问题。本来毛泽东已同意出版,中华书局也已排版,但此时康生横生枝节,提出要作者改变观点,将全书重新修改一遍。章士钊得知康生意见后,写了一封措辞激烈的长信给毛泽东并康生,断然拒绝按康生意见修改全书。可惜这封信已找不到,章士钊女儿章含之留有残存的半截草稿,从草稿中可见其当时之心情比较激动。章士钊在信中说："根据康生的意见，看来原作不加改动断不可，即为社会必须扫除的秽浊物，哪里还谈得上出版。"章还讲："夫唯物主义无他，只不过求则得之，不求则不得之高贵读物。"这封信，使《柳文指要》于1971年9月由中华书局正式出版，共十四册。这自然是毛泽东促成的结果，他批转康生等研究处理，康生等骑虎难下，只好做个顺水人情。

对一些主动修改旧作的学术权威，毛泽东总是热情支持。杨荣国补充修改其1962年出版的《简明中国思想史》，易名为《简明中国哲学史》，于1973年由人民出版社出版。此书当时影响很大，与毛泽东认同其观点进而推荐有关。他晚年强调要"读点哲学"，举的例子就是"可以看杨荣国的《中国古代思想史》和《简明中国哲学史》"。毛泽东还特别重视刘大杰对旧作《中国文学发展史》的修改，将其未定稿的修改本印成大字本来读，多有批注。受此鼓舞，刘大杰给他写信，请教文学史上的几个问题。尽管写字已很不方便，毛泽东还是在1976年2月亲笔回信："我同意你对韩愈的意见，一分为二为宜。李义山无题诗现在难下断语，暂时存疑可也。"尊重学术、期盼新著之意，跃然纸上。

在"西学"领域的追问

毛泽东晚年还曾比较多地读谈西方哲学和自然科学。他先后让出版机构把一些西学著述印成大字本书籍给他读，包括达尔文《物种起源》，赫胥黎《人类在自然界的位置》，摩尔根《古代社会》，海思、穆恩、威兰合著的《世界通史》，法国福尔《拿破仑论》，苏联塔尔列《拿破仑传》，杨振宁《基本粒子发现简史》和李政道当时尚未正式发表的论文《不平常的核态》，还读《自然辩证法》、《动物学杂志》、《化石》杂志等。

毛泽东也不是漫无目的地读谈西学著述。从下面几则材料，可大致体会他晚年读谈西方所关注的重点。

据王任重1966年2月3日日记，毛泽东当时在武汉，正在读恩格斯的《家庭、私有制和国家的起源》和摩尔根的《古代社会》，并告诉王任重，要在武汉读几本经典著作。1970年12月18日会见斯诺，毛泽东对他讲："科学上的发明我赞成，比如，达尔文、康德，甚至还有你们美国的科学家，主要是那个研究原始社会的摩尔根，他的书马克思、恩格斯都非常欢迎。从此才知道有原始社会。"

德国生物学家和哲学家恩斯特·海克尔，在自然科学领域是唯物主义代表和无神论者，是达尔文学说的发扬者。1920年毛泽东经营长沙文化书社时读过一本《赫克尔一元哲学》。新中国成立后，翻译出版了海克尔的代表作《宇宙之谜——关于一元论哲学的通俗读物》。毛泽东也读过，并且印象很深。1965年1月9日同斯诺谈话时，曾说道："海克尔写的一本书，里头有相当丰富的材料，他不承认他自己是唯物主义者，实际上是唯物主义者。"1967年1月13日晚上，毛泽东和刘少奇在人民大会堂进行了他们两个人之间的最后一次谈话。谈话中，他向刘少奇推荐了海克尔这本书，还有法国启蒙思想家狄德罗的《机械人》。1975年10月30日，会见德意志联邦共和国总理施密特，毛泽东又讲：我对黑格尔、费尔巴哈、康德，还有海克尔的书感兴趣。接着问在座的外宾，是否看过海克尔的著作，只有施密特和他的顾问克劳斯·梅奈特看过,其他外宾有的说没有看过,有的还不知道海克尔其人,年轻的翻译甚至将海克尔译成了黑格尔,毛泽东立刻纠正,"是恩斯特·海克尔"。施密特后来在他的回忆录《伟人和大国》中也说,他和毛泽东花了十分钟的时间,讨论了"海克尔那部粗糙的唯物主义著作《宇宙之谜》"。

法国的拉普拉斯在1796年发表的《宇宙体系论》一书,提出了关于太阳系起源的星云假说,由于和康德的学说基本论点一致,后人称之为"康德—拉普拉斯学说"。苏联数学家、天文学家、地球物理学家施密特(今译施米特)在20世纪40年代提出了太阳系起源的"陨星说",又称"俘获学说"。毛泽东对这两种学说都很关注。1969年5月19日同李四光谈话时表示:我不大相信施密特,我看康德、拉普拉斯的观点还有点道理。不知为什么,他常常讲起拉普拉斯的贡献。比如,1970年7月13日他在会见法国政府代表团时说:拉普拉斯,听说他教过拿破仑读书。他讲天体的历史是发展的,不是一成不变的,既不是上帝创造,也不是原先就这样,而是星云学说。拉普拉斯这个学说是恩格斯所赞成的,现在苏联有些天文学家否定这个学说。你们大概都是主张上帝创造世界的吧。有位法国作家讲地球的毁灭,就是世界的末日。我也相信世界是要毁灭的,然后再创造。我的意见是要破除迷信。1973年6月22日会见马里国家元首穆萨·特拉奥雷,大概因为马里是法语国家,毛泽东对他讲:"拉普拉斯,巴黎大学的数学家、天文学家。他对康德的学说大有发展,建立了星云学说,就是说,整个宇宙开始都是云雾状的,后来慢慢凝结,形成火球,变成现在的太阳系这个样。"

1974年会见美籍华裔物理学家李政道时,他又详细谈到:英国的培根信宗教,他的宇宙力学现在被批判了,因为它要用一个外面的推动力,第一次,以后就自己动了。英国的达尔文、莱伊尔、培根都是了不起的学者。英国汤姆生编著的《科学大纲》,由中国很多人翻译出来,我读过那本书。它那里边有一部分讲神学,你们大概不看那一部分。

到晚年,毛泽东对他早年熟悉的达尔文进化论,又燃起再读的热情。他把达尔文的《物种起源》印成一函七册的大字本线装书来读。1969年8月初,同刚调入北京的李德生谈话,推荐了一批书给他读,其中便包括《天演论》。1970年12月29日,他收到姚文元报告读赫胥黎《人类在自然界的位置》体会的来信,遂让姚文元找一本《人类在自然界的位置》给他。赫胥黎在这本书中用进化论观点论述了人猿之间的亲缘关系,明确提出"人猿同祖"论。毛泽东由《人类在自然界的位置》,还想到《天演论》,在姚文元来信上批示:《天演论》"前半是唯物的,后半是唯心的"。

1974年5月25日,毛泽东会见英国前首相希思,希思赠送一张有达尔文签名的照片,还有达尔文《人类原始及类择》的第一版。交谈中,毛泽东说自己不仅读过达尔文的著作,还熟悉赫胥黎。1975年6月21日会见柬埔寨外宾,对方谈到要研究和学习中国经验,毛泽东提醒说:不要完全照抄中国,严复《天演论》曾引用鸠摩罗什法师说的话,"学我者病",要自己想一想。接着,他又兴致很浓地谈到《天演论》,谈到赫胥黎,谈到达尔文,提出:"赫胥黎说康德是不可知论,只能认识表面,不认识本质。他(指赫胥黎)在自然科学方面是唯物主义,在社会科学方面是唯心主义,所以马克思说他是羞羞答答的唯物主义。"

凡此等等,不难看出,毛泽东晚年读谈西方哲学和自然科学，体现出对物质的构成和运动，对宇宙的起源、人类的起源、古代社会的起源，有着浓厚的兴趣，似乎要从根本上追问和思考"我是谁"、"我从哪里来"、"我到哪里去"这些哲学和自然科学的终极话题。

毛泽东晚年为什么喜欢这类话题，很值得思索。1975年10月30日陪同施密特和毛泽东谈论海克尔《宇宙之谜》的克劳斯·梅奈特，曾探讨过这件事。1975年11月30日，他在德国《世界报》上发表文章介绍西德总理施密特访华的情况，提出一个问题："海克尔怎么会给这位深居紫禁城的伟大老人留下那么深的印象？"克劳斯·梅奈特的分析是：海克尔秉持一元论哲学，马克思主义也坚持一元论哲学，但作为自然科学家的海克尔走得更远，海克尔认为，一切在流，一切在变，世上万物没有终极目标，有的只是状态。或许，"随着年事渐高，毛越来越成为哲学家了，也越来越把目标称之为状态"。人类发展不会停留在某一个阶段，"具体到革命上，也要继续革命，不断革命"。

录存此论，聊备一说。

"对法国大革命这段历史看起来有兴趣"

西方的历史，毛泽东最熟悉的是法国近代史。在法国近代史中，他最感兴趣的是法国大革命和巴黎公社。晚年，他比较集中地阅读了有关法国大革命和拿破仑生平的书籍。

那时，他读过多种版本的《拿破仑传》。据身边工作人员回忆，有一次，他要看《拿破仑传》，选了几种翻译过来的本子。"跟他一起读的同志一本还没有看完，他却三本都看完了"。

1968年6月21日,他对来访的坦桑尼亚总统尼雷尔说:"我研究法国大革命历史,读过《拿破仑传》,一个俄国人写的。实际上是吹库图佐夫。"这里指的是苏联历史学家塔尔列(1875—1955)写的《拿破仑传》。1970年5月1日,在同柬埔寨西哈努克亲王讨论拿破仑时又说:"我读过法国社会主义者马蒂叶(今译马迪厄)写的《法国革命史》,写法国革命史的人很多,我也看过一个苏联人写的,太简单。还看过一个英国人写的,英国人写法国的事,总是要骂娘的了。但是我看的那个英国作家写的书,还是比较实事求是的"。毛泽东评点的这几本书,除了塔尔列的《拿破仑传》外,还有法国历史学家马迪厄的《法国革命史》、英国霍兰·罗斯的《拿破仑一世传》,都是关于法国大革命和拿破仑的权威读本。

毛泽东对法国大革命和拿破仑的熟悉程度,让一些法国人也感到惊讶。担任过法国驻华大使的马纳克曾回忆:"毛泽东对法国18世纪以来的历史,对于法国革命,对于19世纪相继进行的革命,对于巴黎公社,都有深刻的理解,他认为法国革命是一个很重要的历史性运动的起点。此外,他对波拿巴特别了解,甚至了解那些细节问题。"

马纳克说的是他亲身经历的事情,还涉及他和毛泽东面对面的一次争论。1970年10月14日,马纳克陪同法国前总理德姆维尔和毛泽东见面时,毛泽东突然问:"拿破仑究竟害了什么病死的,后来总也没有搞清楚。也可能是胃溃疡,也可能是胃癌。"德姆维尔说:"可能是胃癌。"毛泽东说:"他自己遗嘱中还说是要解剖的。当时医生也没有搞清楚。"随后,毛泽东同马纳克讨论起法国大革命。毛泽东说:英国人曾经占领法国的土伦港。而马纳克则说英国和西班牙的军队"没有占领土伦"。毛泽东坚持:"我看到的拿破仑的传记上说,拿破仑是攻下土伦的,那时候英国人已经占领了。"马纳克也坚持:"我记得英国是从海路上攻打土伦的,包围了它,但好像没有占领。还要再核实一下。"德姆维尔只好出来打圆场:"将来我们大使就此写一个备忘录交给中国政府。"

事实上,毛泽东的记忆是对的。1793年6月,法国保皇党人将土伦要塞和法国地中海舰队拱手交给英国、西班牙联军。这年12月,法国革命阵营的炮兵中校拿破仑率部从英国和西班牙军队手里夺回土伦港,一战成名,由此登上法国大革命的政治舞台。

毛泽东在1964年1月30日会见法国议员代表团时曾说:"法国出了一批唯物论者,除了《民约论》作者卢梭及伏尔泰,还有法国的山岳党。拿破仑对我们很有影响。他的一些著作,我都看过,法国的文化对中国也有很多影响。还有你们的巴黎公社,《国际歌》也出自你们的国家。"显然,在毛泽东心目中,中国和法国的关系,和其他西方国家相比,是有特殊性的。

毛泽东晚年关注法国大革命历史,大致有三个角度。

第一个角度,他很重视并且高度评价法国大革命实施的土地政策。这是因为,废除封建的土地所有制,是民主革命最基本的任务,法国大革命的做法,和中国新民主主义革命有相似的地方。他多次讲,资本主义国家中,只有法国在大革命和拿破仑时代比较彻底地分配了土地。

1966年11月8日,他同越南劳动党中央代表团谈到越南北方的土地改革时说:"你们把二百公顷土地分给老百姓,这是一件大事。把地主的土地分给农民,当然还是民主革命的性质。过去法国的拿破仑政府就曾经做过。为什么拿破仑的军队能够打遍欧洲呢？就是有农民的支持。"1970年5月1日，他对西哈努克讲："法国大革命时，保皇党是不愿意解放农民的。吉伦特的那个党也不愿意减租减息、分配土地。后来彻底解决法国农民要求的是山岳党，罗伯斯庇尔。我讲法国的历史就是说明要取得农民的拥护。"

第二个角度，在毛泽东看来，在西方资产阶级革命史上，法国大革命过程之复杂，形态之剧烈，内容之彻底，影响之广泛，无出其右。唯其如此，可以从中看出更多的社会变革的规律和特点。

早在延安时期，国民党派驻延安的联络参谋徐复观，向毛泽东请教如何读历史，他就回答："应当特别留心兴亡之际，此时容易看出问题。太平时代反不容易看出。西洋史应特别留心法国大革命。"1970年5月1日他对西哈努克讲："要搞革命，就要研究法国革命、美国革命。美国人吹牛皮，说革命美国在先，法国在后，俄国在第三，我们东方就更落后了。按照历史的秩序，也是如此。"1970年10月14日他对法国前总理德姆维尔讲："我对法国大革命这段历史看起来有兴趣。"1972年7月10日他对法国外长舒曼说："对于西方历史，我是比较熟悉你们法国的，法国十八世纪末的大革命，砍了路易十六的头，全欧洲联盟都进攻你们。说你们把国王杀了，犯了大罪啊。欧洲的国王一齐来反对你们。此时出了英雄山岳党领袖罗伯斯庇尔。此人是个乡下小律师，到巴黎来结结巴巴，讲不出很好的巴黎话。他就依靠那个长裤党，穿长裤子的，就能够打败所有的敌人。后头拿破仑占领了差不多整个欧洲。此人后头犯了错误了，政策也是不大对了。"1973年9月12日他在会见法国总统蓬皮杜时又说："法国人的历史，我们感兴趣，特别是对法国大革命。"

第三个角度，毛泽东当时阅读法国大革命史，很可能与法国1968年出现"五月风暴"有关。

从目前看到的材料，毛泽东晚年频频谈论法国大革命史，是从1968年5月开始的。第一次是5月20日晚上，同中央"文革"碰头会成员和一些老同志谈到国际形势，主要是法国在大罢工，铁路也瘫痪了。第二次世界大战后，工人罢工很少有这样大的规模。欧洲工人阶级是有革命传统的。这个革命传统转了一圈，现在应该回到法国去。5月24日，接见几内亚、马里联合友好访华代表团时，他又说：法国现在的形势有些和我们相似，运动从学校发展到工厂，甚至扩大到机关，学生也写墙报。这个革命是从法国开始的。1789年法国资产阶级开始大革命，后来，就是帝制，拿破仑上台。以后又有几次曲折，时而共和，时而帝制；有革命的，有复辟的，一直到19世纪后半叶建立第二共和国。6月3日，同中央"文革"碰头会成员及一些军队领导同志谈话时提出：我们的宣传要注意，不要说法国闹事受中国的影响，不要哪个地方乱了，就说是受中国的影响。法国大革命起来后，搞民主，到1791年，皇帝也维持不下去了，想跑到东部去找保皇军，到中途被抓回去了。1793年就把皇帝杀了。这一下，就把欧洲惹翻了，因为欧洲国家大多有皇帝，就引起国际干涉，英俄组织五次反法同盟军，占领了土伦。

"文革"的理论指导，是"无产阶级专政下继续革命"。在那样的背景下，从法国的"五月风暴"联想到法国大革命的历史，也属自然。

读谈拿破仑战略失误的背后

萧乾夫人文洁若在《我与萧乾》和《一生的情缘》两本书里都谈到,"文革"中,毛泽东想看法国福尔写的《拿破仑论》,此书无中译本,急着找人从英文翻译。有关部门便找到了萧乾,把他从"五七干校"调回北京,几个人夜以继日地赶译,大致一周的时间就出了大字本,送给毛泽东阅读。此外,毛泽东当时还另外嘱印过一种两函十七册的线装大字本《拿破仑传》,供领导干部参阅。

据粗略统计,从 1910 年到 1973 年,毛泽东读谈拿破仑不下四十次。在不同时期,对拿破仑的评价侧重点有所不同。

早年,他把拿破仑视为"有大功大名"的"豪杰",认为与"德业俱全"的"圣贤"尚有差距。1919 年,他还在文章中多次以拿破仑侵入德国,而德国后来攻入巴黎的史实,来说明两国历史上曾冤冤相报,以此提醒在第一次世界大战中获胜的法国,对战败国德国不要相逼太甚。

延安时期,他很注意拿破仑在军事上的成败。他认为,拿破仑指挥的多数战役都是以少击众、以弱胜强,战略战术运用得当;同时提醒人们注意,拿破仑最后的失败,西班牙、俄罗斯的游击队发挥了很大作用。这些认识,无疑是立足于中国革命战争的实际经验和抗日战争的战略需要。

毛泽东晚年读谈拿破仑,关注的重点,是法国大革命时期欧洲各国的干预和包围,特别是拿破仑打破包围后,反过来称霸欧洲,侵略他国的战略失误。

就欧洲各国干预和包围法国这点讲,不能不让人想到中国在 1960 年代到 1970 年代初所处的国际环境。在南边,我们抗美援越，跟美国人打；在西边，中印边境打完自卫反击战后，同印度关系很紧张；在北边，中苏交恶，爆发珍宝岛战斗，苏联在中国北部边境还陈兵百万；在东边，又有台湾当局要"反攻大陆"，局势同样紧张。这些，不能不使毛泽东在1960年代末到1970年代初忧虑不已，感到威胁。

即使外国人，也看到了中国所处的这种不利的周边环境，并且有意无意地把中国的处境和法国大革命时期的情形联系起来。1970年10月14日，毛泽东会见法国前总理德姆维尔时，说到法国大革命"整个欧洲都反对你们，打到巴黎附近"时，法国驻华大使马纳克便直接比喻说："当时我们被包围的形势比现在中国被包围的形势还要严重，整个边界上都是武装的军队。"

毛泽东肯定法国大革命和拿破仑打破欧洲五次反法联盟的正当性，但拿破仑后来超出为捍卫革命成果而战的范围，去侵占别国领土，性质便发生了变化。虽然多数战役的胜利不断增强了法国的地位，但始终无法实现独霸欧洲的目标。

1973年9月12日，毛泽东会见法国总统蓬皮杜时明确讲，"我们总感觉西方各国有一股潮流要推动苏联向中国。苏联野心很大呢。整个欧洲、亚洲、非洲，它都想拿到手"。随即和蓬皮杜谈起拿破仑称霸欧洲而遭受失败的具体情况。这事实上是直接把拿破仑称霸的国际战略和苏联当时的国际战略连在了一起。

从1968年到1973年，毛泽东十多次同外宾谈到拿破仑国际战略失败的教训。其核心观点，是下面两段话——

他（拿破仑）是偏要侵略别的国家的。他吃亏就吃在侵略的地方太大了，树立了太多的敌人。几乎所有的欧洲国家都同他作战。法国当时的人口是两千八百万，这是讲法国本土。当时德国、荷兰、比利时、卢森堡、意大利，都被他占领了。后来他还占领了西班牙和葡萄牙。这以前还占领过埃及和叙利亚。他占领得太多了。树敌太多。（1968年6月21日会见坦桑尼亚总统尼雷尔的谈话记录）

后头拿破仑占领了差不多整个欧洲。此人后头犯了错误，政策也是不大对了。第一是不该去占那个西班牙，第二是不该去打俄国。……拿破仑还犯了一个错误。他的海军比英国弱，跟英国打了一仗，就被消灭了。（1972年7月10日会见法国外长舒曼的谈话记录）

有对历史的总结，有对英雄的惋惜，更有立足现实国际关系的考虑，透露出他对中国受到当时霸权国家威胁的一种特殊心境。什么心境呢？1972年7月10日他同法国外长舒曼讨论拿破仑失败时说的一段话，或许传递出一些消息——

你让人家来，好打，你去打人家，就是不好打。现在我是事后诸葛亮。我那个时候还没有出生，又没有当他（拿破仑）的参谋长。我是打过仗的，我不是搞文的，是搞武的啊，打了二十几年仗。所以谁要来打，人要想一想。

显然，毛泽东晚年读谈拿破仑"四面树敌"的侵略政策，同1969年中苏在珍宝岛冲突后面临的战争威胁有关，也同他思考相应的国际战略有关。"谁要来打，人要想一想"，所指再明显不过了。1970年代初，正是全国落实他提出的"深挖洞、广积粮、不称霸"的应对措施，大搞防空洞建设的时刻；也是他着手改善中美关系,实现联美抗苏这一重大战略转变,和一批西方国家建立外交的关键时刻。从强大的拿破仑军队的最终失败中,毛泽东看出失道寡助的历史规律,彰显出中国不怕霸权国家侵略威胁的信心。

"评法批儒"为哪般

"文革"后期,毛泽东着眼于复杂的政治现实,越来越多地把阅读视野投向历史文化,思考历史和现实的关联。

"九·一三"事件发生,按那时风气,必然引出一个必须回答的问题,即林彪在"文革"中所为,属于极"左"还是右?说其极"左",可能意伤"文革";说其属右,道理上似又讲不通。由此提出一个新的概念,叫着"形左实右"。这样的右,不是一般的右,而是极右。这样讲,很符合当时的政治思维习惯。

事也凑巧,从林彪的住处发现他抄有"克己复礼"之类的孔子语录;林立果搞的"五七一工程纪要",也把毛泽东说成是"当代中国的秦始皇"。这就为批判林彪的"形左实右"提供了依据,进而引发毛泽东把现实问题和历史文化联系起来思考,把对儒法两家的评价推到讨论的焦点位置。因为提倡"克己复礼"的孔子从理论上代表儒家,秦始皇从实践上代表法家,他们的历史发展观是不同的。一个向"后",一个向"前",用今天的说法,恰如一"右"一"左"。

事实上,从1950年代后期开始,毛泽东读谈中国思想史,就表达出"扬法抑儒"观点。"文革"中,这个观点越来越鲜明。在扩大的八届十二中全会闭幕会上,他明确讲:"我这个人比较有点偏向，就不那么高兴孔夫子。看了说孔夫子是代表奴隶主、旧贵族（的书），我偏向这一方面，而不赞成孔夫子是代表那个时候新兴地主阶级。"还对在场的郭沫若说："你那个《十批判书》崇儒反法，在这一点上我也不那么赞成。但是，在范（文澜）老的书（《中国通史简编》）上，对于法家是给了地位的。就是申不害、韩非这一派，还有商鞅、李斯、荀卿传下来的。"

把"评法批儒"同"批林整风"联系起来，是1973年点的题。这年8月5日，毛泽东同江青谈道：历代有作为、有成就的政治家都是法家，他们都主张法治，厚今薄古；而儒家则满口仁义道德，主张厚古薄今，开历史倒车。这期间，他还写了《七律·读〈封建论〉呈郭老》一诗："劝君少骂秦始皇，焚坑事业要商量。祖龙魂死秦犹在，孔学名高实秕糠。百代都行秦政法，十批不是好文章。熟读唐人《封建论》，莫从子厚返文王。"唐代柳宗元的《封建论》这篇史论，阐发了设置郡县、废除分封、加强中央集权、反对藩镇割据的主张，属于偏向秦始皇的法家一路。毛泽东读之，联想到郭沫若《十批判书》中"扬儒抑法"观点，写诗"呈郭老"，也属自然，似不关涉现实中对郭老的政治定性。

《七律·读〈封建论〉呈郭老》是毛泽东一生写的最后一首诗作。以"扬法抑儒"为主题封掉诗笔，也引人遐思。在毛泽东看来，当时中国的发展，似乎也存在着相似的选择：是像法家那样厚今薄古，"法后王"，向前看；还是像儒家那样厚古薄今，"法先王"，向后看。林彪要"克己复礼"，步孔子后尘，显然是要复辟倒退。这就涉及怎样评价"文革"这个大问题了。"文革"后期，从"批林批孔"发展到"评法批儒"的基本逻辑，大体如此。

"评法批儒"运动，江青、张春桥、姚文元等无疑起了推波助澜的作用。1974年6月中旬，江青让中央办公厅把好几篇评法批儒文章印成大字本，送给毛泽东阅读。其中包括：梁效《论商鞅》、燕枫《孔丘的仁义道德与林彪的修正主义路线》、廖钟闻《尊儒反法的〈辨奸论〉》、郑教文《儒家的仁——阴险狠毒的杀人术》、庆思《尊法反儒的进步思想家李贽》等。毛泽东在1975年10月至1976年1月的几次谈话中，还说道："要批孔。有些人不知孔的情况，可以读冯友兰的《论孔丘》，冯天瑜的《孔丘教育思想批判》，冯天瑜的比冯友兰的好。还可以看郭老的《十批判书》中的崇儒反法部分。"这些要求，整理进了中共中央1976年3月3日发出的《毛主席重要指示》，《建国以来毛泽东文稿》第十三册也公开发表了。

与此同时，毛泽东读《水浒传》发表的一个谈话，也在当时发生了重大影响。1975年8月13日晚上，他同请来读书的芦荻谈道："《水浒》这部书，好就好在投降。做反面教材，使人民都知道投降派。""《水浒》只反贪官，不反皇帝。屏晁盖于一百零八人之外。宋江投降，搞修正主义，把晁的聚义厅改为忠义堂，让人招安了。宋江同高俅的斗争，是地主阶级内部这一派反对那一派的斗争。宋江投降了，就去打方腊。"

这个谈话，主要是表达毛泽东阅读《水浒传》的一些体会，反映他晚年阅读此书，特别关注梁山起义军在"架空"晁盖的宋江带领下，最终投降朝廷的悲剧。他"文革"前读谈《水浒传》，基本上没有从这个角度议论过。这个变化，是从"文革"后期开始的。1973年12月的一次谈话中第一次提出："《水浒》不反皇帝，专门反对贪官；后来接受了招安。"1974年又说：

"宋江是投降派，搞修正主义。"1975年集中评价《水浒传》，根本点是要求把这部小说"做反面教材，使人民都知道投降派"。

关注《水浒传》的投降悲剧，不能说和毛泽东晚年对现实的忧虑没有关联。但是不是要搞成全国性的"评《水浒传》"运动，那倒也未必。姚文元等人无疑是借机造势，把批判矛头引向党内高层的所谓"走资派"，把毛泽东阅读《水浒传》略带现实忧虑的评论，极端地引向政治现实。特别是江青，无端大讲评《水浒传》的现实政治意义，甚至说宋江架空晁盖，党内有人架空毛主席。

评《水浒传》，不其然间同中央领导层的政治分歧挂上了钩。其间的详情，当事人邓小平1977年9月29日同英籍华人作家韩素音谈过。他说：

> 那时他眼睛不好，找人读书，有一次找人读《水浒》，在读的过程中毛主席有些评论……并不是针对哪个人的。后来，"四人帮"歪曲毛主席评《水浒》的意思。一九七五年农业大寨会议期间，江青以批《水浒》为名，实际上就是批"民主派"、"走资派"和"投降派"。她想借此名义转移会议方向。我报告了毛主席，毛主席听了我的汇报说：简直放屁，文不对题，不要听她的话。我马上打电话制止了。"四人帮"就是干这种事情。他们说宋江夺权把晁盖架空，实际上他们首先是说周总理把毛主席架空，后来又说我把毛主席架空。这完全是"四人帮"自己制造的。

江青的发挥，显然已超出毛泽东评论《水浒传》的初衷，引起他强烈反感。此后,"评《水浒传》"的热潮便自然歇息下来。

从笑话到字帖:消遣还是解忧

毛泽东晚年,悲患忧虑,心情沉重,难得有欢悦轻松的时候。或许是为了调节心情,抒解寂寞,多次集中阅读各类笑话书籍和字帖墨迹。

据毛泽东晚年的图书管理员徐中远记录,毛泽东曾三次比较集中地索要笑话类书籍。

第一次是1966年1月。他当时在武汉,让人从自己的藏书中,找出北宋李昉编的《笑林广记》、周作人编的《苦茶庵笑话选》、牧野编的《历代笑话选》等七种笑话书送去给他读。

第二次是1970年8月。他当时在江西庐山,随后到武汉,让人从北京图书馆等单位和一些个人手中,挑了二十种笑话书给他送到外地。

第三次是从1974年1月开始的。毛泽东当时在北京。此番阅读,很是深入,费时较长,寻书也颇为周折。

据图书管理员徐中远所记,1月1日,毛泽东索要一批大字本的笑话书,工作人员当天送去《笑林广记》、《笑府》、《笑典》等,翻阅后,第二天便告知,"不理想,再找一找"。1月2日,工作人员又找了十四种二十一册笑话书送去,毛泽东从中选出《新笑林一千种》和《历代笑话选》两种,让人联系重新排印成大字本给他细读。1月10日,又让印《滑稽诗文集》,并嘱:"快印些,印好一册送一册。"看来很急切。读完这批书后,

2月23日，又让工作人员"继续找笑话书"。到4月17日，工作人员先后给毛泽东送去二十五种四十九册各类笑话集子。他从中选出《时代笑话五百首》、《笑话三千篇》、《哈哈笑》三种，让人重新印成大字本细读。6月4日读了新印的《笑话三千篇》，提出"也不理想。请再找一找有关笑话方面的书"。通过四处寻找，6月14日工作人员再送去二十种五十五册笑话集子。6月21日，毛泽东翻看完这批书，再次表示："最近所借的笑话书，没有多少新鲜的，就不用重印了。"

工作人员实在没有办法了，按毛泽东的指点，除在北京有关部门寻找外，还在上海寻找。北京方面此次寻得六十多种笑话书，编了一个《笑话书目》供圈选。毛泽东从中圈选出十种笑话书重新排印。上海方面，也送来一个铅印的《历代笑话集书目》，包括古代的线装书、新中国成立前上海等地出版的笑话集、新中国成立后各地出版的笑话集，一共八十七种。毛泽东从中圈选出十六种，由上海方面陆续送来。

1974年上半年，毛泽东为何如此集中阅读笑话书，不得而知。从他当时的身体情况看，恰恰是1974年6月中旬，健康状况出现明显问题。中共中央当即决定为毛泽东成立医疗组，成员包括心血管内科、神经内科、麻醉科、耳鼻喉科、呼吸科、外科、重病护理等方面的专家。这个医疗组持续两年多，直到毛泽东逝世。也就是说，他一心要读笑话书的时候，正是身体释放出不良信号的时候。

1974年7月17日，毛泽东乘专列离开北京到南方休养，先后住武汉、长沙和杭州，一直到1975年4月上旬才回到北京。

在南方期间，也断断续续索要过笑话书。比如，1974年9月，当时在武汉，两次让人催促在北京的图书管理员徐中远，赶快把上海方面送来的《笑话新谈》印成大字本,"印好一册送一册",说是"等着看"。该书由一个叫李节斋的人编写,上海文益书局出版。据身边工作人员回忆,他读到该书"怕老婆"一篇时,露出笑容直至笑出声来,"这一次外出以来,我还是第一次看到主席这样高兴"。毛泽东最后一次要笑话书来读,是1975年2月3日,当时住杭州。

在阅读笑话书籍的同时,毛泽东还集中阅读古今名人字帖墨迹和手札。

毛泽东是书法家,阅看字帖墨迹,本就是他的"必修课"。从1950年代到1960年代初,身边工作人员即已为他购置了六百多种字帖。到1970年代,他又一批一批地索要各类字帖墨迹来看。仅1974年下半年,工作人员根据他的要求,先后近二十次寻找了一百六十五种三百四十二册字帖,陆续给他看。1975年1月初,工作人员又分别从上海和南京找了几十种字帖给他。毛泽东阅看后,1月12日回话:"从上海、南京找来的字帖,墨迹都很好","都喜欢看"。

概括说来,毛泽东晚年比较喜欢看的字帖墨迹和名人手札,从印制角度讲,主要是开本小,字体大,墨迹清楚,不太厚,拿着轻巧的书帖作品。这是出于视力不好,阅读方便的考虑。从书体上讲,比较喜欢有风格的草书、行书,如唐代怀素、张旭,宋代米芾、黄庭坚、赵孟坚,元代赵孟頫、鲜于枢等人的作品,近人则有康有为、梁启超、孙中山的墨迹。从内容上看,他不光是看字,也是看文,特别是那些书写诗词文赋的字帖墨迹。应该说,毛泽东晚年看字帖,重点似乎已经不是在钻研书法艺术了,事实上他当时即使用铅笔写字,手已经开始发抖。就像他这段时间同时喜欢读笑话书、喜欢翻小人书、喜欢听侯宝林的相声一样,看字帖墨迹,主要还是为了休息、消遣,放松心情。

但是,老病之躯,忧患重重,毛泽东晚年心情,不可能根本放松下来。读笑话、看字帖,也不好说是其主流阅读状态,不过是聊作解忧、释患而已。

"谁念我,新凉灯火,一编《太史公书》"

从1972年10月到1975年6月,毛泽东先后开列有八十六篇古代文史文献,让人校点注释,印成大字本。不少篇目正文前有内容提要,均按他的意思而写。承担校点注释和内容提要撰写的,是复旦大学历史系和中文系一批专家。所印多则二十几份,少则几份,供毛泽东和中央少数领导人阅读。这八十六篇大字本文献已于1993年以《毛泽东晚年过眼诗文录》为书名,由花山文艺出版社出版,内容包括史传、政论、辞赋、诗词、散曲等体裁。

参与此事的刘修明先生,在该书序言里叙述了毛泽东交代校点注释的情况。其中说,毛泽东阅读这批文史古籍,可分为读历史传记、法家论著、诗词曲赋三个阶段。

毛泽东每个阶段所要的古典文献,基本上与他当时面对的国内形势有关,与他关注和考虑的问题有关,与他在考虑这些问题时特有的心境有关。

第一个阶段,从1972年10月至1973年7月,主要读历史传记。按他的要求选注了《晋书》、《旧唐书》、《三国志》、《史记》、《旧五代史》等史书中的二十三篇人物传记。

林彪事件后,中央领导层进行了不小规模的重组,一批在

"文革"初期被打倒或靠边站的老同志,相继回到领导岗位,而靠"文革"起家的"四人帮"则越来越明显地抱成了一团。双方思想分野明显,政治格局走向尚不稳定,加之当时中苏关系日益激化,外来压力甚大,毛泽东很担心党内团结问题。他从《晋书》中选印的《谢安传》、《谢玄传》、《桓伊传》、《刘牢之传》,主题相似。这四个人均与公元383年东晋与前秦的淝水之战有关。淝水之战是一场以少胜多的著名战役。东晋的胜利与朝臣"辑睦"、"同心"有关。上述四人文武融洽,在军事上处于劣势的情况下,打败了南侵的苻坚大军。这时候,毛泽东自己读或让一些领导人读这类史传,其内心的忧虑和期待,不难体会。需要说明的是,毛泽东不只是在1972年阅读这类史传,有八册《晋书》的封面上,分别留下他用颤抖的笔迹写下的"1975,8"、"1975,8再阅"、"1975,9再阅"等字样。

王夫之,世称船山先生,明末清初著名的思想家。其著作宏富,后人编辑为《船山遗书》等。建党初期,毛泽东曾以"船山学社"为基地创办了湖南自修大学。

第二阶段，从1973年8月至1974年7月，主要读历史上的法家论著。按他的要求，选注了《商君书》、《韩非子》、《荀子》和晁错、柳宗元、刘禹锡、王安石、李贽、王夫之、章炳麟等人的二十六篇文献。

读法家论著，与毛泽东在"林彪事件"后对当时中国的政治思想及体制的考虑有关，是借法家思想提倡革新、法治和中央的集权统一。阅读这类古籍，背景正好是批林批孔和评法批儒。值得一提的是，毛泽东恰好是在1973年8月写《七律·读〈封建论〉呈郭老》时，布置校点注释柳宗元《封建论》的。当时参与评法批儒写作班子的北大教授周一良，在其回忆录《毕竟是书生》中说："开始批林批孔之前，《北京日报》约我写一篇关于柳宗元《封建论》的文章。据说是毛主席欣赏此文，意在宣扬文中意旨，以防止大军区形成割据局面。"这个回忆虽无其他确证，但毛泽东1973年12月决策八大军区主官对调，却是事实。这从一个侧面反映他读法家论著的现实考虑。

正式记录毛泽东精心阅读、布置校点注释法家论著的文字，目前看到的是1974年4月4日他在中央政治局会议上的谈话。他在会议上专门谈到校点注释法家著作的事情：

> 王充《论衡》中《问孔》这一篇，上海注得不错啊。《刺孟》搞不搞啊？不过，《刺孟》，他（指王充）不讲路线，尽讲一些形式逻辑、前后矛盾那些事。其他法家的书我看也要注一下，比如《荀子》，桓宽的《盐铁论》。一个《荀子》，一个《韩非》，值得好好注一下。《韩非子》只有唐朝人杨勤注了，注得好，就是太简单了。韩非的书难读，比如《说难》。读懂《说难》的前半篇很不容易，后半篇容易读。

第三阶段，从 1974 年 5 月至 1975 年 6 月，主要读诗词曲赋。按毛泽东的要求，选注了庾信、谢庄、谢惠连、江淹、白居易、王安石、陆游、张孝祥、辛弃疾、张元幹、蒋捷、萨都剌、洪皓、汤显祖等人的辞赋、诗词、散曲共三十五篇。

这期间，毛泽东还让文化部录制了一套古诗词演唱磁带，有蔡文姬《胡笳十八拍》、白居易《琵琶行》、王安石《桂枝香·金陵怀古》、秦观《鹊桥仙》、辛弃疾《南乡子·登京口北固亭有怀》、陆游《渔家傲》、岳飞《满江红·写怀》、陈亮《念奴娇·登多景楼》、张元幹《贺新郎·送胡邦衡待制赴新州》、洪皓《江梅引·忆江梅》、萨都剌《满江红·金陵怀古》等。这套磁带共五十九盒，请当时的著名歌唱家和乐曲演奏家演唱配器。这些作品，与校点注释的上述辞赋、诗词、散曲大字本，篇目和主题大体相近。可见，对这类作品，他不光读，还要听。

读听这类作品，与他当时复杂的思绪和心情有关。这些诗词曲赋，展示的题材，传达的情绪，多是悲壮慷慨、志气沉雄一路。蕴含的主题，也多是把个人命运与爱国精神融在一起，很容易引发毛泽东关于社会政治和个人命运，关于理想和现实，关于壮志和暮年这样一些问题的思考，容易在他的感情世界里掀起巨大的波澜，从中寻求到相应的心志勉励，相应的忧虑抚慰，相应的情感表达。

比如，1975 年 4 月 2 日，中国共产党创始人之一董必武逝世。毛泽东当时在杭州，听到这个消息，沉默不语，反复听张元幹《贺新郎·送胡邦衡待制赴新州》，其上阕最后四句是："天意从来高难问，况人情老易悲难诉。更南浦，送君去。"他觉得太悲了，提出把最后两句改为"君且去，休回顾"。一听一改之间，错综复杂的心态和至深且巨的情感，奔涌突现。

这年 7 月，毛泽东是听着岳飞的《满江红》上手术台做摘除白内障手术的。术后打开眼帘纱布的当晚，他读的是大字本陈亮的《念奴娇·登多景楼》。读后呜呜大哭，引得在外屋值班的大夫不明所以。作为南宋爱国词人，陈亮在这首词中，反对所谓天然界限、南北分家的谬论，认为江南的形势有利于争取中原，历史上六朝统治者划江自守是自私的打算，由此批判南宋统治者的妥协投降路线。该词下阕希望南宋当权者要像祖逖北伐那样中流起誓，要像谢安运筹淝水之战那样不畏强敌："正好长驱，不须反顾，寻取中流誓。小儿破贼，势成宁问强对！"陈亮写此词，借六朝故事说南宋现实；毛泽东读此词，则是借古人的爱国情怀，浇自己的胸中"块垒"。

毛泽东要求选注的其他诗词曲赋，诸如：辛弃疾《水龙吟》中"可惜流年，忧愁风雨，树犹如此！倩何人唤取，红巾翠袖，揾英雄泪"；辛弃疾《永遇乐》中"凭谁问，廉颇老矣，尚能饭否"；张元干《石州慢》中"天涯旧恨，试看几许消魂？长亭门外山重叠"；洪皓《江梅引》中"空恁遐想笑摘蕊。断回肠，思故里"；等等。表达的都是或壮志未酬，或暮年悲患，或遥想当年，或欲试雄风，或思念故里，这样一些情绪和心态。这种复杂的情绪心态，似乎不应同时出现在一个伟大人物的内心世界，但毕竟是确凿的事实。

由此想到南开大学中华古典文化研究所所长叶嘉莹说的一句名言："经常有人问我，读古典诗词有什么用？我告诉大家，学习古典诗词最大的好处就是让我们的心灵不死！"

毛泽东要求选注的诗词作品，南宋爱国词人的作品居多。其中有一首辛弃疾《汉宫春·会稽秋风亭观雨（一）》。上海方面的校点注释者写的内容提要是："写景咏怀之作。词中运用典故描绘秋天景象，并表现了怀念北方的爱国思想和在政治上遭受打击的悲凉情绪。篇末通过对友人的答话，表现自己不甘心于长期退隐，而积极关心政治，准备有所作为。"

该词下阕为："千古茂陵词在，甚风流章句，解拟相如。只今木落江冷，渺渺愁余。故人书报，莫因循，忘却莼鲈。谁念我，新凉灯火，一编《太史公书》。"大字本做如下译解：

> 汉武帝的《秋风辞》流传千古，它的章句真是文采风流，能和司马相如的作品相比美。看到木落江冷的秋天景象，不免像屈原那样心中忧愁。老朋友来信，劝我不要忘记退隐。谁会想到，我在新凉的秋天，一灯之下，还拿着一部《史记》在研读呢？

研读风云变幻、政治兴衰、历史迁革的《史记》，不是"闲坐说玄宗"式的消遣和无聊，恰恰表明对现实社会走向的执着关注和牵挂，在忧思中期待着继续作为，引领时局。

"谁念我，新凉灯火，一编《太史公书》"——不仅传达了毛泽东第三阶段选读诗词曲赋、思考时事、悲患忧国的心曲，或许，也折射出他晚年选读八十六篇文史古籍内心世界的总体感受。

十三、揽文治史的情怀

毛泽东读书，有详有略，有经有权。在他读过的书中，有的做了大量批注并推荐给别人阅读，有的在他的著述和谈话中时常引用和发挥；有的是在某个时期集中阅读，有的是从青年时代到迟暮之年多次阅读；有的对他思考和解决现实问题有明显影响，有的则需要放到他一生的经历中来品味，才能看出潜在的渊源关联。总起来说，这些大体属于他喜欢的书籍。

毛泽东喜欢的书籍，不少在前面已结合时代背景，叙述了他阅读推荐的情况。还有一些中国文史经典，是他一生喜爱，在不同时期都阅读评论和运用发挥过的。

下面选列几部，具体看看他如何阅读和运用，着重体会他揽文治史的情怀。

《楚辞》和《昭明文选》："好文宜读"

《楚辞》和《昭明文选》，是毛泽东对自己的精神和情感作文学化表达的"素材库"。

西汉刘向编辑的《楚辞》，以屈原的《离骚》、《天问》、《九歌》、《九章》等作品为主，所收宋玉等人之作，也皆承袭屈赋形式，后世称此种文体为"楚辞体"或"骚体"。

南北朝梁代昭明太子萧统编的《昭明文选》，选录先秦至南朝梁代辞赋（包括《楚辞》中的作品）、诗歌和各种体裁的文章七百五十二篇（首）。除却诗歌不论，这部书基本上辑纳了从先秦到梁代的优秀辞赋和文学性比较强的文章。后人学习前代文章，都要经过《文选》阶段。宋朝之后，甚至流传"《文选》烂，秀才半"的说法。萧统在《文选·序》里说他的选录标准是"事出于沉思，义归乎瀚藻"，1957年3月8日毛泽东同文艺界人士的谈话中，对这两句话有自己的解释："前一句讲思想性，后一句讲艺术性。单是理论，他不要，要有思想性，也要有艺术性。"这个解释，多少透露出他对《文选》所收文章的看法。

毛泽东从青年时代起便精读《楚辞》和《昭明文选》。他1913年在湖南第四师范的听课笔记《讲堂录》，共四十七页纸，前面11页抄录的就是屈原的《离骚》和《九歌》，还在《离骚》正文上面写有各节内容提要。他后来还曾回忆，《昭明文选》是在湖南第一师范学的。该书是当时国文老师所列的必读书目，许多篇章毛泽东都可以背诵。

新中国成立后，他阅读和谈论这两部书的记载就更多了。例如，1957年12月，他要身边工作的几位同志收集了五十余种古今有价值的注释以研究《楚辞》和屈原的著述，在那段时间，比较集中地阅读了这些书。1959年庐山会议期间，他让秘书林克抓紧时间编了一本含几十种评价和研究《楚辞》的书刊目录，经他审定后，印发给与会者。与此同时，又从《昭明文选》中选出枚乘的《七发》印发与会者，还专门写了篇《关于枚乘〈七发〉》的文章在庐山会议上宣讲。1959年10月下旬外出前指名要带走的书籍中便有《昭明文选》和朱熹的《楚辞集注》。1961年6月16日，指名要人民文学出版社影印宋版的《楚辞集注》。1972年，日本首相田中角荣初次访华时，毛泽东送他的礼物，是一部精印的《楚辞集注》。

毛泽东生前批注过的《昭明文选》版本，现存的有三种。在其中一种的封面上，写有"好文宜读"四个大字，并在一些篇章中做了不少圈画。他晚年还从《昭明文选》中选出一些作品印成大字本来阅读，并逐篇发表评论。

毛泽东喜读《楚辞》，与他喜欢屈原是分不开的。

1959年8月，毛泽东在《关于枚乘〈七发〉》这篇文章中，对《楚辞》所收作品有一个总体评价："骚体是有民主色彩的，属于浪漫主义流派，对腐败的统治者投以批判的匕首。屈原高居上游。宋玉、景差、贾谊、枚乘略逊一筹，然亦甚有可喜之处。"楚骚作品的"民主性"，表现为对个性的张扬和对现实的讽喻；楚骚作品的"浪漫性"，表现为文风的夸张想象和对理想的执着追求。这两点，在屈原作品中表现得尤为突出，又以《离骚》为最。所以，1958年1月毛泽东在南宁中央工作会议上讲："学《楚辞》，先学《离骚》。"他还写诗说："屈子当年赋楚骚，手中握有杀人刀。艾萧太盛椒兰少，一跃冲向万里涛。"可见，毛泽东喜欢《楚辞》，根本上是因为喜欢屈原；喜欢屈原，落脚处在《离骚》。

《离骚》前半部分是对历史的回溯，叙述自己的世系、品质、修养、抱负以及辅佐楚王进行政治改革和忠而见谤的遭遇，表明决不同流合污的政治态度和"九死未悔"的坚定信念。后半部分是对未来的构想探索，从历史上兴亡盛衰的经验教训中肯定了自己的政治主张，进而神游天地，上下求索，结果欲见天帝而不得，欲求美女而无获，决定听从灵氛劝告，去国远游，但在乘龙西游之际，回看楚国故土，终不忍离去，决心以死殉国、以死明志、以死殉理想。

钟情楚骚辞赋，推崇屈原作品，原因不难理解。屈原的爱国精神、高洁志向、美政追求，两千多年来，事实上已经升华为中华民族普遍认同的人格和道德理想。无论是士大夫还是普通民众，对屈原都颇为同情、感念和推崇。这一点也为毛泽东津津乐道。1950年代，他同苏联的费德林、印度的尼赫鲁等分别谈到龙舟比赛和端午节的来历，说"是爱戴他（屈原）的老百姓自发产生的"，体现了人民对屈原的"怀念"和"同情"。毛泽东还把家乡湖南视为屈原精神和楚骚文化的故乡，把自己视为屈原的精神后代。1918年他在写给罗章龙的诗中就自豪地说，"年少峥嵘屈贾才，山川奇气曾钟此"。1949年12月赴苏联访问途中，他同随行的苏联翻译费德林谈得更具体：屈原生活过的地方我相当熟悉，也是我的家乡嘛！所以，我们对屈原，对他的遭遇和悲剧特别有感受。我们就生活在他流放过的那片土地上，我们是这位天才诗人的后代，我们对他的感情特别深切，我们都是他生命长存的见证人。

作为浪漫主义诗人，毛泽东从屈原及《楚辞》作品的奇异想象中获得不少情感共鸣。1958年1月12日晚，他在南宁给江青写信说:"我今晚又读了一遍《离骚》,有所领会,心中喜悦。"所"领会"者何,人们无从知道,却也耐人寻味,至少与他个人的欣赏趣味有关。

毛泽东读楚骚辞赋,常常从中发现一些深刻的事理。例如,他认为屈原《天问》提出的关于自然、宇宙、历史的诸多疑问,非常"了不起",到现在人们也未必搞懂了。他还从宋玉《风赋》看到了阶级斗争的含义,从宋玉《登徒子好色赋》引出看问题不能"攻其一点,不及其余",从枚乘《七发》里体悟出循序渐进的思想工作方法,等等。

再说毛泽东为什么喜读《昭明文选》。具体分析,或有四个原因。

第一,《昭明文选》所收辞赋,有很高的文学成就,其精神格调,同《楚辞》一脉相承。

毛泽东说枚乘《七发》"是骚体流裔,而又有所创发",屈原以下的其他骚体之作,"亦甚有可喜之处",即指精神格调而言。《昭明文选》确实选录了不少写世积乱离,风衰俗怨,志深笔长,梗概多气的辞赋,这类作品传承了屈骚精神。

王粲《登楼赋》即为一例。这篇作品写思乡怀土,不是无病呻吟,而是积极进取。作者在乱离之世,不得效力,受到压抑,所以才借怀乡之思抒发感伤和苦闷。毛泽东对这篇作品,体会甚深。1975年7月14日晚上,他让芦荻连续两遍为他读《登楼赋》,然后发表评论说:

> 王粲守着个腐朽的贵族(刘表),无所作为,时光白白地流去,期待着天下太平,却迟迟无望,他自然痛苦。作者的最高理想,是"王道之一平",出现贤明的君主,统一天

下，稳定时局，他就可"假高衢而骋力",干一番于国于民有益的大事业了。——"惧匏瓜之徒悬兮,畏井渫之莫食"两句,是借着用典,道出了作者的心事,他怕自己成为无用之人,终生碌碌,无所作为。儒家讲,"达则兼济天下,穷则独善其身",王粲就不守这个信条,正因为天下乱,他又处于"穷"境,却更要出来济世,这就高多了。

这样的精神格调,显然承接于楚辞骚体。毛泽东对芦荻明确讲道：《登楼赋》这类小赋,说是从大赋发展过来,不如说直接继承自楚骚。抒情性强,感情又很真挚,语言简短,内容却很开阔,思想也深刻。毛泽东此说,颇有见地。刘勰评论建安诗文,有"志深而笔长"之语。所谓"志深",就是远大的抱负,"笔长"就是能够深刻反映现实。王粲这篇赋,以及《昭明文选》中的不少文章都具备这个特色。毛泽东激赏之,应属自然。

第二,与重视魏晋南北朝在中华民族文化发展史上的特殊地位有关。

由于魏晋南北朝始终处于大动乱、大分裂之中,中唐以降,士大夫们对这段历史的评价一直不高。苏轼在《潮州韩文公庙碑》一文中,为推崇唐代韩柳古文运动,甚至说出"文起八代之衰,道济天下之溺"这样对两汉魏晋南北朝散文大不恭的话。毛泽东对此观点颇不以为然。在他看来,魏晋南北朝战乱频仍,固然不好,但这期间,也促进了民族大融合,进而把思想文化从汉代僵化的经学中解放出来了。《昭明文选》收得比较多的,恰恰是魏晋南北朝的文章。毛泽东读之,似乎印证了他的这些想法。

1975年6月18日,他让芦荻给他读苏轼的《潮州韩文公庙碑》，针对文中的"文衰""道溺"之论，起而驳之：

> 魏晋南北朝时代是个思想解放的时代，道家、佛家各家的思想，都得到了发展。嵇康的《与山巨源绝交书》、阮籍的《大人先生传》很有名。玄学的主流是进步的，是魏晋思想解放的一个标志。正因为思想解放，才出了那么多杰出的思想家、作家。什么"道溺"！我送那时两个字，叫"道盛"！苏轼说那时期"文衰"了。这是不符合事实的。可以把那时的作品摆出来看一看，把《昭明文选》、《全上古三代秦汉三国六朝文》拿出来看一看，是"文衰"还是"文昌"，一看就清楚了。我再送给那时两个字，叫"文昌"。

这个评论，说明《昭明文选》所收文章吻合了毛泽东对魏晋南北朝这段历史的看法，从一个侧面传达出他喜欢这部文集的原因。

第三，《昭明文选》所收作品，既有叙述铺张、光昌华丽的辞赋，也有构思精练、修辞简洁的短文，这对文章高手毛泽东来说，具有很强的吸引力。

熟读《昭明文选》，使毛泽东的文章在营造气势、遣词造句和化用典故方面得益匪浅。《昭明文选》中不少作品的文句，成为他表达思想的语言素材，在文章和讲话中，常做别具一格的引用、评论和发挥。诸如：司马迁《报任安书》的"人固有一死，或重于泰山，或轻于鸿毛"；李密《陈情表》的"茕茕孑立，形影相吊"；李康《运命论》的"木秀于林，风必摧之。堆出于岸，流必湍之。行高于人，众必非之"；谢庄《月赋》的"绿苔生阁，芳尘凝榭。悄焉疚怀，不怡中夜"；丘迟《与陈伯之书》

的"迷途知返,往哲是与,不远而复,先典攸高","暮春三月,江南草长,杂花生树,群莺乱飞";江淹《别赋》的"春草碧色,春水绿波,送君南浦,伤如之何";等等。可以说,毛泽东的不少政论,光昌流丽,气势磅礴,与《昭明文选》的影响,不无关系。

第四,《昭明文选》里的好文章,是毛泽东晚年抒发情感、展露心态的重要途径。

1974年5月到1975年9月这段时间,毛泽东因眼疾,选出不少古代文史作品,印成大字本来读。其中,从《昭明文选》里便选印了王粲的《登楼赋》,谢庄的《月赋》,谢惠连的《雪赋》,江淹的《恨赋》、《别赋》以及庾信的《枯树赋》等,这些作品多少是对"人事几回伤往事"心境的一种文学化寄托、诠释和传达。

比如,他读王粲《登楼赋》,就感慨地说:"赋里含有故土之思。人对自己的童年、自己的故乡、过去的朋侣,感情总是很深的,很难忘记的,到老年更容易回忆、怀念这些。"再如,《月赋》的"悄焉疢怀,不怡中夜",《雪赋》的"岁将暮,时既昏,寒风积,愁云繁",《别赋》的"黯然销魂者,唯别而已矣",《恨赋》的"自古皆有死,莫不饮恨而吞声",这些句子传达的情景,比较切合毛泽东晚年心绪,自然唤起"欲说还休"的情感共鸣。

尤其是庾信的《枯树赋》(该文未入《昭明文选》,但庾信早年为萧统的侍读,很可能参与编选了此书),毛泽东每听读至"昔年种柳,依依汉南;今看摇落,凄怆江潭。树犹如此,人何以堪"诸句,或沉默不语,或老泪纵横,其情可见。套用毛泽东喜欢的清人诗句,真个是:"风云帐下奇儿在,鼓角灯前老泪多。"

《红楼梦》：小说怎样成为历史

关于《红楼梦》在中国文化史上的地位，毛泽东 1956 年在《论十大关系》中谈到中国和外国的差距，不经意间说了一句话："除了地大物博，人口众多，历史悠久，以及在文学上有部《红楼梦》等等以外，很多地方不如人家，骄傲不起来。"评价之高，可以说是无以复加了。

毛泽东最早接触《红楼梦》，起于何时，尚无确证。不过，他在 1964 年 9 月 7 日同湖南省委负责人说，"《资治通鉴》、《昭明文选》、《红楼梦》就是在一师学的"。所谓"学"，是一般的阅读还是研究，不得而知。就目前看到的材料，在 1913 年冬的《讲堂录》笔记里，毛泽东写有关于《红楼梦》研究的"意淫"之说，以及《红楼梦》第五回"世事洞明皆学问"这样的句子。

参加革命后，一路风云，竟也时常谈论《红楼梦》。1928 年在井冈山最艰苦的岁月里，毛泽东同贺子珍讨论《红楼梦》的人物，说这是一本难得的好书，写了贾母、王熙凤、贾政和贾宝玉、林黛玉、丫鬟"两派的斗争"。1935 年在九死一生的长征途中，他同刘英谈到《红楼梦》，说贾宝玉是"鄙视仕途经济，反抗旧的一套，有叛逆精神，是革命家"。延安时期，同文化人交谈时，他经常发表对《红楼梦》的看法。据茅盾《延安行》回忆，1940 年 6 月毛泽东和他畅谈中国古典文学时，"对《红楼梦》发表了许多精辟见解"。

至少到 1954 年，毛泽东便已读了五遍《红楼梦》。这是他当时在杭州同身边工作人员聊天时说的。也正是在这一年，他听说北京大学图书馆有一善本《红楼梦》，据说是胡适来不及带走的藏书，便让田家英持介绍信去借。但图书馆馆长向达不愿意，理由是图书馆规定善本书可以抄，不可以外借。后经副校长汤用彤反复斡旋，向达才同意破例，但要求一月内还书。毛泽东也很守信用，第二十八天就把书还了。身边工作人员回忆，毛泽东曾让人抄写过一部善本《红楼梦》，有可能就是这部。

为毛泽东管理过图书的徐中远做过统计，从1958年7月1日到1973年5月26日，十五年间，毛泽东共十五次索要《红楼梦》，有时一次就索要好几种版本。他逝世时，在中南海丰泽园和游泳池两处故居放置的图书中，还有线装木刻本、石刻本、影印本及各种平装本的《红楼梦》达二十种。放在游泳池、卧室和会客厅的影印本《脂砚斋重评石头记》、木刻本《增评补图石头记》等，都用铅笔做了圈画，有的打开放着，有的折叠起一个角，有的还夹着一些纸条。看来，毛泽东晚年不仅多次阅读，还很可能把不同版本对照起来读。

毛泽东读《红楼梦》，还随手抄写书中的一些词曲，目前留存下来的有十几首。前些年有消息称，有一套毛泽东写有不少批语的1954年人民文学出版社出版的《红楼梦》，流失到了个人手中，因未看到原件，不好做判断。

《红楼梦》主要描写家庭故事和青年爱情，人物关系细腻生动，一问世即被称为奇书。但青年时代即宣称"我自欲为江海客"的毛泽东，一生叱咤风云，竟如此喜读，迟暮之年还反复研阅，无疑是桩奇事，似也让人费解。

细细琢磨，这涉及毛泽东的欣赏旨趣，关乎他对《红楼梦》文学成就的评价，更来自他的读法。

《红楼梦》的艺术风格，属于儿女情长婉约派一路。从欣赏旨趣讲，毛泽东喜欢豪放浪漫之作居多，但他的内心情感世界毕竟丰富细腻，随着环境、心境、年龄的变化，完全有可能对相反

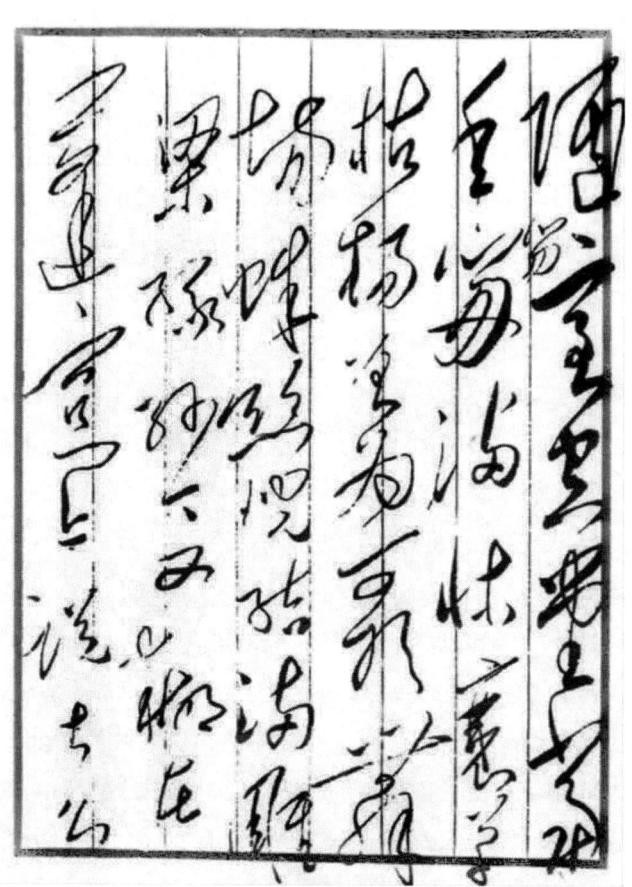

毛泽东手书《红楼梦》甄士隐的《好了歌》解注句

风格的作品产生兴趣。他曾说自己对《红楼梦》，"开头当故事读"，和一般学子没有什么两样。但可能是因为读细了，读多了，便被其家庭琐事背后的故事张力所吸引。毛泽东曾从这个角度谈到过诗词欣赏规律。1957年8月1日，他读了范仲淹的两首具有婉约风格的词后，给江青、李讷写信坦言，"我的兴趣偏于豪放，不废婉约"，但"婉约派中的一味儿女情长，豪放派中的一味铜琶铁板，读久了，都令人厌倦的。人的心情是复杂的，有所偏但仍是复杂的。所谓复杂，就是对立统一。人的心情，经常有对立的成分，不是单一的，是可以分析的。词的婉约、豪放两派，在一个人读起来，有时喜欢前者，有时喜欢后者，就是一例"。说的是赏词，阅读《红楼梦》，大体也是如此。

从文学成就上讲，1973年5月25日，毛泽东在中央政治局会议上评价说，"中国小说，艺术性、思想性最高的，还是《红楼梦》"。人们常说，"文无第一，武无第二"，他用"最"字给《红楼梦》"定位"，足见对其文学成就的推崇。

具体说来，毛泽东特别赞赏《红楼梦》的语言。1964年同王海容谈道："可以学习《红楼梦》的语言，这部小说的语言是所有古典小说中最好的一部。你看曹雪芹把凤姐都写活了。"毛泽东在著作和谈话中，也确实经常评论和引用《红楼梦》的语言。1938年4月在"鲁艺"的讲话中说："《红楼梦》写柳湘莲痛打薛蟠以后便'牵马认镫去了'，没有实际经验是写不出这'认镫'二字的。"1957年他在莫斯科讲的名言"不是东风压倒西风，就是西风压倒东风"，便出自《红楼梦》。1963年9月28日，在中央工作会议上谈到国际形势，他说："我总相信《红楼梦》上王熙凤说的那句话，'大有大的难处'。现在，美、苏两国都很困难。"

1973年11月17日,毛泽东召集周恩来、乔冠华、王海容、章含之、沈若芸、唐闻生等分析国际形势时,便集中引用了《红楼梦》中的一些生动语言:

> 切记不要忘记凤姐说的话:大有大的难处。刘姥姥向她要钱,听了这个话就冷了半截。后头又转弯,说皇帝也有三门子穷亲戚,不要让你空手回去了。给了她二十两银子。刘姥姥一听,通身都发热,说:"你老拔一根汗毛比我们的腰还壮呢!""坐山观虎斗"也是凤姐的话。"大有大的难处",特别对我们有用。"千里搭长棚","没有不散的宴席"。美国、苏联就是"千里搭长棚"。"不是东风压倒西风,就是西风压倒东风",出自林黛玉。没有调和的余地。这也是路线斗争呢!

毛泽东喜欢《红楼梦》,源于他的特殊读法。

在公开场合,他从不讳言自己对《红楼梦》的特殊读法。1938年4月在"鲁艺"的讲话中,他第一次明确提出《红楼梦》"有极丰富的社会史料"。1961年12月20日在中央政治局常委和各大区第一书记会议上,提法又进一步:"《红楼梦》不仅要当作小说看,而且要当作历史看。他写的是很细致的、很精细的社会历史。"1964年8月18日同哲学工作者谈话,再次重申:"我是把它当作历史读的。"

能不能把《红楼梦》当历史读?阅读本来就是一种再创造,即在原作中掺入自己的立场、观点、思想、经验,以及现实的需要。出发点不同,读法和收获自然不同。鲁迅就说,一部《红楼梦》,"经学家看见《易》,道学家看见淫,才子看见缠绵,革

十三、揽文治史的情怀

命家看见排满,流言家看见宫闱秘事"。作为改造旧世界的革命家和对历史有深刻解剖的思想家,毛泽东把《红楼梦》当作历史来读,甚至当作政治小说,当作写阶级斗争的作品来读,自无不可,也属一家之言。《红楼梦》描述了贾家宁、荣二府由盛而衰的过程,揭示以贾宝玉、林黛玉为代表的具有叛逆精神的青年不被社会理解、与传统格格不入的悲剧,刻画了一群"小才微善"的青年女子被摧残、被扭曲、被毁灭的遭遇,比较生动地反映了那个时代的社会关系,确实为毛泽东的读法提供了依据。这部小说在他的阅读视野里,不再只是缠绵细腻、香软浓艳一路,而是变得沉重起来。

那么,毛泽东又是怎样把《红楼梦》当作历史来读的呢?

他对《红楼梦》的评论不少,中央文献研究室 2002 年编辑出版的《毛泽东文艺论集》,收入了他从 1959 年到 1973 年谈论《红楼梦》的八段文字,其他未收入的还有很多。把他的评论作一梳理,可看出所谓把《红楼梦》当历史读,有以下几层意思。

一是联系作者曹雪芹所处的时代背景来读。

曹雪芹生活在 18 世纪上半期。毛泽东认为,那时中国"已经有了一些资本主义生产关系的萌芽,但是还是封建社会。这就是出现大观园里那一群小说人物的社会背景","就是产生贾宝玉这种不满意封建制度的小说人物的时代"。接下来,他把《红楼梦》里的人物放在时代背景中来分析,由此提出:林黛玉、贾宝玉、晴雯是左派,是封建主义的叛逆者;贾政、王夫人、王熙凤这些人是右派,是封建主义的维护者。再进一步,他还提出,时代背景决定了曹雪芹的创作倾向,"曹雪芹在《红楼梦》里还是想补天,想补封建制度的天,但是《红楼梦》里写的却是封建家族的衰落,可以说是曹雪芹的世界观和他的创作发生了矛盾。曹雪芹的家是在雍正手里衰落的"。

二是联系封建社会的宗法关系来读。

以家长制为核心的宗法关系，是维系封建社会的基础。封建社会走向没落，自然要反映在宗法关系上的松动。把《红楼梦》当作历史读，毛泽东从中看出"家长制度是在不断分裂中"这个趋势。他说："贾琏是贾赦的儿子，不听贾赦的话。王夫人把凤姐笼络过去，可是凤姐想各种办法来积攒自己的私房。荣国府的最高家长是贾母，可是贾赦、贾政各人又有各人的打算。"又说："贾母一死，大家都哭，其实各有各的心事，各有各的目的。"

三是联系封建社会的经济关系来读。

在毛泽东看来，封建社会的衰落，最终反映在经济关系的变化上面。因为经济利益的分化和调整，是促使封建社会中各种关系发生变化的根本因素。他从这个角度读《红楼梦》，也有所发现。比如，他认为，"第二回上，冷子兴讲贾府'安富尊荣者尽多，运筹谋划者无一'，讲得太过。探春也当过家，不过她是代理。但是贾家也就是那么垮下来的"。这里说的是家族内部的经营失败。放开视野，毛泽东还看到《红楼梦》反映了"土地买卖"给封建社会关系带来的变化。实例之一，就是小说里写的"陋室空堂，当年笏满床。衰草枯杨，曾为歌舞场。蛛丝儿结满雕梁，绿纱今又在蓬窗上"。毛泽东讲："这段话说明了在封建社会里，社会关系的兴衰变化，家族的瓦解和崩溃。这种变化造成了土地所有权的不断转移，也助长了农民留恋土地的心理。"既表明封建统治阶级的腐败无能，也动摇了封建制度。

四是联系封建社会的政治关系来读。

毛泽东读《红楼梦》，特别看重第四回，多次讲那是理解这部小说的"总纲"。原因是这一回通过"葫芦僧乱判葫芦案"，讲出一套封建社会的"护官符"，反映了小说中贾、史、王、薛四大家族的政治关系。他还说，从康熙到乾隆年间，有两大派，一派胜利者即雍正皇帝抄另一派失败者的家，曹雪芹生在康熙、雍正之后，"他是受整的，抄家了的"。由此，曹雪芹写四大家族的兴衰，不能说没有政治上的考虑，只不过，"他那是把真事隐去，用假语村言写出来，所以有两个人，一名叫甄士隐，一名叫贾雨村。真事不能讲，就是政治斗争。吊膀子这些是掩盖它的"。结论是：《红楼梦》是"一部顶好的社会政治小说"。

五是联系封建社会的阶级关系来读。

毛泽东一向主张从阶级斗争的角度来理解人类历史。把《红楼梦》当历史读，自然会把它当作反映阶级关系乃至阶级斗争的作品来读。1950年代在浙江同谭启龙谈话时，他干脆把《红楼梦》视为"一部形象的阶级斗争史"。1961年和1964年又先后谈道："书中写了几百人，有三四百人，其中只有三十三人是统治阶级，约占十分之一，其他都是被压迫的。牺牲的、死的很多，如鸳鸯、尤二姐、尤三姐、司棋、金钏、晴雯、秦可卿和她的一个丫鬟。""《红楼梦》写四大家族，阶级斗争激烈，几十条人命。统治者二十几人（有人算了说是三十三人），其他都是奴隶，三百多个，鸳鸯、司棋、尤二姐、尤三姐等等。讲历史不拿阶级斗争观点讲，就讲不通。"

毛泽东经常讲，读《红楼梦》，不读五遍，就根本没有发言权。许多人不理解，为什么要读那么多遍才能懂得《红楼梦》。1973年5月25日在中央政治局会议上，他有过一句解释："读《红楼梦》，不读五遍，根本不要发言。因为你不能把它的阶级关系弄清楚。"

毛泽东把《红楼梦》当历史读，所思所感，确实别具一格。

在某种程度上，他甚至把这部小说视为了解封建社会的百科全书。他曾几次对青年人讲："不读一点《红楼梦》，你怎么知道什么叫封建社会?"

《鲁迅全集》：和鲁迅之心，何以相通

圣人评价

鲁迅是毛泽东最为心仪的现代中国文学家和思想家，罕见地称他为"现代中国的圣人"。

1936年10月，鲁迅辞世时，中国共产党对他的评价即已达到很高的位置。中共中央和中华苏维埃人民共和国中央政府，联署发布《为追悼鲁迅先生告全国同胞和全世界人士书》，提出：鲁迅先生一生的光荣战斗事业，做了中华民族一切忠实儿女的模范，做了一个为民族解放、社会解放，为世界和平而奋斗的文人的模范；为了永远纪念鲁迅先生，决定改苏维埃中央图书馆为鲁迅图书馆，搜集鲁迅遗著，翻印鲁迅著作，出版《鲁迅全集》，等等。

毛泽东对鲁迅的了解和推崇，与中国共产党同鲁迅的特殊关系有关。张闻天、陈云、瞿秋白这些党的领导人，和鲁迅都有过不浅的接触和了解；郭沫若、茅盾、周扬、冯雪峰这些党内著名文化人，更是和鲁迅有着无法扯断的深切关联。1937年以后，随着大批文化人从国统区来到延安，毛泽东在和他们的接触中，越来越多地了解到鲁迅的思想、性格和在国统区文化界的特殊地位，越来越强烈地体会到鲁迅对中国共产党高扬中国革命文化大

旗，具有不可替代的作用。

毛泽东第一次公开评价鲁迅，就使用了一个特殊的概念——圣人。1937年10月19日，延安陕北公学举行纪念鲁迅逝世周年大会，他在大会上的演讲中说："鲁迅在中国的价值，据我看要算是中国的第一等圣人。孔夫子是封建社会的圣人，鲁迅则是现代中国的圣人。"

这个评价，一直到晚年也没有改。不仅没有改，还升了格。1971年11月20日同武汉军区和湖北省党政负责人谈话时说："鲁迅是中国的第一个圣人。中国第一个圣人不是孔夫子，也不是我。我算贤人，是圣人的学生。"在这里，作为圣人的鲁迅，从"第一等"升为了"第一个"；不只是"现代中国"的圣人，而是"中国的"圣人；毛泽东自称贤人，"是圣人的学生"。对鲁迅评价之高，在古今文化人当中，无出其右。

毛泽东称鲁迅为圣人，源于他们的心是相通的。

毛泽东和鲁迅虽然没有谋过面，但两人都非常明确地表达过对对方的真挚好感。鲁迅生前在文章中公开表示要站在"毛泽东先生们"一边，宣称自己"即使怎样不行"，被"毛泽东们""引为同志，是自以为光荣的"。红军到达陕北后，他给毛泽东发电报，还捎带火腿，等等。如此立场感情，使毛泽东感动不已。这就可以理解，在鲁迅逝世一周年时，他为什么会称鲁迅是圣人了。他还说，鲁迅是"民族解放的急先锋，给革命以很大的助力。他并不是共产党组织中的一人，然而他的思想、行动、著作，都是马克思主义的"。

在鲁迅说的"万家墨面没蒿莱，敢有歌吟动地哀"的年代，毛泽东和鲁迅都是战士。一个侧重于武器的批判，一个侧重于批判的武器，战斗精神和理想目标颇为相似，而且都收获了"于无声处听惊雷"的奇效，使他们在心灵上互相感应，视为同志。

在中国共产党领导层，最早提出毛泽东和鲁迅有思想默契的，是周恩来。1945年他曾说："鲁迅的许多思想和毛主席的思想一致。"毛泽东自己的表达，则更为感性。1949年访问苏联时，他对工作人员说："我就是爱读鲁迅的书，鲁迅的心和我们是息息相通的。"这里说的是鲁迅和"我们"。到1966年7月给江青的那封信中，则换成了鲁迅和"我"。他说："我跟鲁迅的心是相通的。"

读点鲁迅

毛泽东读鲁迅作品，是从五四新文化运动时期开始的。他那时是《新青年》杂志的热心读者，鲁迅最初的一些白话小说和杂文，便发表在《新青年》上。1918年8月到1919年3月，第一次到北京时，因为对周作人撰文介绍的日本"新村运动"很感兴趣，毛泽东还专门跑到八道湾鲁迅和周作人同住的院子拜访，可惜那天鲁迅不在家，只见到了周作人。晚年谈到此事，还遗憾地说："五四时期在北京，弄新文学的人我见过李大钊、陈独秀、胡适、周作人，就是没有见过鲁迅。"

1920年代初，毛泽东对鲁迅的作品便有了一些的印象。1932年底，冯雪峰从上海到瑞金，鲁迅成为他们见面交谈的重要话题。1936年10月鲁迅逝世前，曾托冯雪峰将自己编校的瞿秋白文学译文集《海上述林》上卷，转送在陕北的毛泽东和周恩来。毛泽东同时收到的，还有鲁迅开列书目让人去选购的一批书，其中就有《呐喊》、《彷徨》这些作品。初到延安，毛泽东在一所中学图书馆发现有不少鲁迅的书，不断派人去借来阅读。

从1937年10月发表《论鲁迅》演讲开始，毛泽东就频繁在自己的著述中引用鲁迅作品了。《论鲁迅》引用了鲁迅的三篇文章,其中:《论"费厄泼赖"应该缓行》是早期的作品;《答托洛斯基派的信》是1936年7月才发表的;还有鲁迅1934年11月17日写给萧军的一封"痛斥变节者"的信,发表于1936年11月15日在上海出版的《作家》月刊,当时还没有收进鲁迅的集子,毛泽东也引用了。1938年1月12日,他在写给艾思奇的信中说道:"我没有《鲁迅全集》,有几本零的,《朝花夕拾》也在内,遍寻都不见了。"《鲁迅全集》此时还未编辑出版,毛泽东尚不知道,但阅读鲁迅作品之急迫,却极为真诚。

第一版《鲁迅全集》是1938年8月鲁迅先生纪念委员会编辑,以鲁迅全集出版社名义在上海出版的,共二十卷。出版社特印二百套编号发行并注明是非卖品的纪念本,赠给延安两套,毛

1946年,毛泽东在枣园窑洞中工作。他的案头放着一部《鲁迅全集》。

泽东得到其中的第五十八号。收到《鲁迅全集》后，毛泽东读鲁迅著作便成为常态了。新华社曾发表过一张毛泽东在延安枣园窑洞里工作的照片，办公桌上便放着三卷《鲁迅全集》。1942年7月25日，他在中央政治局会议上提出："最近经验，少而精的东西还能看而且有益，多了无法看。有富裕的排印时间，可印《鲁迅全集》、《海上述林》。"

这套《鲁迅全集》，被毛泽东完整无缺地从延安带过了黄河，带到了西柏坡、香山，进了中南海。1949年底访问苏联，他带去不少鲁迅作品，阅读时连饭都顾不上吃，工作人员多次催促，他回答说："我在延安，夜晚读鲁迅的书，常常忘记了睡觉。"一直到晚年，他依然心系鲁迅作品。1971年11月20日他同武汉军区和湖北省党政负责人谈话时强调："鲁迅的书不大好懂，要读四五次，今年读一遍，明年读一遍，读几年懂得了。——我们党内不提倡读鲁迅的书不好。"1975年底又讲："我建议一二年内读点哲学，读点鲁迅。"

"读点鲁迅"，是毛泽东晚年以人名代著作，提倡阅读的唯一中国人，从句式到用意，几乎和"读点马列"这样的说法差不多。

毛泽东阅读和保存有三种版本的《鲁迅全集》。第一种是前面说的1938年8月出版的二十卷本的《鲁迅全集》，内容包括鲁迅的著作、译作和他所整理的部分古籍。他在这套书上做了不少圈画和批注，凡书里文字排印颠倒、错字漏字的地方，也都一一做了校改。第二种是1956年到1958年，人民文学出版社相继出版的带注释的十卷本《鲁迅全集》。这套书只收鲁迅著作，未收译文和整理的古籍。第三种是1972年有关部门根据十卷本《鲁迅全集》排印的大字线装本，他在书中画了许多红道道，许多册的封面上画有红圈,其中一册的封面上写着"1975·8再阅"。

毛泽东逝世时,床头书桌上还放着一本厚厚的《鲁迅选集》。书里夹着一封没有封皮的信,是女儿李敏1975年4月15日写的,上面说:"爸爸:您好,您近来身体怎样?女儿十分惦念。您让我读的这本《鲁迅选集》,我已经都读完了,什么时候,我想和您谈谈这些杂文的看法。这本书里您画了不少符号,写了一些评注,我都仔细看了。但有些地方还是不明白什么意思,我想抽空找您问问。"在毛泽东的藏书中,还有一套1972年9月北京鲁迅博物馆编辑、文物出版社出版的线装本《鲁迅手稿选集三编》。这套书共有二十九篇鲁迅手稿,因一些手稿字迹太小,毛泽东就借助放大镜看,并留下不少圈画。

毛、鲁之心,何以"相通"?

毛泽东读鲁迅的书,在思想情感方面息息相通。究竟怎样"相通",或可从以下几个方面来理解。

一是在文化革命上的共鸣。

这里说的文化革命,和20世纪60年代作为运动的"文化革命",不是一回事。五四新文化运动高扬民主和科学两面大旗,批判传统的旧文化,由此开启了现代中国的文化革命和创造新文化的过程。作为五四新文化运动的"新生代",毛泽东在思考新民主主义革命时,总是把文化革命放在突出的位置。《新民主主义论》是系统的理论成果,原本的题目就叫《新民主主义的政治与新民主主义的文化》。在这部论著中,毛泽东提出:"鲁迅是五四以来文化新军的最伟大和最英勇的旗手。鲁迅是中国文化革命的主将,他不但是伟大的文学家,而且是伟大的思想家和伟大的革命家"。"鲁迅是在文化战线上,代表全民族的大多数",

"鲁迅的方向，就是中华民族新文化的方向"。"旗手"、"主将"、"代表"、"方向"这样的用词，反映了鲁迅在文化革命领域的地位和价值，是别的任何人都无法比拟的。

在五四新文化运动中起重要作用的几个代表人物中，陈独秀参与了中国共产党的创建，后来逐渐离开了文化革命领域；胡适在文化领域的作为虽然不小，但其思想轨迹显然和中国共产党是两条路子；也只有鲁迅，依然在文化领域不断战斗，不断前进，且思想轨迹同毛泽东的主张颇为接近，都特别重视通过文化革命推动文化转型，倡导建立民族的新文化。毛泽东读鲁迅著作，在这方面获得共鸣，实为必然。

二是在透彻分析中国国情问题上的共鸣。

鲁迅和毛泽东，在五四新文化运动时期，一个是"主将"，一个是"前卒"，他们都饱读诗书，对历史文化有深入的研究，对老中国社会都有深刻的认识，对旧的思想道德都做过分析和批判。对几千年封建压迫，鲁迅概括为"吃人"，毛泽东概括为政权、神权、族权和夫权四大绳索。他们都注重对中国社会进行思想启蒙。鲁迅以"精神界之战士"的身份，努力于"改造国民性"；毛泽东早年组织新民学会，宗旨是"改造学术与人心"。毛泽东在《论鲁迅》中说，鲁迅是从正在溃败的封建社会中出来的，会杀回马枪，朝着他所经历过的腐败社会进攻，"画出了黑暗势力的鬼脸"，"他简直是一个高等的画家"。毛泽东很欣赏鲁迅分析批判中国社会问题时，在方法上的深刻辩证，事实上这也是他和鲁迅的共同特点。

的确，无论是批判旧中国，还是建设新文化，都是很艰巨很复杂的事情，绝不是提出一些脱离实际的单纯口号，就可以大功告成的，更不是越激进越好。毛泽东在中央苏区时期，因为立足于中国国情,在大量深入的农村调查的基础上,探索中国革命的新道路,却被党内的教条主义者戴上"右倾"、"保守"和"狭隘经验论"的帽子。这个遭遇,很像同时期的鲁迅。大革命失败后,左翼文化界在关于"革命文学"等一场又一场的争论中,创造社、太阳社的言辞很激进,对鲁迅的批判攻击也很激烈,给鲁迅戴上"封建余孽"、"二重反革命"、"绍兴师爷"、"堕落文人"的帽子。

鲁迅的主张看起来不激进,恰恰是因为他对中国社会文化的认识更深刻和辩证,由此对创造社、太阳社的反批评,也就非常到位。比如,在《上海文艺之一瞥》中,鲁迅说革命文学运动的错误:"第一,他们对于中国社会,未曾加以细密的分析,便将在苏维埃政权之下才能运用的方法,机械地运用了。再则,他们,尤其是成仿吾先生,使一般人将革命理解为非常可怕的事,摆着一种极左倾的凶恶的面貌,好似革命一到,一切非革命者都得死,令人对革命只抱着恐怖。其实革命是并非教人死而是教人活的。"

对这样的反批评,毛泽东极为欣赏。1972年11月,在同武汉军区和湖北省党政负责人谈话中,他对鲁迅与创造社分歧的论战,做了评价:"创造社不那么高明。鲁迅写的《上海文坛之一瞥》,就是骂创造社的,后来郭沫若就写《创造十年》驳他,驳得没劲。"毛泽东评价左翼文化界的这段公案,或许会想到自己在中央苏区时期的遭遇。事实上,就在鲁迅写《上海文坛之一瞥》的前一年,毛泽东为反驳"左"倾教条主义,写了一篇《调查工作》,后来改名为《反对本本主义》,提出"中国革命斗争的胜利要靠中国同志了解中国情况"。这和鲁迅的反批评,实为异曲同工。

关于毛泽东和鲁迅在深刻了解国情这个问题上的共鸣，有两个文化界的当事人的看法，是很到位的。

一个是萧军。他在1944年3月22日的日记中说："鲁迅——对于中国国民性认识底深刻性，韧性，战斗的精神，严肃性，深沉性，这和毛泽东底对于中国社会、历史、政治认识的全面性，政治学说，策略运用的灵活性，忍耐的能容的力量——正是对照的。"

再一个就是曾经批评过鲁迅的周扬。在1977年4月发表的一篇接受采访的文章中，他把鲁迅和毛泽东放在一起评论："我们谈鲁迅的功劳，一个是对社会的了解确实深刻，一个是丰富的历史知识。这两条是很厉害的。毛泽东的伟大也是这两条，其他的许多革命家就不如他。毛泽东、鲁迅，对社会、历史的了解是非常透彻。因为这种了解，所以对马克思的理论可以用。教条主义者，像我们这些人和年轻的人吧，也许读了很多马列主义的书，比方说'创造社'后期的人，都在日本读了很多书，王明这些人也读了些书，但是读了不能用，关键就在这个问题上。因为毛泽东和鲁迅对社会有丰富的了解，有丰富的历史知识，就可以用马克思主义来研究这些问题，如果你没有太多社会、历史知识，你的马列主义就只能变成教条。"

三是在农民问题上的共鸣。

毛泽东和鲁迅，都很重视中国农民问题，都是分析农民问题的高手。要了解中国社会，推动中国社会的改造和进步，离不开对农村和农民的研究，离不开对农民开展工作。鲁迅解剖农民，特别是农民的消极面，异常深刻。他是中国新文学史上第一个把普通农民作为主人公的作家，其农村题材小说，塑造了阿Q、闰土、七斤等典型的农民形象，再现了近代中国封闭、落后、萧条的农村景象，描写了农民在政治、经济和思想上受到的压迫和束缚，同时写了辛亥革命因为没有唤醒底层农民而失败的必然性。

出身农家的毛泽东，一直宣称"严重的问题是教育农民"。他早期从事革命活动，一个重要的切入点就是农村和农民；他开辟农村包围城市的革命道路，也得益于对农村社会和农民处境的深入调查研究。毛泽东和鲁迅的这个共同点，不是偶然的巧合，是他们自觉根据中国实际来思考中国问题症结的必然结果。当然，比较起来，毛泽东更注重挖掘农民的积极面。他在1939年给周扬的信中有过说明："我同你谈过，鲁迅表现农民着重其黑暗面，封建主义的一面，忽略其英勇斗争、反抗地主，即民主主义的一面，这是因为他未曾经验过农民斗争之故。"的确，亲身领导农民运动的毛泽东，在其《湖南农民运动考察报告》中描写的农民，与鲁迅笔下的阿Q、闰土，不可同日而语。著名记者赵超构在1944年访问延安后，在《初见毛泽东》一文中说："毛泽东在尊重农民社会的旧习惯基础上播种共产党的理论和政策。"这个见解，切中肯綮。

四是精神个性上的共鸣。

1937年毛泽东在《论鲁迅》中指出"鲁迅精神"有三个特点：政治远见、斗争精神、牺牲精神。具体论述中，则突出鲁迅一贯地不屈不挠地与封建势力和帝国主义做坚决的斗争，一点不避锋芒地把钢刀一样的笔刺向他所憎恨的一切，向着一个目标奋勇地斗争下去，决不中途投降妥协。在1940年的《新民主主义论》中又称："鲁迅的骨头是最硬的，他没有丝毫的奴颜和媚骨，这是殖民地半殖民地人民最可宝贵的性格。""鲁迅是向着敌人冲锋陷阵的最正确、最勇敢、最坚决、最忠实、最热忱的空前的民族英雄。"凡此等等，可归结到一点，即敢于斗争，永不变节。

毛泽东提炼、概括的鲁迅的这种精神个性，正是他在千难万险的革命斗争中一直期待、提倡和下大力气培育的最可宝贵的革命品格。在毛泽东身上，人们看到的也是这样的精神个性。诸如他不怕鬼、不信邪，在逆境中越挫越奋的个性，他立场鲜明、独立思考、大胆怀疑的个性等等，和鲁迅颇为相近。基于此，他读鲁迅著作，很欣赏鲁迅主张打"落水狗"的观点，说"一点没有假慈悲的伪君子的色彩"；很欣赏鲁迅"横眉冷对千夫指，俯首甘为孺子牛"两句诗，说"应该成为我们的座右铭"；很欣赏鲁迅"对自己的'怨敌'，'让他们怨恨去，我也一个都不宽恕'"的说法，表示"我们要学习鲁迅这种战斗精神和方法"。

五是在以笔著文的战斗方法上的共鸣。

毛泽东在战斗方法上与鲁迅的共鸣，比较集中地体现在他对鲁迅杂文的欣赏和评价上面。鲁迅一生写有十七部杂文集，宣称自己的杂文是对准敌人的"匕首"和"投枪"。毛泽东在《论鲁迅》中说，这些"匕首"和"投枪"之所以能成为有力的战斗武器，是因为鲁迅"用望远镜和显微镜观察社会，所以看得远，看得真"。

毛泽东特别欣赏并提倡学习鲁迅杂文的战斗方法。在1959年底至1960年初读《政治经济学教科书》谈话中，他说："鲁迅的战斗方法的一个重要特点，是把所有向他射的箭，统统接过来，抓住不放，一有机会就向射箭的人进攻。……我们要学习鲁迅的这种战斗精神和方法。"他谈到这个战斗方法时，举了鲁迅为自己的杂文集起名的例子：有人说鲁迅第一是有闲，第二是有闲，第三还是有闲，并且说有闲就是有钱，他就出了一本《三闲集》；有人说他讲话南腔北调，他就出一本《南腔北调集》；

有人说他背叛了旧社会，投降了无产阶级，他就出一本《二心集》；有人说他的文章常在报刊上用花边框起来，他就出一本《花边文学》；有人受到国民党的压力，要求《申报》上的"自由谈"栏目不要谈政治，只准谈风月，他就出一本《准风月谈》；有人骂他是堕落文人，他干脆就把自己的笔名改为"隋洛文"。

鲁迅杂文的战斗方法，更重要的是分析问题，针砭时弊，既深刻又全面，既有感染力，又有说服力。毛泽东认为，主要原因是鲁迅懂得和运用了辩证法。在 1957 年 3 月全国宣传工作会议期间，他和与会者多次谈到鲁迅杂文的这个特点，说鲁迅虽然不是共产党员，但他相信马克思主义世界观，并自觉加以运用，这才使他的杂文"很有力量"。在会上，有人说写短篇杂文难免有片面性，他不同意这个观点，提出："我看把鲁迅搬出来，大家向他学习，好好研究一下。""鲁迅后期的杂文最深刻有力，并没有片面性，就是因为这时候他学会了辩证法。"毛泽东甚至猜想，鲁迅如果还活着，小说恐怕是写不动了，但一定还会写杂文，对现在的一些事情，他"写出杂文来，就解决问题"。1950 年代后期，毛泽东曾设想，自己退休后，就给《人民日报》写文章，当然也包括写杂文。实际上，毛泽东从青年时代起，为一些报刊撰写的大量时事政论，不少就是出色的杂文，其风格，也颇似鲁迅。

《二十四史》：一篇读罢头飞雪

《二十四史》是毛泽东读了一生的书，也是在他手中最为沉重的一部书。

新中国成立前，未见有毛泽东保存全套《二十四史》的记载，他的阅读，多为单本篇章。1952年，他添置乾隆武英殿本的线装本《二十四史》后，遂开始有计划地完整阅读。可以确定的是，对这部四千万字左右的大书，他是完整通读过的，有的部分不止读过一遍。为方便读史，他还促成《二十四史》的整理、《资治通鉴》的标点和《中国历史地图集》的编绘工作。

毛泽东一生好史，用他1964年《贺新郎·读史》中的诗句来形容，恰似"一篇读罢头飞雪"。

史家阅读情怀

毛泽东读史，方法很灵活，总是联系到书中的一些人和事，补充阅读其他书籍。比如，1964年12月29日，他写信给田家英："近读《五代史》后唐庄宗传三垂冈战役，记起了年轻时曾读过一首咏史诗，忘记了是何代何人所作。请你一查，告我为盼！"并根据自己的记忆，写下《三垂冈》一诗，后经查实，是清代诗人严遂成所作。

毛泽东读《二十四史》，其实是广义的说法。配合读《二十四史》，他时常阅读《资治通鉴》、《续资治通鉴》、《纲鉴易知录》和宋、辽、金、元各朝纪事本末等史书。在这些书中，先看哪一本，后看哪一本，他也有一定套路。这从他1962年读几本史书的顺序透出些端倪。这年9月20日，他要《宋史》，工作人员送去了《宋史》和《宋史纪事本末》。11月23日，他要其他各朝纪事本末。11月24日，他又要《续通鉴纪事本末》。由此推测，这段时间可能是在研读《宋史》。在读《元史》的时候，他明确地说：看完《元史》，再看《通鉴纪事本末》，而后读《续通鉴纪事本末》。读《二十四史》和读"通鉴"、"本末",在毛泽东看来是一体的,能起互补之效。

对《二十四史》,毛泽东读得比较多的是《史记》、《前汉书》、《后汉书》、《三国志》、《晋书》、《南史》、《旧唐书》、《新唐书》、《明史》等。有的看了许多遍,像《旧唐书》、《新唐书》基本上从头至尾都有批注、圈点和勾画,一些人物传记,至少看过五遍以上。

1959年5月28日,他送一本《后汉书》给林克,让他研究历史,推荐他读其中的《党锢传》、《董卓传》,以及《三国志》里的《曹操传》、《郭嘉传》、《荀攸传》、《程昱传》、《贾诩传》、《刘晔传》、《夏侯渊传》、《田畴传》等。毛泽东还对林克说:西汉高、文、景、武、昭较有意思,东汉两头均无意思,只有光武可以读。

1964年5月12日,他在济南听取国家计委领导小组汇报工作时,又说:"现在被书迷住了,正在读《南史》、《北史》。《旧唐书》比《新唐书》好,《南史》、《北史》又比《旧唐书》好些。《明史》看了我最生气。"

1965年3月4日,毛泽东在《后汉书》封面上批示,"送陈毅同志阅",并在封面上还具体写明要看该书中的《陈寔传》、《黄琼传》、《李固传》,还批示"送刘(少奇)、周(恩来)、邓(小平)、彭(真)一阅"。1975年,他已经病魔缠身,仍然坚持读《二十四史》,有八册《晋书》的封面上,分别留下他用颤抖的笔迹写的"1975,8"、"1975,8再阅"、"1975,9再阅"等字样。

《二十四史》中的各朝史,于一千多年间逐步成书,虽体例大致相同,但史家的编纂背景、个性素养、史识史笔各不相同,各书在史料的准确性、史识的深刻性、史笔的生动性上,也参差不齐。毛泽东读《二十四史》，不仅读原著，还习惯评论作者写法和注家注解方面的短长。

可举两例，来体会他像历史学家那样的阅读旨趣和见解。

关于《后汉书》。毛泽东的评价是："写得不坏，许多篇章，胜于《前汉书》。""李贤好。刘攽好。李贤贤于颜师古远甚，确然无疑。"这里提到的三人，唐代的李贤注有《后汉书》，唐代的颜师古注有《前汉书》（即《汉书》），宋代的刘攽是治汉史的大家。看得出，毛泽东读两部《汉书》，很关注后人的注解。他对颜师古注的《前汉书》，评价不是很高，曾说过：颜师古在注文中刚才讲这个字或者这一句是什么意思，下一篇没有隔好远，他又重复，然后又重复，甚至重复那么好几遍。毛泽东称赞李贤，是因为李贤注《后汉书》，注重搜集大量史料，补充原著的不足。刘攽曾协助司马光同修《资治通鉴》，专任编修汉史部分，并对《后汉书》作了按语，后附入《后汉书》中。毛泽东读《后汉书》，显然注意到刘攽的按语，甚至可能是参照《资治通鉴》中的汉史部分一起读的，故有所比较，觉得刘攽治汉史，有超过前人之处。

关于《三国志》。毛泽东特别推崇裴松之的注。他在一个批语中说："裴松之注三国，有极大的好处，有些近于李贤，而长篇大论搜集大量历史资料，使读者感到爱看。'青出于蓝而胜于蓝'，其此之谓欤？譬如积薪，后来居上。章太炎说，读三国要读裴松之注，英豪巨眼，不其然乎？"的确，西晋陈寿写《三国志》后，不断有他未用过的史料被发现。南朝宋代裴松之广泛地搜集这些新史料来注释《三国志》，所注文字数量，几与原文等同，引用魏晋人著作达二百多种。

记录和反映毛泽东阅读、批注、评论、运用《二十四史》

的著述已出版不少。有他留下的读《二十四史》的批注、圈点和勾画，如中央文献研究室编辑出版的《毛泽东读文史古籍批语集》，中央档案馆整理出版的《毛泽东评点二十四史》等。总体上说，毛泽东阅读、批注、评论、运用《二十四史》，所传达的远不是一般史家的胸怀，而常常是革命家、政治家和理论家的鲜明立场。

阶级史观线索

历史唯物主义的阶级史观，是毛泽东理解中国历史发展运动线索的一把钥匙。从他在三个不同时期对中国历史的整体评述，可知他这个一以贯之的读史立场。

1926年5月至9月，毛泽东主持广州第六届农民运动讲习所，为学员讲授"中国农民问题"等课程。据保存下来的学员听课笔记，毛泽东对中国历朝兴衰做过以下分析：

> 秦朝末年，陈胜吴广不堪其苦，遂辍耕而叹，揭起义旗，他们纯粹是代表农民利益者。同时有汉高祖项羽等皆起兵讨始皇，结果汉高祖胜，项羽等失败。高祖虽为地主阶级，但他胜利的原因在于，初入秦时，即与关中父老约法三章，得一般人之信仰，故秦人大悦。项羽入关，粗恶无比，不得一般人之信仰，又一至咸阳便大焚秦之故宫，遂大失地主阶级之信仰，此其失败之主要原因也。……均田制是王莽时倡的，可见他注意到农民问题了。因为农民问题最重要者唯其土地，而他先节制田地。地主阶级见王莽所行的政策，诸多不利于己，欲寻一代表本身利益之人，起而代之。而刘秀遂于是时起来了。倡人心思汉，以迷惑一般人之耳目。盖

因王莽代表农民利益，不得地主阶级拥护，刘秀则代表地主阶级之利益，故能得最后之胜利。唐末黄巢起兵，所向皆克，由于不代表地主阶级利益，被地主们宣传为强盗、无恶不作，遂失败了。

毛泽东此时的认识，还不像后来那样明确和深刻，表述上也还有逻辑不甚清晰的缺陷，但这毕竟是他直接用阶级分析方法来评说中国历朝兴衰的集中实例，或者说是他的阶级史观的较早表述。他当时的主要认识是：中国封建社会的政治，根本上是地主阶级的政治；历朝皇权的更替，都是"代表农民利益"和"代表地主的利益"两种力量斗争的结果；失败者常常是代表农民利益的，成功者是代表地主利益的，或靠代表农民利益起事，随后又去代表地主利益了。在大革命时期，如此勾连历史线索，和他当时从事农民运动这个现实需要有关。

1939年12月，在《中国革命和中国共产党》一文中，毛泽东把他的上述历史观表达得更为明确，线索更为清晰，也更有理论深度了：

> 地主阶级对于农民的残酷的经济剥削和政治压迫，迫使农民多次地举行起义，以反抗地主阶级的统治。……每一次较大的农民起义和农民战争的结果，都打击了当时的封建统治，因而也就多少推动了社会生产力的发展。只是由于当时还没有新的生产力和新的生产关系，没有新的阶级力量，没有先进的政党，……使当时的农民革命总是陷于失败，总是在革命中和革命后被地主和贵族利用了去，当做他们改朝换代的工具。这样，就在每一次大规模的农民革命斗争停息以

后，虽然社会多少有些进步，但是封建的经济关系和封建的政治制度，基本上依然继续下来。

如果说，大革命时期的那段论述，更多的是以宣传家和鼓动家的身份来表达自己的历史观，那么，这段论述，则主要以理论家的身份来说明自己的历史观，使用的也是相当规范的马克思主义概念。写《中国革命和中国共产党》和《新民主主义论》，几乎是在同时，说明毛泽东当时论述中国历史演变规律，和他从理论上思考中国新民主主义革命实践，是互相联系互为补充的。

到晚年，立足于阶级史观读谈《二十四史》的立场，越发鲜明强烈。凡被《二十四史》当作"贼"、"匪"、"盗"、"寇"来描写的历代农民起义及其领袖人物，他都给以很高的历史地位。陈胜、吴广、张角、张鲁、王仙芝、黄巢、李自成等的传记，他是常要看的，而且看得很细。读《旧唐书·黄巢传》，他还特意画了一张黄巢行军路线图。

1964年，毛泽东写《贺新郎·读史》，以诗论史，把他用阶级史观线索来贯穿《二十四史》的感受，做了更加精练和鲜明的提示：

人猿相揖别。只几个石头磨过，小儿时节。铜铁炉中翻火焰，为何时猜得，不过几千寒热。人世难逢开口笑，上疆场彼此弯弓月。流遍了，郊原血。

一篇读罢头飞雪，但记得斑斑点点，几行陈迹。五帝三皇神圣事，骗了无涯过客。有多少风流人物？盗跖庄蹻流誉后，更陈王奋起挥黄钺。歌未竟，东方白。

《二十四史》的内容，以"几行陈迹"一言蔽之；"五帝三皇"的内容，以"骗了无涯过客"一言蔽之；阶级史观的内容，以"彼此弯弓月"一言蔽之；数中国历史上的风流人物，毕竟要从盗跖、庄𫏋、陈胜、吴广这些底层造反者说起。

国家民族立场

毛泽东读《二十四史》，常常带着浓厚的情感，关注中华民族的历史命运和国家的统一，关注中国历史上物质文明和精神文明的创造发展。

中华民族几千年的发展，虽不断经历统一和分裂的斗争，但总体上倾向于统一。对此，毛泽东有过整体的评价。1975年5月30日，他让芦荻给他读《晋书》、《南史》、《北史》中的一些人物传记，随后发表评论：我们的国家，是世界各国中统一历史最长的大国。中间也有过几次分裂，但总是短暂的。这说明各族人民热爱团结，维护统一，反对分裂。分裂不得人心。《南史》和《北史》的作者李延寿，就是倾向统一的，他的父亲也是搞历史的，也是这种观点。这父子俩的观点，在李延寿所写的《序传》中说得十分明白。

毛泽东不仅鲜明表达国家统一立场，还提出对历史上的某些分裂局面，也应该从促进中华民族实现更深刻统一的角度，做辩证分析。对汉末以降几百年的动乱和分裂，史家评价不一。毛泽东的看法有其特点。1975年6月18日，他同芦荻具体谈到魏晋南北朝历史，其立足于国家民族立场的读史情感，展露无遗：

汉武帝以后，汉代有几个大军事家、大政治家、大思想家？到东汉末年，儒家独尊的统治局面被打破了，建安、三国，出了多少军事家、政治家啊！汉末开始大分裂，黄巾起义摧毁了汉代的封建统治，后来形成三国，还是向统一发展的。三国的几个政治家、军事家，对统一都有所贡献，而以曹操为最大。司马氏一度完成了统一，主要就是曹操那时候打下的基础。诸葛亮会处理民族关系，他的民族政策比较好，获得了少数民族的拥护。这是他的高明处。魏晋南北朝时期，……南方的广大沃土，全面地得到了开发，生产技术普遍提高了。这是经济上的发展。许多少数民族，纷纷入主中原后，战乱频仍，南北对峙，这不好，但民族大融合，大家庭在新的组合中稳定了，文化也交流了，丰富了。谢安文韬武略，又机智又沉着，淝水之战立了大功，拖住桓温也立了大功，两次大功是对维护统一的贡献。桓温是个搞分裂的野心家，他想当皇帝。汉武帝罢黜百家，独尊儒术。结果汉代只有僵化的经学，思想界死气沉沉。魏晋南北朝时代是个思想解放的时代。

此番论述，有史有论，眼光独到。

正是基于国家民族立场，毛泽东一向主张为历史上一直担受骂名的商纣王、秦始皇和曹操三人"翻案"。

关于商纣王。毛泽东多次谈道："他是很有本事、能文能武的人。他经营东南，把东夷和中原的统一巩固起来，在历史上是有功的。"

关于秦始皇。1958年11月毛泽东在郑州召开的中央工作会议期间多次讲：秦始皇第一个统一了中国，统一了原来各国的度量衡，车同轨，书同文，变分封制为郡县制。这些事关中华民族兴盛的大事，能说不是好事吗？秦始皇还在陕西关中开凿了有名的郑国渠，长三百余里，可灌溉农田四万余顷，直接于生产有益，于人民有益。秦国也因此富强起来，能说这不是好事吗？

秦始皇最受诟病的有两点，一是焚书坑儒，一是专制独裁。对这两点，毛泽东认为"当然是坏事"，但也主张做些分析。他说：秦始皇焚书坑儒把百家争鸣的生动局面给挫折了，但也不是什么书都焚，什么儒都坑，他焚的是"以古非今"的书，坑的是孟子一派的儒。秦始皇有独裁的一面，也有高度集中统一领导的一面，二者有区别又有联系，高度集中统一是统一中国取得成功的积极因素。秦始皇看准全局情况后，善于调动各方面的力量集中到主攻方向上来，有很大的决心和气魄，敢于力排众议，不听那一套动摇军心的话。

关于曹操。毛泽东推动为曹操平反，也是看重他在天下割据大乱之时统一北方、改革时弊、发展生产方面的贡献。西晋陈寿《三国志》推崇曹操，明朝罗贯中《三国演义》贬损曹操。对此毛泽东多次做过分析。1958年11月20日在武汉同陶鲁笳等人谈道：《三国志》是把曹操看作历史的正面人物来叙述的，而且说曹操是天下大乱时期出现的"非常之人"、"超世之杰"。《三国演义》把曹操写成奸臣，现在我们要给曹操翻案。曹操统一北方，创立魏国，抑制豪强，实行屯田，兴修水利，发展生产，使遭受大破坏的社会开始稳定和发展，是有功的。那么，这个"冤案"是怎样造成的呢？毛泽东认为源于封建正统观念。他在1959年2月同林克谈道：《三国演义》的作者罗贯中不是继承司马光的传统，而是继承朱熹的传统。南宋时，异族为患，所以朱熹以蜀为正统。明朝时，北部民族经常为患，所以罗贯中也以蜀为正统。

批判分析方法

所谓批判分析，是指不是书上写什么就信什么，要有自己的分析和判断。基于这种阅读立场，毛泽东对《二十四史》所写内容，总体上表现出两个方面的强烈不满。

第一个不满，是《二十四史》所写内容颠倒了历史的本来面目，把历史写成了帝王将相的历史，而真正创造历史的人民群众却失去了应有的位置。1975年他同芦荻谈话时明确表示：在《二十四史》里，人民群众的生产情形、生活情形，大多是只字不提，有的写了些，也是笼统地一笔带过，目的是谈如何加强统治的问题，有的更被歪曲地写了进去，这是最不符合历史的。毛泽东在延安时提出，要把被颠倒的历史"重新颠倒过来"，让人民群众占据历史的中心位置，所针对的，就是《二十四史》这种帝王将相的历史文化观和历史叙述理念。

第二个不满，是认为即使是写帝王将相，《二十四史》的许多描述也很不可靠。在1975年同芦荻的谈话中，毛泽东举了不少例子来表达此意：

> 一部《二十四史》，写符瑞、迷信的文字，就占了不少，各朝各代的史书里都有。像《史记·高祖本纪》和《汉书·高帝纪》里，都写了刘邦斩白蛇的故事，又写了刘邦藏身的地方，上面常有云气，这一切都是骗人的鬼话。而每一部史书，都是由封建的新王朝臣子奉命修撰的，凡关系到本朝统治者不光彩的地方，自然不能写，也不敢写。如宋太祖赵匡胤本是后周的臣子，奉命北征，走到陈桥驿，竟发动兵变，篡夺了周的政权。《旧五代史》却说他黄袍加身，

是受将士们"擐甲将刃"、"拥迫南行"的结果,并把这次政变解释成"知其数而顺乎人"的正义行为。同时,封建社会有一条"为尊者讳"的伦理道德标准,必是皇帝或父亲的恶行,或是隐而不书,或是把责任推给臣下或他人。譬如宋高宗和秦桧主和投降,实际上主和的责任不全在秦桧,起决定作用的是幕后的宋高宗赵构,这在《宋史·奸臣传》的《秦桧传》里,是多少有所反映的。

不过,毛泽东并不因自己的这两个"不满",就反对读《二十四史》。只有熟读精读,且分析批判,才能指出其颠倒历史和虚假描述的情形。1966年8月28日,毛泽东接见当时的《人民日报》的负责人,谈到红卫兵抄家把古书都烧光了,他说:我家里也有一部《二十四史》,帝王将相的书。不读《二十四史》,怎么知道帝王将相是坏的呢?1975年同芦荻的谈话中,他说得更清楚:"如果因为大半是假的就不读了,那就是形而上学。不读,靠什么来了解历史呢?反过来,一切信以为真,书上的每句话,都被当作证实的信条,那就是历史唯心论了。"

古为今用目的

《二十四史》体现中华民族和中国社会发展过程,蕴藏中国历史演变规律,包含丰富的政治、军事、经济、文化各方面知识、经验和智慧。毛泽东不是职业的历史学家,他读史,除个人兴趣,主要是以古鉴今,从历史中汲取经验教训。这是他的一个长处和优势。他时常从历史中获得灵感,提出适合今日需要的对策;也从古人的失败中得出教训,以免今日重蹈覆辙。他对历史人物和历史事件的评论,不光停留在"知其然",还力求"知其所以然",考得失,明事理,认识和把握历史规律。毛泽东喜欢把《二十四史》中一些他觉得有意义的人物传记,送给其他中央领导人阅读,有乐趣共享,有史识共鉴,有经验共取,有教训共勉,也都是为了古为今用。

毛泽东把历史与现实联系起来古为今用的立场,撮其荦荦大者,可概括出以下四个方面。

一是关注古代经济社会的发展经验。比如,他读到《史记》记载萧何曾经实行"耕三余一"的政策,就思考:"那个时候能够做到这一点,可能是因为地多人少,土地肥沃。现在我们的东北,有些地区也还可以种两三年地,多余出一年的粮食来。但是,全国现在很难做到'耕三余一',这个问题值得研究一下。"他在《汉书》里读到汉武帝曾经沿汾河乘楼船到闻喜一带,就感慨地说:可见当时汾河水量很大,现在汾河水干了,我们愧对晋民呀!由此他赞成"引黄济汾"的工程计划。

二是研究历代战局、战略、战役材料。他对史书上记载以少胜多、以弱胜强的战例,尤为感兴趣,批注最多,评论也最多。诸如《史记》所载楚汉成皋之战,《后汉书》所载刘秀指挥的昆阳之战,《三国志》所载袁曹官渡之战、曹孙赤壁之战、吴蜀彝陵之战,《晋书》所载谢安、谢玄等人指挥的淝水之战,这些大战,都是双方强弱不同,弱者先让一步,后发制人,因而取胜。毛泽东读之,批注有加,在论著和谈话中经常引用。这是因为中国共产党领导的中国革命战争,也是长期处于弱势地位,这方面的历史经验格外有用。毛泽东读专业兵书并不很多,其军事知识和战略战术,既源自实践,也多从读史得来。

三是看重记叙乱世和反映人才辈出的内容。毛泽东早年在读《伦理学原理》的批语中,就表达过这种读史兴趣:"吾人览史时，恒赞叹战国之时，刘、项相争之时，汉武与匈奴竞争之时，三国竞争之时，事态百变，人才辈出，令人喜读。"延安时期，国民政府军事委员会军令部派到延安任联络参谋的徐复观，曾向毛泽东请教如何读历史，毛泽东的回答是："中国史应当特别留心兴亡之际，此时容易看出问题。太平时代反不容易看出。"新中国成立后，他对《史记》、《三国志》、《南史》、新旧《唐书》、《五代史》等批注较多，也应是这个缘由。比如，他读《旧五代史》卷26《唐书·武皇本纪》，其中说到李克用破解朱全忠合围晋阳城之危的情节，就批注说："沙陀（少数民族的沙陀部，代指唐朝晋王李克用）最危急之秋，亦即转守为攻之会，世态每每如此，不可不察也。"乱世之际，"事态百变"，总有经验可循；乱世之际，"人才辈出"，更说明时势造英雄的规律。毛泽东喜欢读此类史书，说明他注重总结历史发展中的治乱规律，注重思考人才培养锻炼规律。1969年夏夜，他在武汉读《南史·陈庆之传》，兴奋批注，"再读此传，为之神往"，表达的就是这种心境旨趣。

　　四是汲取古人积累的思想方法和工作作风。这方面的内容，最能方便古为今用，用起来也很具体。诸如：读《史记·陈涉世家》，他认为陈胜率先起义却很快失败，原因在背故旧、用小人这"二误"；读《汉书·元帝纪》，他提出汉元帝靠儒学治国，是"衰国之君"；读《后汉书·陈寔传》，认为陈寔鼓励小偷重新做人，说明"人在一定条件下是可以改造的"；读《三国志·袁绍传》，结论是袁绍多端寡要，"得计迟"；读《北史·王建传》，批注王建是个庸人，"不懂政治"；读《旧唐书·高祖本纪》，提出李渊"遇事无断制"；读《旧唐书·李百药传》中有关李世民的内容，批注"李世民的工作方法有四"；读《新唐书·姚崇传》中有关评论姚崇、宋璟两位名相的治国之策,批注"二人道同,方法有些不同"。特别值得一提的是,毛泽东读《南史·韦睿传》,批注达二十四处之多,称道韦睿领兵打仗"善守"、"将在前线"、"敢以数万敌百万,有刘秀、周瑜之风"。除了赞赏韦睿的军事才能,他更看重的是韦睿"不贪财",遇功不争,遇事敢担当,能够团结干部,善于"躬自调查研究",是一位"劳谦君子",因而"仁者必有勇"等等。结论是:"我党干部应学韦睿作风。"

毛泽东说过的五句话,反映他为什么那么酷爱读《二十四史》,以及他读史的收获所在。第一句是在1920年12月给蔡和森等人的信中说的:"读历史是智慧的事。"第二句话是1958年1月在最高国务会议上说的:"读历史的人不等于是守旧的人。"第三句话是1961年6月在中央工作会议上说的:"只有讲历史才能说服人。"第四句话是1964年1月会见外宾时说的:"马克思主义者是善于学习历史的。"第五句话是1964年7月会见外宾时说的:"看历史,就会看到前途。"

这五句话,亮出毛泽东的读史理念,也反映他一生的读史情状。或因太过阅读历史和熟悉传统,毛泽东有时会受到一些负面影响,对此也应承认,不必回避。但用上面这五句话来揭示毛泽东和《二十四史》的关系,总体上是符合实际的。

后　记

在中外大政治家中,像毛泽东那样在惊涛骇浪的征途中行走一生,又在广博无垠的书海里游弋一生的人物,并不多见;像他那样不仅酷爱读书,并且读有所得、得而能用、用而生巧的人物,更属罕见。

他试图以有涯之生,尽量包容、囊括那未被掌握的知识空间。对普通读者而言,读书属于一种兴趣,或达到某种追求的一种途径;对学问家来说,读书是一种职业习惯;对毛泽东来说,读书还是一种精神存在和思想升华的必要方式,是一种生活常态,是一种历史责任。在阅读中,同古今中外的人、事、理进行"对话和交流",他觉得是很愉快的体验,能够实现求知的心理期待,得到智慧愉悦和审美满足,然后是如鱼得水,运用所学所读的东西。

毛泽东的阅读史,从一个方面反映了他的精神成长史、认识发展史、思想升华史、知识愉悦和情感表达史。他的阅读和实践，相互守望，相互印证，相互支持，因此，他的阅读史，也是他的读书生活与人生实践的关联史，主观世界和客观世界的互动史。

在不同时期，因背景不同，任务不同，境遇不同，需要解决的问题不同，关注的重点不同，兴趣和精神状态不同，毛泽东重点阅读的内容也有所不同。但也不是无规可循。总体上看，其阅读都或隐或显地是为树信仰、求真知、促实践、达情意。从这几个角度来梳理毛泽东的阅读史，可以更真切地了解他在不同时期为什么读书，重点读什么书，怎样读这些书，如何运用书本知识，这样一些饶有意味的话题，进而了解他的思想探索和内心活动，以及他的某些决策的前因后果。

以上是作者撰写本书的基本考虑。这些考虑，或未完全实现，欢迎读者提出批评和建议。

陈　晋

2013 年 9 月